高级酒店服务与管理专业主干课系列教材

调酒与酒吧服务

TIAO JIU YU JIU BA FU WU

主　编　吴玲
副主编　张蕾　郑巍

中国商业出版社

图书在版编目(CIP)数据

调酒与酒吧服务/吴玲主编. —北京:中国商业出版社,2016.3

ISBN 7-5044-5148-7

Ⅰ.调… Ⅱ.吴… Ⅲ.①酒-勾兑-专业学校-教材②餐厅-商业服务-专业学校-教材
Ⅳ.TS972.19②F719.3

中国版本图书馆 CIP 数据核字(2004)第 088459 号

责任编辑:张超美

中国商业出版社出版发行
(北京广安门内报国寺 1 号　100053)
新华书店总店北京发行所经销
涿州市华建印刷有限公司印刷

*　*　*　*　*

开本:787×1092 毫米　1/16　印张:15.25　字数:280 千字
2016 年 3 月第 2 版　2016 年 3 月第 1 次印刷

定价:36.80 元

*　*　*　*

编写说明

科学化是21世纪高级酒店服务与管理的主流，这就要求各类酒店企业拥有一批掌握高新技术和具备高级管理能力的酒店类专业人才。为促进和推动酒店业服务与管理水平，适应酒店专业教学发展需要，我们受全国职业培训教学工作指导委员会商贸专业委员会的委托，组织编写了这套高级酒店服务与管理专业系列教材，计11本，分别由中国商业出版社和中国物资出版社出版。

本系列教材根据部颁教学计划的要求，将重点放在学科体系、内容体系、结构体系的创新上，既有简明易懂的理论知识，又侧重强化知识的应用和可操作性，具有一定的科学性、新颖性、实用性和示范性。

本书作为高级酒店服务与管理专业的系列教材，对中外各类酒水特点、调制方法、咖啡调制方法，以及各类饮料的调制方法，进行了综合性的论述，同时介绍了酒吧的服务、管理以及成本核算管理，是培养酒店服务管理专业复合型、实用型人材的必修基础课之一。该书可作为中、高职院校师生教材，也可供各类酒店职业培训学习选用。

本书由江西旅游商贸学院吴玲老师主编，江西省旅游商贸学院张蕾、郑巍老师任副主编。参加编写的还有济南技师学院商贸分院单铭磊老师。全书由吴玲负责总纂。

本书编写过程中，参阅了大量的专著和书籍，在此对参考和借鉴书刊、资料的作者深表谢意，同时本书在编写过程中得到全国商业职业教育教学指导委员会副主任康书民、江西省旅游商贸学院旅游系、山东省济南技师学院领导及同事的热情帮助和大力支持，也得到北京科丰华文化发展有限公司的通力协作，在此一并致谢。

由于编写时间仓促，本书疏漏之处在所难免，我们企盼在今后的教学的实践中，能有所改进和提高，恳请读者不吝赐教，以便进一步修订，使之日臻完善。

高级酒店服务与管理专业教材编委会

2016年3月

目　录

第一章　酒水知识

● 课前导读

酒水是酒精饮料、非酒精饮料的总称，是餐饮企业最重要的产品之一。随着我国旅游事业的发展，饭店服务设施和服务项目不断完善，餐厅酒水服务已成为不可缺少的经营内容。佳酿美酒不仅能使珍馐美味增色，有助于客人对食品的品尝，而且能活跃气氛，融洽感情，创造美好的用餐经历。对于餐厅来说，酒水是一种成本低、利润高的产品，它不仅有着比食品销售大得多的盈利能力，而且还能大大促进食品的销售，从而提高餐厅的营业收入。目前，酒吧已经遍布于城市的大街小巷，成为人们休闲放松的首选场所。酒吧常伴以轻松愉快的音乐调节气氛，通常供应含酒精的饮料，也随时准备汽水、果汁、咖啡为不善饮酒的客人服务，供客人喝酒水休闲。做为餐厅、酒吧从业人员，掌握酒水知识，了解中外常用酒水的种类、性能和特点，对于提高服务质量有着重要的意义。

● 本章要点

1. 了解酒的基础知识包括酒的定义、分类、酒度及历史等。

2. 了解中国酒、外国酒的蒸馏酒、酿造酒、配制酒的原料、特点、分类、饮用方法以及著名酒品。

3. 介绍茶叶、咖啡、可可等非酒精饮料的特点、分类及饮用方法。

第一节　酒的基础知识

酒最初是在大自然中自然形成的。我国自古就有“猿猴造酒”的传说，说的是在山林中的猿猴将吃剩下的植物果实集中堆放起来，由于附在果皮上的酵母菌等微生物的作用，成熟的果实自然发酵，将果汁分解成了酒浆，便酝酿成了原始的酒，称之为“猿酒”。

人类人工酿酒的年代始于旧石器时代晚期，在以后的漫长的岁月中，不同地域的人们经过不断的探索和实践，逐步完善了酿酒技术，使酒成为令人陶醉的琼浆玉液。我国在几千年以前就已经有了用谷物酿酒的工艺，蒸酒的蒸馏也是我国人民首创的。

一、酒的定义

酒是一种用水果、谷物、花瓣、淀粉或其他有足够糖分或淀粉的植物，经过发酵、蒸馏、陈酿等方法生产出含乙醇的饮料。酒中最主要的成分是乙醇，俗称酒精。酒精不易感染杂菌，可溶于水，与水相互作用释放出热，体积收缩，以53%的酒精与水分子结合最紧密，因而刺激性相对较小（我国有许多白酒便是53度的）。凡是含有0.5%～75.5%食用酒精的可饮用的液体都可以称为酒。

酒是一种营养价值很高的饮料，含有蛋白质、糖分、盐类、酯类、醇类、醛类、酸类、矿物质和丰富的维生素等，对人体有较好的滋补作用，提供人体所需的热量。适量饮酒可振奋精神、刺激食欲、消除疲劳、促进人体新陈代谢。但饮酒过度有害无益，大量饮用烈性酒会造成视力模糊、反应迟钝、判断力下降、记忆力减退等。餐厅、酒吧服务人员的责任之一便是合理控制酒类销售，以避免发生醉酒或酒后闹事等不良现象。

（一）酒度

酒精饮料中酒的含量是用酒度来表示的。

标准酒度是由法国著名化学家盖·吕萨克（Gay Lussac）发明的。它是指在20℃的条件下每100mL酒液中含有纯酒精的毫升数。如12%即表示酒精含量占酒液体积的12%，通常称为12度。

标准酒度是目前世界上广为应用的一种酒度表示法，它又称为盖·吕萨克酒度。我国各种酒均以此表示酒度。它通常用百分比表示，或用缩写GL表示，如42度白兰地标注为:42Alc% by VOL,或42GL。

（二）酒的种类

通常的分类方法有以下几种：

1. 按照酒精度分类

（1）低度酒。酒精浓度在20度以下的酒品，如黄酒、葡萄酒、啤酒等。

（2）中度酒。酒精浓度在20～40度之间的酒品。大部分的露酒、药酒都属于此类。如竹叶青酒、青梅酒、五加皮酒等。

（3）高度酒。酒精浓度在40度以上的酒品。高度酒大部分是蒸馏酒，我国生产的白酒和外国酒中的伏特加、白兰地等多属此类。

2. 按照酒的颜色分类

（1）白酒。无色透明的酒品。

（2）色酒。带有颜色的酒品。

3. 按照生产酒的工艺分类

（1）蒸馏酒。凡以谷类或水果等为原料，经发酵、蒸馏而成的含酒精度较高的酒都称为蒸馏酒。根据其所用的原料不同，世界各国生产酒的工艺的差异以及饮酒习惯的差异，将世界著名的蒸馏酒分为威士忌、白兰地、伏特加、金酒、兰姆酒、中国白酒。它们分别属于谷物蒸馏酒、葡萄蒸馏酒和果杂蒸馏酒三大类。

(2)酿造酒。酿造酒也称发酵酒或原汁酒，它是借着酵母的作用，把含有淀粉和糖质原料的物质发酵糖化产生酒精成分而形成的酒。发酵酒是最自然的酿酒方式。酒度低，对人体的刺激小。这类酒中含有很多营养成分，适量饮用有益身体健康。发酵酒包括:葡萄酒、啤酒、黄酒、清酒等。

(3)配制酒(又称浸制酒)。配制酒是用发酵原酒(黄酒、葡萄酒、果酒)或是蒸馏酒(白酒及食用酒精)为酒基，用浸泡、掺兑等方法，加入香草、香料、鲜花、果皮、果汁或中药配制加工而成的饮料。配制酒生产过程简单，周期短，成本低，不受原料限制，各地均能生产。

4. 按照制酒原料分类

(1)果酒。指主要以含糖分较高的水果为原料，经过发酵、蒸馏或配制而成的酒。如葡萄酒、白兰地、味美思等。

(2)粮食酒。指以各种谷物及含有丰富淀粉的某些农副产品为原料，经过发酵、蒸馏而成的酒。如啤酒、米酒、威士忌、中国白酒等。

5. 按照人们的用餐分类

(1)餐前酒。人们常在进餐前饮用的口味酒、发酵酒、配制酒、蒸馏酒均可做为餐前酒。

(2)佐餐酒。人们习惯在进餐时饮用的各种酒。

(3)餐后酒。人们习惯在餐后饮用的配制酒和各种甜酒等。

第二节 中国酒

我国有悠久的酿酒历史,据历史记载,中国人在商朝时代已有饮酒的习俗，并以酒来祭神。在汉、唐以后，除了黄酒以外，各种白酒(烧酒)、药酒、果酒的生产有了一定的发展。近年来,我国的酿酒工业随着科学技术的进步形成了很大的生产能力。中国酒的品种繁多,质地精良，风格独特，蜚声国内外市场。按酒精含量的多少有高度酒(烈性酒)、中度酒、低度酒三种;按酒的含糖浓度高低有甜型酒、半甜型酒、“干”型酒三种;按制造方法的不同有发酵酒、蒸馏酒、配制酒三类;按商品类型可分为白酒、黄酒、啤酒、配制酒、仿洋酒等。

一、蒸馏酒

中国的蒸馏酒主要指中国白酒，中国白酒是世界著名的六大蒸馏酒之一(其余五种是白兰地、威士忌、兰姆酒、伏特加和金酒)。中国白酒在工艺上比世界各国的蒸馏酒都复杂得多，原料各种各样，酒的特点也各有风格，酒名也五花八门。

(一)中国白酒的特点、名称和起源

中国白酒在饮料酒中，独具风格，与世界其他国家的白酒相比，我国白酒具有特殊的不可比拟的风味。酒色洁白晶莹、无色透明;香气宜人,五种香型的酒各有特色,香气馥郁、纯净、溢香好,余香不尽;口味醇厚柔绵,甘润清冽,酒体谐调,回味悠久,那爽口尾净、变化无穷的优美味道,给人以极大的欢愉和幸福之感。

我国白酒的酒度早期很高,有67度、65度、62度之高。度数这样高的酒在世界其他国家是罕见的。近几年,国家提倡降低白酒度数,有不少较大的酒厂,已试制成功了39度、38度等低度白酒。低度白酒出现市场初期,大多数消费者不太习惯,饮用起来总觉着不够味,“劲头小”。上个世纪90年代初,城市消费者已经开始习惯低度白酒,在宴席上已经逐渐成为一个较好的品种了。

白酒以前叫烧酒、高粱酒,建国后统称白酒、白干酒。为什么叫白酒、白干和烧酒?白酒就是无色的意思,白干酒就是不掺水的意思,烧酒就是将经过发酵的原料入甑加热蒸馏出的酒。

白酒的名称繁多。有的以原料命名,如:高粱酒、大曲酒、瓜干酒等,就是以高粱、大曲、瓜干为原料生产出来的酒。有的以产地命名,如:茅台、汾酒、景芝白干、曲阜老窖、兰陵大曲等。有的以名人命名,如:杜康酒、范公特曲等。还有的按发酵、储存时间长短命名,如:特曲、陈曲、头曲、二曲等。二锅头、回龙酒等,则又是以生产工艺的特点命名的。二锅头是我国北方固态法白酒的一种古老的名称。现在有的酒仍叫二锅头。现在的二锅头是在蒸酒时,掐头去尾取中间馏出的酒。真正的二锅头系指制酒工艺中在使用冷却器之前,以古老的固体蒸馏酒方法,即以锅为冷却器,二次换水后而蒸出的酒。所谓回龙酒,就是将蒸出的酒重烤一次,即为回龙酒。

(二)中国白酒的种类

1. 按所用酒曲和主要工艺分类

(1)用固态发酵法酿制的种类

①大曲酒。以大曲为糖化发酵剂,大曲的原料主要是小麦、大麦,加上一定数量的豌豆。大曲又分为中温曲、高温曲和超高温曲。一般是固态发酵,大曲酒所酿的酒质量较好,多数名优酒均以大曲酿成。

②小曲酒。小曲是以稻米为原料制成的,多采用半固态发酵,南方的白酒多是小曲酒。

③麸曲酒。这是解放后在烟台操做法的基础上发展起来的,分别以纯培养的曲霉菌及纯培养的酒母做为糖化、发酵剂,发酵时间较短。由于生产成本较低,为多数酒厂所采用。此种类型的酒产量最大,以大众为消费对象。

④混曲法白酒。主要是大曲和小曲混用所酿成的酒。

⑤其他糖化剂法白酒。这是以糖化酶为糖化剂,加酿酒活性干酵母(或生香酵母)发酵酿制而成的白酒。

(2)用固液结合法酿制的种类

①半固、半液发酵法白酒。这种酒是以大米为原料，小曲为糖化发酵剂，先在固态条件下糖化，再于半固态、半液态下发酵，而后蒸馏制成的白酒，其典型代表是桂林三花酒。

②串香白酒。这种白酒采用串香工艺制成，其代表有：四川沱牌酒等。还有一种香精串蒸法白酒，此酒在香醅中加入香精后串蒸而得。

③勾兑白酒。这种酒是将固态法白酒（不少于10%）与液态法白酒或食用酒精按适当比例进行勾兑而成的白酒。

④液态发酵法白酒。又称“一步法”白酒，生产工艺类似于酒精生产，但在工艺上吸取了白酒的一些传统工艺，酒质一般较为淡泊；有的工艺采用生香酵母加以弥补。此外还有调香白酒，这是以食用酒精为酒基，用食用香精及特制的调香白酒经调配而成。

2. 按酒的香型分类

这种方法按酒的主体香气成分的特征分类，在国家级评酒中，往往按这种方法对酒进行归类。

（1）酱香型白酒

酱香型白酒以茅台酒为代表，酱香柔润为其主要特点。发酵工艺最为复杂。所用的大曲多为超高温酒曲。

（2）浓香型白酒

又称为泸香型或窖香型白酒，以泸州老窖特曲、五粮液、洋河大曲等酒为代表，以芳香浓郁、绵柔甘洌、香味协调、尾子干净、回味余长为特点，发酵原料是多种原料，以高粱为主，发酵采用混蒸续渣工艺。发酵采用陈年老窖，也有人工培养的老窖。在名优酒中，浓香型白酒的产量最大。四川，江苏等地的酒厂所产的酒均是这种类型。

（3）清香型白酒

也称为汾香型白酒，以汾酒为代表，其特点是清香纯正、醇厚绵软、甘润爽口，采用清蒸清渣发酵工艺，发酵采用地缸。

（4）米香型白酒

以桂林三花酒为代表，特点是蜜香清雅、入口柔绵、回味怡畅以大米为原料，小曲为糖化剂。

（5）复香型白酒

又称为兼香型白酒，即兼有两种以上主体香的白酒。这类酒的主要代表有西凤酒、董酒、白沙液等，香型各有特征，这些酒的酿造工艺采用浓香型、酱香型，或汾香型白酒的一些工艺，有的酒的蒸馏工艺也采用串香法。

3. 按酒质分

（1）国家名酒

国家评定的质量最高的酒，白酒的国家级评比，共进行过5次。茅台酒、汾酒、泸州老窖、五粮液等酒在历次国家评酒会上都被评为名酒。

（2）国家级优质酒

国家级优质酒的评比与名酒的评比同时进行。

(3)各省，部评比的名优酒

(4)一般白酒

一般白酒占酒产量的大多数，价格低廉，为百姓所接受。有的质量也不错。这种白酒大多是用液态发酵法生产的。

4. 按酒度的高低分

(1)高度白酒

这是我国传统生产方法所形成的白酒，酒度在41度以上，多在55度以上，一般不超过65度。

(2)低度白酒

采用了降度工艺，酒度一般在38度。也有的20多度。

(三)中国著名酒品

1. 贵州茅台酒

产于贵州省仁怀县茅台镇，因产地而得名。

贵州茅台酒素以低而不淡、香而不艳著称，被尊为国酒，是世界三大名酒(另外两种是英国苏格兰威士忌、法国柯涅克白兰地)之一。茅台酒具有“酱香突出、幽雅细腻、酒体醇厚、回味悠长、空杯留香持久”的独特风格。侨胞称赞茅台酒为“祖国之光”。茅台酒的酿造是以优质高粱为料，优质小麦制曲，每年重阳之际投料，巧妙地利用茅台镇特有的气候，优良的水质，适宜的土壤，采用了一系列与一般白酒截然不同的高温制曲、高温堆积、高温酿酒、轻水分入池等工艺条件，经过二次投料、九次蒸馏、八次发酵、七次取酒、分型入库、长期陈酿、精心勾兑而成。1915年，在巴拿马万国博览会上，茅台酒(花茅)荣获金质奖章、奖状。从此贵州茅台酒闻名中外，誉满全球。在1952、1963、1979、1984、1989年的中国第一至五届全国评酒会上都被评为国家名酒，并荣获金质奖章。1985年以后又多次获得国际金奖。

2. 汾酒

该酒产于山西省汾阳县杏花村，是我国名酒的鼻祖，距今已有1500多年的历史。我国最负盛名的八大名酒，都和汾酒有着十分亲近的血缘。汾酒的原料，用产于汾阳一带晋中平原的“一把抓”高粱，甘露如醇的“古井佳泉水”与传统的酿造工艺,使汾酒清亮透明，气味芳香，入口绵绵，落口甘甜，回味生津的特色，一直被推崇为“甘泉佳酿”和“液体宝石”。汾酒酿造有一套独特的工艺，“人必得其精，粮必得其实，水必得其甘，曲必得其明，器必得其洁，缸必得其湿，火必得其缓。”形成了独特的品质风味。虽为60度高度酒，却无强烈刺激的感觉，有色、香、味“三绝”的美称，为我国清香型酒的典范。汾酒在全国第一至五届评酒会上匀获国家名酒称号及金质奖,1992年获“巴黎国际名酒展评会”特别金奖。

3. 五粮液

五粮液酒是浓香型大曲酒的典型代表，它以高粱、糯米、大米、小麦和玉米五种粮食为酿造原料，通过按比例精选原辅料，蒸糟拌曲，封窖发酵，蒸馏摘酒，储存勾兑，检验包装等一整套独特而严谨的工艺制成。具有“香气悠久，味醇厚，入口甘美，入喉净爽，各味协调，恰到好处”的独特风格，是当今酒类产品中出类拔萃的产品。五粮液酒在全国二至五届评酒会上获“国家名酒”金奖，1991 年被评为中国“十大驰名商标”；并多次获得国际金奖。

4. 剑南春

产于四川省绵竹县酒厂，是我国有悠久历史的名酒之一。唐代以“春”命酒，绵竹是当年剑南道上一大县，由此得名。相传唐代李白曾在绵竹“解貂续酒”，有“士解金貂，价重洛阳”的佳话。以高粱、大米、糯米、玉米、小麦五种谷物为原料，经精心酿制而成，属浓香型。酒度有 62 度和 52 度两种。剑南春酒厂生产的剑南春是采用传统工艺与现代技术相结合精心配制而成的。具有芳香浓郁、醇和回甜、清冽净爽、余香悠长的独特风格。曾于第三、四、五届全国评酒会荣获中国名酒称号，并多次荣获国家级、部省级和国际质量金奖，饮誉海内外。

5. 泸州老窖

产于四川泸州，明末清初以“温永盛”和“天成生”两家酒厂最为著名。“温永盛”创于清雍正七年，最老的窖已有 370 多年的历史，筑窖时对泥质要求必须粘性好，磷、氮丰富的肥沃土壤，适宜细菌的繁殖。窖愈老，菌越多，采用老窖发酵续槽配料因之酒香很浓。泸州老窖特曲具有“浓香、醇和、味甜、回味长”的特色，饮后苹果回香，心神愉快。已成为浓香型白酒的典型。分为 60 度和 55 度两种。喝时无辛辣感，只觉回肠转气、香沁肌骨。在一至五届全国评酒会上均被评为国家名酒，其中 1979 年和 1984 年获国家金质奖，并多次获国际金奖。

6. 古井贡酒

产于安徽亳县（现亳州市）减店集古井贡酒厂。厂内一口古井已有 1400 年历史。当地多盐碱，水味苦涩。独此井之水清澈甜美，用以酿酒，酒香浓郁，甘美醇和，该井被称为“天下名井”。自明万历年间就为进贡之酒。古井贡酒酒液清澈透明，香如幽兰，粘稠挂杯，余香悠长。属浓香型酒。其酒度为 60 至 62 度。在二至五届全国评酒会上获国家名酒称号及金质奖，1988 年在第十三届巴黎国际食品博览会上获金奖，1992 年获纽约酒类饮料国际博览会金奖。

7. 洋河大曲

产于江苏省泗阳县阳河镇洋河酒厂。清初已闻名于世。“闻香下马，知味停车；酒味冲天，飞鸟闻香化凤；糟粕入水，游鱼得味成龙；福泉酒海清香美，味占江淮第一家。”洋河大曲酒度分 64 度、62 度和 55 度。酒液无色透明，醇香浓郁，余味爽净，回味悠长，是浓香型大曲酒，有“甜、绵、软、净、香”的独特风格。在全国第三、四、五届评酒会上获得国家名酒称号及金质奖，还获得过其他多种国内、国际奖项。

8. 董酒

产于贵州省遵义市董酒厂，酒度60度，因厂址坐落在北郊董公寺而得名。董酒是我国白酒中酿造工艺最为特殊的一种酒品。它采用优质粘高粱为原料，以“水口寺”地下泉水为酿造用水，小曲、小窖制取酒醅，大曲、大窖制取香醅，酒醅香醅串烧而成。风格既有大曲酒的浓郁芳香，又有小曲酒的柔绵、醇和、回甜，还有淡雅舒适的药香和爽口的微酸。在二至五届全国评酒会上荣获国家名酒称号及金质奖，还获得过其他多种国内、国际奖项。

二、酿造酒

(一)黄酒

1. 黄酒概述

黄酒为世界三大古酒之一，源于中国，且惟中国有之，可称独树一帜。一般为15度左右。黄酒产地较广，品种很多，著名的有绍兴加饭酒、福建老酒、江西九江封缸酒、江苏丹阳封缸酒、无锡惠泉酒、广东珍珠红酒、山东即墨老酒、兰陵美酒、秦洋黑米酒、上海老酒、大连黄酒等。

黄酒，顾名思义是黄颜色的酒。所以有的人将黄酒这一名称翻译成“Yellow Wine”，其实这并不恰当。黄酒的颜色并不总是黄色的，在古代，酒的过滤技术并不成熟之时，酒是呈混浊状态的，当时称为“白酒”或“浊酒”。黄酒的颜色就是在现在也有黑色的、红色的，所以不能光从字面上来理解。黄酒的实质应是谷物酿成的，因可以用“米”代表谷物粮食，故称为“米酒”也是较为恰当的。现在通行用“Rice Wine”表示黄酒。

在当代黄酒是谷物酿造酒的统称，以粮食为原料的酿造酒(不包括蒸馏的烧酒)，都可归于黄酒类。黄酒虽做为谷物酿造酒的统称，但民间有些地区对本地酿造、且局限于本地销售的酒仍保留了一些传统的称谓，如江西的水酒，陕西的稠酒，西藏的青稞酒，如硬要说它们是黄酒，当地人也不一定能接受。

2. 黄酒的种类

(1)琳琅满目的黄酒品种

经过数千年的发展，黄酒家族的成员不断扩大，品种琳琅满目。酒的名称更是丰富多彩。最为常见的是按酒的产地来命名。如绍兴酒、金华酒、丹阳酒、九江封缸酒、山东兰陵酒等。这种分法在古代较为普遍。还有一种是按某种类型酒的代表做为分类的依据，如“加饭酒”，往往是半干型黄酒;“花雕酒”表示半干酒；“封缸酒”(绍兴地区又称为“香雪酒”)，表示甜型或浓甜型黄酒;“善酿酒” 表示半甜酒。还有的按酒的外观(如颜色，浊度等)，如清酒、浊酒、白酒、黄酒、红酒(红曲酿造的酒);再就是按酒的原料，如糯米酒、黑米酒、玉米黄酒、粟米酒、青稞酒等;古代还有煮酒和非煮酒的区别，甚至还有根据销售对象来分的，如“路庄”(具体的如“京装”，清代销往北京的酒)。还有一些酒名，则是根据酒的习惯称呼，如江西的“水酒”、陕西的“稠酒”、江南一带的“老白酒”等。除了液态的酒外，还有半固态的“酒娘”。这些称呼都带有一定的地方色彩，要想准确知道黄酒的类型，还得依据现代黄酒的分类方法。

(2)最新国家标准中黄酒的分类法

在最新的国家标准中，黄酒的定义是:以稻米、黍米、黑米、玉米、小麦等为原料，经过蒸料，拌以麦曲、米曲或酒药，进行糖化和发酵酿制而成的各类黄酒。

按黄酒的含糖量将黄酒分为以下5类:

①干黄酒。“干”表示酒中的含糖量少，糖分都发酵变成了酒精，故酒中的糖分含量很低，最新的国家标准中，其含糖量小于1.00 g/100 ml(以葡萄糖计)。这种酒属稀醪发酵，总加水量为原料米的三倍左右。发酵温度控制得较低，开耙搅拌的时间间隔较短。酵母生长较为旺盛，故发酵彻底，残糖很低。在绍兴地区，干黄酒的代表是“元红酒”。

②半干黄酒。“半干”表示酒中的糖分还未全部发酵成酒精，还保留了一些糖分。在生产上，这种酒的加水量较低，相当于在配料时增加了饭量，故又称为“加饭酒”。酒的含糖量在1%～3%之间。在发酵过程中，要求较高。酒质厚浓，风味优良。可以长久储藏。是黄酒中的上品。我国大多数出口酒，均属此种类型。

③半甜黄酒。这种酒含糖量在3%～10%之间。其采用的工艺独特，是用成品黄酒代水，加入到发酵醪中，使糖化发酵的开始之际，发酵醪中的酒精浓度就达到较高的水平，在一定程度上抑制了酵母菌的生长速度，由于酵母菌数量较少，对发酵醪中产生的糖分不能转化成酒精，故成品酒中的糖分较高。这种酒，酒香浓郁，酒度适中，味甘甜醇厚。是黄酒中的珍品。但这种酒不宜久存,储藏时间越长，色泽越深。

④甜黄酒。这种酒，一般是采用淋饭操做法，拌入酒药，搭窝先酿成甜酒娘，当糖化至一定程度时，加入40%～50%浓度的米白酒或糟烧酒，以抑制微生物的糖化发酵作用，酒中的糖分含量达到10～20 g/100ml之间。由于加入了米白酒，酒度也较高。甜型黄酒可常年生产。甜黄酒，糖分大于或等于20 g/100 ml。

⑤加香黄酒。这是以黄酒为酒基,经浸泡(或复蒸)芳香动、植物或加入芳香动、植物的浸出液而制成的黄酒。

(3)淋饮酒、摊饭酒和喂饭酒

这是按酿造方法对黄酒分类时的称呼。按这种方法分类，可将黄酒分成三类:

①淋饭酒。淋饭酒是指蒸熟的米饭用冷水淋凉，然后，拌入酒药粉末，搭窝，糖化，最后加水发酵成酒。口味较淡薄。这样酿成的淋饭酒，有的工厂是用来做为酒母的。即所谓的“淋饭酒母”。

②摊饭酒。是指将蒸熟的米饭摊在竹篦上，使米饭在空气中冷却，然后再加入麦曲、酒母(淋饭酒母)、浸米浆水等，混合后直接进行发酵。

③喂饭酒。按这种方法酿酒时，米饭不是一次性加入，而是分批加

入。

(4)麦曲黄酒、小曲黄酒、红曲黄酒、乌衣红曲黄酒

黄酒还可按酿酒用曲的种类来分:小曲黄酒,生麦曲黄酒,熟麦曲黄酒,纯种曲黄酒,红曲黄酒,黄衣红曲黄酒和乌衣红曲黄酒。

(二)啤酒

1. 啤酒概述

啤酒是以大麦芽(包括特种麦芽)为主要原料,加酒花,经酵母发酵酿制而成的、含二氧化碳的、起泡的、低酒精度(2.5%~7.5%)的饮品。啤酒最早出现于公元前3000年左右,于古埃及和美索不达米亚(今伊拉克)地区。这一历史事实可以在王墓的墓壁上得以证实。史料记载,当时啤酒的制做只是将发芽的大麦制成面包,再将面包磨碎,置于敞口的缸中,让空气中的酵母菌进入缸中进行发酵,制成原始啤酒。由于谷物的残渣及杂菌污染,酒的味道可想而知。

公元6世纪,啤酒的制做方法由埃及经北非、伊比利亚半岛、法国传入德国。那时啤酒的制做主要在教堂、修道院中进行。为了保证啤酒质量,防止由乳酸菌引起的酸味,修道院要求酿造啤酒的器具必须保持清洁。大概在首个千禧年的中叶,最好的啤酒是由僧侣制造的。公元11世纪,啤酒花由斯拉夫人用于啤酒。在1516年,有关啤酒纯度的规定在巴伐利亚(德国中西部的一个省,以啤酒闻名)公布,酿制啤酒只能用大麦、麦芽、酒花和水。

1480年,以德国南部为中心,发展出了新的发酵法,啤酒质量有了大幅提高,啤酒制造业空前发展。1800年时期,随着蒸汽机的发明,啤酒生产中大部分实现了机械化,生产量得到了提高,质量比较稳定,价格较便宜。1830年左右,德国的啤酒技术人员分布到了欧洲各地,将啤酒工艺传播到全世界。很多世纪以来,啤酒都是在家里自酿的,直至本世纪中叶,才由修道院推广至欧洲大量生产。

啤酒品质的好坏,全视发酵所用的酵母而定。制造啤酒的酵母菌不下数百种,德国拥有其中最多的配方,而日本则积极使用各种方式获取秘诀。所以,德国啤酒排名世界第一,日本啤酒排名世界第二。

酿造啤酒的主要原料是大麦芽与啤酒花(又称蛇麻草 Hop)。水质也非常的重要,虽然不一定要用名泉之水,但必须是无色透明、不含杂质、无臭味,含空气及二氧化碳多,但有机物少者。

任何的酒类愈陈愈香几乎已成为铁则。但是,啤酒例外,愈新鲜愈好。因此,酒厂拼命地酿制,爱好者拼命地趁鲜下肚,这可能是啤酒消耗量惊人的原因之一。

2. 啤酒的分类

啤酒品种很多,一般可根据生产方式,产品浓度、啤酒的色泽、啤酒的消费对象、啤酒的包装容器、啤酒发酵所用的酵母菌的种类来分。

(1)按颜色分类

①淡色啤酒。淡色啤酒的色度在5～14EBC单位，如:高浓度淡色啤酒，是原麦汁浓度13%(m/m)以上的啤酒;中等浓度淡色啤酒，原麦汁浓度10%～13%(m/m)的啤酒;低浓度淡色啤酒，是原麦汁浓度10%(m/m)以下的啤酒;干啤酒(高发酵度啤酒)，实际发酵度在72%以上的淡色啤酒;低醇啤酒，酒精含量2%(m/m)或2.5%(v/v)以下的啤酒。

②浓色啤酒。浓色啤酒的色度在15～40EBC单位，如:高浓度浓色啤酒，原麦汁浓度13%(m/m)以上的浓色啤酒;低浓度浓色啤酒，是原麦汁浓度13%(m/m)以下的浓色啤酒;浓色干啤酒(高发酵度啤酒)，实际发酵度在72%以上的浓色啤酒。

③黑啤酒。黑啤酒色度大于40EBC单位。

(2)按其他方法分类

①在原辅材料或生产工艺方面有某些改变，成为独特风味的啤酒。如:纯生啤酒:这是在生产工艺中不经热处理灭菌，就能达到一定的生物稳定性的啤酒。全麦芽啤酒:全部以麦芽为原料或部分用大麦代替，采用浸出或煮出法糖化酿制的啤酒。小麦啤酒:以小麦芽为主要原料(占总原料40%以上)，采用上面发酵法或下面发酵法酿制的啤酒。浑浊啤酒:这种啤酒在成品中存在一定量的活酵母菌，浊度为2.0～5.0 EBC浊度单位。

②按生产方式，可将啤酒分为鲜啤酒和熟啤酒。鲜啤酒是指啤酒经过包装后，不经过低温灭菌(也称巴氏灭菌)而销售的啤酒，这类啤酒一般就地销售，保存时间不宜太长，在低温下一般为一周。熟啤酒，是指啤酒经过包装后，经过低温灭菌的啤酒，保存时间较长，可达三个月左右。

③按啤酒的包装容器，可分为瓶装啤酒、桶装啤酒和罐装啤酒。瓶装啤酒有350毫升和640毫升两种;罐装啤酒有330毫升规格的。

④按消费对象可将啤酒分为普通型啤酒、无酒精(或低酒精度)啤酒、无糖或低糖啤酒，酸啤酒等。无酒精或低酒精度啤酒适于司机或不会饮酒的人饮用。无糖或低糖啤酒适宜于糖尿病患者饮用。

啤酒的保质期：瓶装、听装熟啤酒保质期不少于120天(优、一级)，60天(二级)。瓶装鲜啤酒保质期不少于7天。罐装、桶装鲜啤酒保质期不少于3天。

3.啤酒服务的注意事项

(1)研究表明啤酒温度在10℃时泡沫最丰富,既细腻又持久，香气浓郁，口感舒适。要保持这个酒温，需要根据环境温度适当调节啤酒温度，如环境温度在25℃时，啤酒应冷冻到10℃左右，环境温度在35℃时，啤酒应冷冻到6℃最好。

(2) 玻璃杯要干净，忌有油腻。

(3)斟酒前将洗干净的啤酒杯,用凉水再刷一遍后放在冰箱里先降降温。

(4) 斟酒时啤酒瓶与酒杯呈直角，酒斟向杯子正中,一直斟到泡沫上升到杯口为止稍候片刻，待泡沫消退一些后,再次向杯子正中斟酒，直至泡沫呈冠状，高出杯口。

4. 中国啤酒的历史

我国古代的原始啤酒可能也有4000至5000年的历史，但是市场消费的啤酒是到19世纪末随帝国主义洋枪洋炮一起进来的。中国建立最早的啤酒厂是俄国人1900年在哈尔滨八王子建立的乌尔布列夫斯基啤酒厂，此后五年时间里，俄国、德国、捷克分别在哈尔滨建立另外三家啤酒厂。1903年英国和德国商人在青岛开办英德酿酒有限公司，生产能力为2000吨，这就是现在青岛啤酒厂的前身。1904年在哈尔滨出现了中国人自己开办的啤酒厂——东北三省啤酒厂；1914年哈尔滨又建起了五洲啤酒汽水厂；同年北京建立了双合盛啤酒厂；1935年广州出现了五羊啤酒厂（广州啤酒厂的前身）。1958年我国在天津、杭州、武汉、重庆、西安、兰州、昆明等大城市投资新建了一批规模在2000吨左右的啤酒厂，成为我国啤酒业发展的一批骨干企业。到1979年，全国啤酒厂总数达到90多家，啤酒产量达37.3万吨，比新中国成立前增长了50多倍。然而，我国啤酒业真正的大发展发生在1979年后十年，每年以30%以上的高速度持续增长。80年代，我国的啤酒厂如雨后春笋般不断涌现，遍及神州大地。到1988年，我国大陆啤酒厂发展到813家，总产量达656.4万吨，仅次于美国、德国，名列第三，（到1993年跃居第二）。短短十年，我国啤酒厂家增长9倍，产量增长17.6倍，从而我国成了名副其实的啤酒大国，啤酒的种类9千余种。

5. 我国名牌啤酒介绍

我国最新的国家标准规定：啤酒是以大麦芽（包括特种麦芽）为主要原料，加酒花，经酵母发酵酿制而成的、含二氧化碳的、起泡的、低酒精度（2.5%～7.5%）的各类熟鲜啤酒。

（1）青岛啤酒

产地：山东省青岛啤酒厂；原麦汁浓度：12度；酒度：3.5度；品质特点：色呈淡黄、清澈透明、二氧化碳充足，泡沫洁白、细腻、厚实、持久、挂杯。有明显的麦牙香和酒花香，味纯适口、独具特色。在第二、三届全国评酒会上，青岛啤酒被评为啤酒类中惟一的国家名酒金奖，在第四届评酒会上继续获国家名酒称号，金质奖（一、五届啤酒类未参评）。

（2）五星啤酒

产地：北京双合盛啤酒厂；原麦汁浓度：12度；酒度：3.5度；品质特点：泡沫洁白、色呈淡黄、清澈透明、挂杯持久、味纯清爽、口感微苦、杀口力强。在第二、四届全国评酒会上获国家优质酒称号及银质奖。

（3）北京特制啤酒

产地：北京啤酒厂；原麦汁浓度：12度；酒度：3.5度；品质特点：色呈黄色、清澈透明、二氧化碳充足，泡沫细腻、持久，具有酒花香和微苦味，杀口力强。该酒为庆祝国庆十周年于1959年特制而成。

（4）上海特制啤酒

产地：上海啤酒厂；原麦汁浓度：12度；酒度：3.5度；品质特点：色浅、

质优、味纯、气足、泡沫持久，有明显的麦牙香和酒花香，味纯适口、杀口力强。该啤酒已有 90 多年的历史（1912 年由英国人创办），达到国际一流水平。

三、果实类酿造酒

（一）果酒概述

人们把水果制成的酒统称果酒。它以各种人工种植的果品和野生的果实为原料，如葡萄、苹果、梨、山楂、猕猴桃等，经过破碎、发酵或者浸泡等工艺精心调配而成。

该酒一般具有原来果实的色、香、味。果汁含酸较高，发酵前需要加水稀释，添加糖分，所以果酒属于甜酒。大多数果酒含酒精约 12%，用同样水果制成的白兰地酒强化到酒精约 20%，以便保存，做为大众饮料的低度苹果酒与梨酒，一般只含 2% ~8% 的酒精。国外对各种果酒都有专有名词。例如：苹果酒称为 Cidre，梨酒叫 Perry，李子酒 Plum，樱桃酒 Cherry wine，以及各种莓酒，大都是家庭自酿。在不产葡萄的寒冷地区，有一定的经济意义。苹果酒及梨酒是英国和法国北方的重要产品。丹麦生产黑加仑酒（黑穗醋栗）和强化樱桃酒。美国东海岸酿造各种果酒，有苹果、樱桃、黑莓和罗甘莓酒 Logenberry wine，捷克、荷兰、波兰、南斯拉夫和以色列等国都是出口果酒的国家。

在我国，随着人民生活水平的不断提高，对酒的饮用习惯也在改变，葡萄酒果酒越来越多地摆上人们的餐桌。我国山林果地面积广阔，品种繁多，有天然野生的，也有人工栽培的，适合于酿酒的种类不少，一年四季都十分丰富，可以因地制宜地生产各种特色的果酒。

科学家已证实，饮用果酒对心脏有益。这不仅是由于它含有丰富的维生素 B1、B2、C 和多种人体必需的矿物质、微量元素，且酒精含量较少，它还可以防止血液的酸性化，能把体内储留的过多脂肪消耗掉，起到一定的降血脂作用，减少脂肪在血管壁上的沉积。所以，适量地饮用果酒，可以防止血管堵塞，减少心肌梗塞的发生。

（二）常见果酒名称

葡萄酒，猕猴桃酒，沙棘酒，刺梨酒，五味子酒，黑加仑酒，越橘酒，红豆酒，野刺梅酒，龙葵酒，三棵针酒，金樱子酒，酸枣酒，山楂酒，紫梅酒，杨梅酒，香梅酒，金莓酒，苹果酒，梨酒，石榴酒，红枣酒，桑椹酒，荔枝酒，金橘酒，金丝枣酒，蜂蜜酒，哈密瓜酒，西瓜酒，广柑酒，木瓜酒等。其中最常见的是各类葡萄酒。

（三）葡萄酒

1. 葡萄酒的酿制法

所谓葡萄酒即：以葡萄为惟一的酿制原料，不能附加任何杂质（除糖，可在一定情况下加入），其全部发酵过程必须在葡萄原产地进行的酿制酒。采收后的葡萄即刻送到压榨房，先清除枝叶、杂质，再倒入压榨器内，压榨的葡萄汁(Must)再倒入巨大的发酵桶里等待发酵。葡萄所含的天然酵母菌(Yeast)是一种细微的有机体，此刻将相当活跃，迅速地繁殖，并将葡萄中所蕴含的葡萄糖(Glucose)分解成碳酸(Carbonic Acid)与酒精，碳酸会与氧结合为二氧化碳排出。发酵过程在几星期后全部将葡萄中的糖分转化成碳酸及酒精时，则新酒就产生了。新酒在装瓶前，必须储存于木桶内约2~3年时间，有些上等佳酿，甚至需要储存10~15年，品质才能臻至完美境界。酒的品质好坏还与盛酒的木桶有密切关系。葡萄种植的土壤、葡萄品种、酵母菌、气候与酿造技术五大因素决定了葡萄酒的品质。

2. 葡萄酒的种类

根据我国最新的国家标准，葡萄酒是以新鲜葡萄或葡萄汁为原料，经酵母发酵酿制而成的、酒精度不低于7%(v/v)的各类葡萄酿制的酒。葡萄酒按酒的色泽分为红葡萄酒、白葡萄酒、桃红葡萄酒三大类。

根据葡萄酒的含糖量，又可分为干红葡萄酒、半干红葡萄酒、半甜红葡萄酒和甜红葡萄酒。

白葡萄酒也可按同样的方法细分为干白葡萄酒、半干白葡萄酒、半甜白葡萄酒和甜白葡萄酒。

按照葡萄酒的含糖量如下所述：

(1)干葡萄酒，含糖(以葡萄糖计)小于或等于4.0g/L；

(2)半干葡萄酒，含糖在4.1~12.0g/L；

(3)半甜葡萄酒，含糖在12.1~50.0g/L；

(4)甜葡萄酒，含糖等于或大于50.0g/L。

按酒中二氧化碳的压力分为：

(1)无气葡萄酒(still wine)(包括加香葡萄酒)。这种葡萄酒不含有自身发酵产生的二氧化碳或人工添加的二氧化碳。

(2)起泡葡萄酒(sparkling wine)。这种葡萄酒中所含的二氧化碳是以葡萄酒加糖再发酵而产生的或用人工方法压入的，其酒中的二氧化碳含量在20℃时保持压力0.35 MPa(3.5 bar)以上，酒精度不低于8%(v/v)。

(3)香槟酒。属于起泡葡萄酒，在法国规定只有在香槟省出产的起泡葡萄酒才能称为香槟酒。

(4)葡萄汽酒。葡萄酒中的二氧化碳是发酵产生的或是人工方法加入的，其酒中的二氧化碳含量在20℃时保持压力0.0510~0.25 MPa(0.51~2.5 bar)，酒精度不低于4%(v/v)。

此外，葡萄酒经过再加工，还可生产加香葡萄酒和白兰地。根据品种的不同，生产技术也有所不同。

加香葡萄酒也称开胃酒，是在葡萄酒中添加少量可食用并起增香作用的物质，混合而成的葡萄酒。按葡萄酒中所添加的主要呈香物质的不同可分为苦味型、花香型、果香型和芳香型。我国的味美思酒就属于这种类型。

3. 葡萄酒的名称

葡萄酒名称通常来自葡萄名、地名、公司名和商标名四个方面。许多优质和著名的葡萄酒，在葡萄酒的标签上既有以公司名命名的商标，又有著名出产地名和葡萄名，以增加葡萄酒的知名度。另外，由于许多酿酒公司常用同一种葡萄生产葡萄酒，因此，许多葡萄酒常以厂商名称做为酒名或者做为商标，以使顾客识别。

4. 我国名牌葡萄酒、果酒介绍

(1)金奖白兰地。产地:山东烟台张裕酿酒公司；酒度:40 度；品质特点:色泽金黄、清亮透明、滋味醇厚、微苦爽口。该产品已有一百年历史，原名“张裕白兰地”。因在 1915 年巴拿马国际博览会上获金奖，故于 1928 年改名为金奖白兰地。它是用优质葡萄，经发酵、蒸馏、调配储藏陈酿而成。该酒在历届评酒会上被评为全国名酒，驰名中外。

(2)烟台味美思。产地:山东烟台张裕酿酒公司；酒度：17.5 度～18.5 度；糖分：14.5%～15. 5%；品质特点:呈棕褐色、清澈透明、酒香药香协调、微苦爽口、柔和纯美、属甜型加料葡萄酒，为餐前饮用的开胃酒和保健酒。连续四届被评为全国名酒。

(3)烟台红葡萄酒。产地：山东烟台张裕酿酒公司；酒度:15.5 度～16.5 度；糖分:12%；品质特点:呈宝石红色、透明如晶体、果香突出、酸甜适口、微涩醇厚、风味独特，属甜型葡萄酒。此酒在 1915 年巴拿马国际博览会上获金奖，在第四届评酒会上被评为全国名酒。

(4)中国红葡萄酒。产地:北京东郊葡萄酒厂；酒度:16 度；糖分:12%；品质特点:呈宝石红色、清亮透明、果香酒香突出、味醇、浓郁、微涩、富有营养，属甜型葡萄酒。“夜光杯”牌葡萄酒，在二、三、四届评酒会上被评为全国名酒。

(5)沙城干白葡萄酒。产地:河北沙城酒厂；酒度:16 度，糖分：<4%；品质特点:酒液微黄带绿、清凉透明、口味圆润、细致、爽而不涩、果香宜人，适于吃鱼、海鲜等菜肴时饮用。是以龙眼葡萄为原料酿成的干白葡萄酒。第三届评酒会上被评为全国名酒。

(6)民权白葡萄酒。产地:河南民权葡萄酒厂；酒度:12 度；糖分:10%；品质特点:色黄明亮、酒香果香协调、柔和爽口、回味细长。是用白羽、红玫瑰、季米亚特、巴米特等优良葡萄酿制而成，属甜白葡萄酒。第三届评酒会上被评为全国名酒。

四、配制酒

配制酒是继蒸馏酒、发酵酒(酿造酒)后的世界上第三大酒类。有人称其为再制酒、合成酒、兑制酒、花色酒或露酒等。配制酒(integrated alcoholic beverages)，是以发酵酒、蒸馏酒或食用酒精为酒基，加入可食用的花、果、动植物或中草药，或以食品添加剂为呈色、呈香及呈味物质，采用浸泡、煮沸、复蒸等不同工艺加工而成的改变了其原酒基风格的酒。配制酒分为植物类配制酒、动物类配制酒、动植物配制酒及其他配制酒。

(一)配制酒的特点

1. 酒精含量低、营养丰富、功效众多。我国传统酒，多数是酒精含量较高的高浓度酒，大多数在50度以上，能饮用的人多数属酒量较大的男性。随着生产的发展，人民生活日益提高，饮酒做为一种娱乐之事，女性也要求有一分，则低浓度的配制饮料酒应运而生。现在过年过节，亲朋挚友聚会，都要一红一白“两酒会宴”，这也是人民生活水平提高的社会趋势。配制饮料酒，除了调香白酒外，其他酒的浓度，即含酒精的浓度几乎都是很低的，这也是符合人民要求而受到欢迎的原因。配制饮料酒的营养丰富，是因为它用鲜果汁或果皮或用药材等配制的。果汁、果皮、药材中所含的有益物质全部浸入酒中，这就使配制饮料酒对人体有益，有的能开胃增进食欲，有的能有显著滋补作用，有的能治疗感冒，有的能医治内外伤，有的药酒可做兴奋剂、苏醒药，有的可做麻醉剂;有的酒有安神镇痛作用，有的酒有催眠作用。

2. 工艺简单，容易制做。古来造酒都要靠酵母等微生物，而配制酒则不用微生物帮忙，就省掉造酒上最辣手的事——微生物培养问题。它是使用现成的酒或酒精配制而成的，步骤简单，操做起来也很简便。

3. 所用材料多，原料充足。植物的花、果、皮、核、茎、叶、根，动物的骨、皮等(国外不用动物的体、物配酒)都可以选用。因此可以因地制宜，就地取材，因我国气候适中，资源丰富，配制酒用的各种原料真是取之不尽，用之不竭。

4. 设备简单，投资不大，易于推广。我国古时配制酒时用的设备很简单，不外带盖的磁缸瓷器，甚至木桶之类。在酒容器中放入药料，密闭、浸泡数日或数十日即可饮用。此法一直延用至今。当然，目前配制酒使用的设备比古时要进步得多，尤其是汽酒、小香槟酒，配制时使用的设备也比较复杂，但与其他酿制酒、蒸馏酒的设备比较起来，设备较少，投资也较小。

5. 价格低廉。由于上述的几种原因，因而造成配制酒成本低，销售价格也就较低，容易占领市场。就以调香白酒与一般大曲酒相比，配制饮料酒的价格只有一半左右，并且配制调香白酒用的是精馏酒精，选用的优质水和精制的香料酒及香精，它比一般白酒、大曲酒杂质少，也有益于人体健康。

(二)配制酒的生产方法

1. 浸泡法。将香料、果类、药材直接投入酒中，浸泡到一定的时间，取出浸泡液过滤装瓶或者将浸泡液加水稀释，调整酒度，再加糖和色素等，经过一定时间的储藏，过滤即成配制饮料酒。

2. 煮出法。将需要的原料加水蒸煮，煮后去渣，取出原液加酒和水，调整到需要的酒度，加糖、色素等，搅拌均匀，储存2、3个月，过滤装瓶，即为配好的饮料酒。

3. 蒸馏法。将鲜花或鲜果投入酒中，密闭浸泡一些时期后取出，加入一定量的白酒和水进行蒸馏，将馏出液加水调成需要的酒度，再加糖和色素等搅拌均匀，储藏一定时间过滤装瓶，即成配制酒。

4. 配制法。白酒或脱臭酒精按一定比例加入糖、水、柠檬酸、香精、色素等，搅拌均匀后储存一定时间，过滤装瓶，即成配制酒。目前使用此法的工厂较多，但质量一般，尚须改进提高。

（三）国内配制酒的分类

1. 药酒。如五加皮酒、舒筋活血酒、三蛇酒、风湿骨痛酒、虎骨酒、百部酒、黄药酒、茵陈酒、当归酒等。

2. 保健酒。如人参酒、虫草补酒、三鞭酒、鹿茸酒、益寿补酒、十全大补酒、枸杞酒、蓼酒、女真皮酒等。

3. 花露酒。如桂花酒、莲花白、玫瑰酒等。

（四）国内部分配制酒介绍

1. 竹叶青酒

产地：山西。酒度：45 度；糖分：10%；品质特点：呈金黄色、微绿透明、有悦人的药香、甜中微苦，无刺激感。是以汾酒为基酒，加入竹叶、当归、砂仁、丁香、陈皮、檀香等 12 味中药材的浸液和冰糖配制而成。具一定的保健作用。在全国第二、三、四届评酒会上被评为全国名酒。

2. 五加皮酒

产地：广东省广州市制酒厂；酒度：40 度；糖分：6%；品质特点：呈褐红色、清澈透明、具有多种药材综合的芳香，酒味浓郁、调和醇滑，风味独特。该酒以五加皮为原料，加入多种中药材加工配制而成。多次被评为全国优质酒。

3. 园林青酒

产地：湖北潜江园林青酒厂；酒度：45 度；糖分：10%；品质特点：呈金黄透亮、药香浓郁、醇和浓郁、回味悠久。该酒是以清香型高粱大曲为基酒，选用檀香、丁香、当归、砂仁等 12 味中药，加冰糖配制而成。在第四届评酒会上被评为全国名酒。

4. 莲花白酒

产地：北京葡萄酒厂；酒度：50 度；糖分：8%；品质特点：无色透明、药香酒香协调、醇厚甜柔、回味悠长。早在明代万历年间就成为宫廷御酒，是以高粱酒为基酒，加入 20 余种药材，入坛密封陈酿而成。具有滋补保健作用。为全国优质酒。

5. 金波酒

产地：山东济宁玉堂酿造总厂；酒度：40 度；糖分：10%；品质特点：呈金黄、波光粼粼，故而得名。是选用优质高粱大曲酒为基酒，加入数种药材陈酿而成，具有滋补健身作用。1915 年在巴拿马国际食品博览会上获金奖，并远销海内外。

第三节　外国酒

一、外国蒸馏酒

蒸馏酒是用特制的蒸馏器将酒液、酒醪或酒醅加热，由于它们所含的各种物质的挥发性不同，在加热蒸馏时，在蒸汽中和酒液中，各种物质的相对含量就有所不同。酒精(乙醇)较易挥发，加热后产生的蒸汽中含有的酒精浓度增高，酒液或酒醪中酒精浓度下降。收集酒气并经过冷却，得到无色、气味辛辣浓烈的酒液。一般的酿造酒，酒度低于20%。蒸馏酒则可高达60%以上。

对于外国蒸馏酒，人们按销售部门的习惯将其分为“白兰地”、“威士忌”、“伏特加酒”、“兰姆酒”、“金酒”、“特吉拉”(龙舌兰酒)六类。

(一)白兰地、威士忌酒的特点、饮用方法及名品

1. 白兰地(brandy)

白兰地一词分狭义和广义之说，从广义上讲，所有以水果为原料发酵蒸馏而成的酒都称为白兰地，例如苹果白兰地。但现在已经习惯把葡萄酒经过蒸馏和放在木桶里经过相当时间的陈酿而成的酒，称为白兰地。白兰地通常的意思是“葡萄酒的灵魂”。储陈在橡木桶内的白兰地酒，酒质更醇，芳香更浓，而且还有晶莹的琥珀色，因此，用橡木桶储陈和储陈的年限便成为酿制白兰地的重要环节。白兰地酒之所以经储存、陈酿后，口感醇和，芳香浓郁，是因为所用的橡木桶对白兰地有微妙的“交换作用”，使本来没有颜色的酒，神奇地变成橡木桶的琥珀色，而且增添了白兰地特有的香气。陈酿时间越久，白兰地的风格越柔顺，香气也越精美，价格就越高昂，但这并不等于说，白兰地可以无限止地陈酿于木桶中，酒本身也有一个从未熟到成熟到衰老的过程。

(1)白兰地的酒龄

最好的白兰地是由不同酒龄、不同来源的多种白兰地掺兑而成的。兑酒师要通过品尝储藏在桶内的酒来判断酒的品质和风格，并决定调兑比例。兑酒师都有自己的配方，绝不外传。勾兑后的白兰地在适当的容器中和谐6个月就可装瓶。白兰地与葡萄酒不一样，不在瓶中沉淀，入瓶以后就成为定型产品。只要避光、低温保存，不泄漏，就可长期留用。品质优良的白兰地与所选用的原料和加工工艺有关，通常用白葡萄酒酿制比用红葡萄酒酿制好。新蒸馏出来的未经陈酿的白兰地酒是无色的，酒度在40度~43度之间，香气低而不调和，味道辛辣不爽口，无醇和、甘洌之口感，所以要经过在橡木桶中储陈来提高质量。一般至少储陈2年以上，否则白兰地的名称上必须注明“未成熟”等字样。白兰地的酒龄一般为3~8年，但有许多著名的牌子酒龄长至25年，甚至更为长远。为了突出储陈年

限，抬高酒价，酒瓶的商标上还要有醒目的特殊标记，这些标记各有不同的意义。

★3 年陈

★★4 年陈

★★★5 年陈

V. O. 10～12 年陈

V. S. O. 12～20 年陈

V. S. O. P. 20～30 年陈

F. O. V. 30～50 年陈

X. O. 50 年陈

X. 70 年陈

E. Especial 特别的

O. Old 老陈

P. Pale 浅色、清澈的、指米加焦糖色

S. Superior 优越的或 soft 柔顺的

V. Very 非常

X. Extra 格外的，特高档的

C. Cognal 干邑

F. Fine 好的、精美的

这些标记的含义不都是很严格的，不仅代表的酒龄没有严格的确定，相同的标记在不同的地区和厂家所代表的意义也不尽相同。

(2)干邑白兰地(Cognac)

众所周知，白兰地最著名的产地当属法国，然而当人们提到极品白兰地的时候，不是泛指法国白兰地，而是指干邑白兰地(Cognac)。干邑，是法国南部的一个地区，位于夏兰德省(Charente)境内。干邑地区的土壤、气候、雨水等自然条件特别利于葡萄的生长，因此，这个地区所生产的葡萄是全世界首屈一指的，但这并不是说好的葡萄就一定可以酿出优质的白兰地。干邑是法国白兰地最古老、最著名的产区，干邑地区生产白兰地有其悠久的历史和独特的加工酿造工艺，干邑之所以享有盛誉，与其原料、土壤、气候、蒸馏设备及方法，老熟方法密切相关，干邑白兰地被称为"白兰地之王"。

干邑白兰地酒体呈琥珀色，清亮透明，口味讲究，风格豪壮英烈，特点十分独特，酒度为 40 度～43 度 之间。干邑白兰地的原料选用的是圣·爱米勇(saint Emilim)、哥伦巴(colombard)、白疯女(Folle Blanche)三个著名的白葡萄品种，以夏兰德壶式蒸馏器，经两次蒸馏，再盛入新橡木桶内储存，一年后，移至旧橡木桶，以避免吸收过多的单宁。干邑白兰地受到法国政府的严格限制和保护，依照 1909 年 5 月 1 日法国政府颁布的法令：只有在干邑地区(包括夏兰德省及附近的 7 个区)生产的白兰地才能称为干邑，并受国家监督和保护。这 7 个产区及其质量和产量分别是：

产 区	质量	产量
Grande Champagne（大香槟区）	一级	14.65%
Petite Champagne（小香槟区）	二级	15.98%
Borderies（边林区）	三级	4.53%
Fins Bois（优质林区）	四级	37.82%
Bons Bois（良质林区）	五级	22.19%
Bois Ordinaires（普通林区） Bois Communs	六级	4.38%

干邑白兰地的名品很多，远销世界各地，常见的有：

人头马 V. S. O. P（Remy Martin V. S. O. P）、马爹利 V. S. O. P(Martell V. S. O. P)、轩尼诗 V. S. O. P（hennessy V. S. O. P）、拿破仑 V. S. O. P（Courvoisier V. S. O. P）、普利内 V. S. O. P(Polignae V. S. O. P)、百事吉 V. S. O. P(Bisquit V. S. O. P)、长颈 F. O. V(F. O. V)、蓝带马爹利(Ribbion Martell)、人头马俱乐部(Remy Martin Club)、轩尼诗 X. O(Hennessy X. O)、马爹利 X. O(Martell X. O)、人头马 X. O(Remy Martin X. O)、卡米 X. O(Camu's X. O)、拿破仑 X. O(courvoisier X. O)、人头马路易十三[Remy Mattin Louis x Ⅲ(Par - adise)]、天堂轩尼诗(Hennessy Paradise)、天堂马爹利(Martell Paradise)、金像 V. S. O. P(Otard U. S. O. P)、金像 X. O(Otard X. O)、海因 V. S. O. P(Hine V. S. O. P)、海因 X. O.(Hine X. O.)、卡姆斯 V. S. O. P(Came's V. S. O. P)、大将军拿破仑(Courvoisier Napolone)、奥吉尔 V. S. O. P(Augier V. S. O. P)、金路易拿破仑(Louis P'or Napolone)等。V. S. O. P 以下级别的杂牌较多，质量也参差不齐。

(3)雅邑白兰地(Armagnac)

仅次于干邑的是雅邑白兰地，雅邑位于干邑南部，即法国西南部的热尔省(Gers)境内，以产深色白兰地驰名，虽没有干邑著名，但风格与其很接近。酒体呈琥珀色，发黑发亮，因储存时间较短，所以口味烈。陈年或远年的雅邑白兰地酒香袭人，它风格稳健沉着，醇厚浓郁，回味悠长。留杯许久，有时可达一星期之久，酒度为40度~43度之间。当地人更偏爱雅邑。雅邑也是受法国法律保护的白兰地品种。只有雅邑当地产的白兰地才可以在商标上冠以 Armagnac 字样。雅邑白兰地的名品有：卡斯塔浓(Castagnon)、夏博(Chabot)、珍尼(Janneau)、索法尔(Sauval)、桑卜(Semp)。

(4)其他国家和地区的白兰地

除了干邑、雅邑以外，世界上还有其他许多国家和地区生产葡萄蒸馏酒，均可称之为白兰地(Brandy)。

法国白兰地(Franch brandy)：指除干邑、雅邑以外的法国其他地区生产的白兰地，与其他国家的白兰地相比，品质上乘。

西班牙白兰地(Spanish brandy):除法国以外，西班牙白兰地是最好的。有些西班牙白兰地是用雪莉酒(Sherry)蒸馏而成的。目前许多这种酒，是用各地产的葡萄酒蒸馏混合而成。此酒在味道上与干邑和雅邑有显著的不同，味较甜而带土壤味。

美国白兰地(American brandy):大部分产自于加利福尼亚州，它是以加利福尼亚州产的葡萄为原料，发酵蒸馏至85proof，储存在白色橡木桶中至少两年，有的加焦糖调色而成。

除此之外，葡萄牙、秘鲁、德国、希腊、澳洲、南非、以色列和意大利、日本、中国也生产优质白兰地。

(5)杂果蒸馏酒(广义白兰地)

杂果蒸馏酒属于广义上的白兰地，许多水果都可以蒸馏成酒。但其产量和知名度远比不上葡萄蒸馏酒。我们只介绍稍有名气的品种:

①苹果蒸馏酒(Apple brandy)。苹果蒸馏酒的工艺和干邑相似，先将苹果汁进行酒精发酵至没有糖分为止，大约需要6周左右，此时其酒精浓度只有5%左右，然后经过二次蒸馏使酒液达140proof~160proof，再移至木桶中陈酿最少2年，最长达40年之久，出售时酒精度在40度~50度之间，其名品有:杰克苹果·美国(Apple Jack)、布拉尔·法国诺曼底果酒(Boulard)。

②梨蒸馏酒(williams)。法国称William，瑞士称Williamine，以梨为原料，榨汁后酒精发酵，再蒸馏取酒，木桶陈酿后装瓶出售，酒度43度~45度。瑞士生产一种瓶中有梨的梨蒸馏酒，在梨长到葡萄那么大时，套进瓶中，到梨成熟时去柄，洗净后装入已制好的白兰地酒中，梨在酒液中得以保存，酒也因此增加了果香和清新鲜美的口味。威廉梨酒无色透明，清亮有光泽，果香较浓,4年之内梨色仍保持原色。梨蒸馏酒的名品有:英兰·瑞士(Morand)、拉伯·法国(Labet)、雅客伯·法国(Jacobet)、拉布·法国(Labeau)。

③龙胆蒸馏酒(Gentiane)。龙胆蒸馏酒是以龙胆根做酿酒原料的一种酒品，是用龙胆根浸酒液，再与龙胆蒸馏酒或其他酒勾兑而成的。龙胆酒颜色淡黄艳丽，具有龙胆特有的香气，味苦，适做开胃酒，人称其具有“乡绅名士风度”。龙胆蒸馏酒的名品有:亚菲滋·瑞士(Aveze)、日尔曼龙胆酒·德国(Gentiane Germain)、苏滋·法国(Suze)。

④樱桃蒸馏酒(Kirsch)。以新鲜的家樱桃或野樱桃为原料，酒精发酵，用缸陈酿2~12年而成。其酒色透明，果香酒香皆佳，酒度40度左右，以法国、瑞士、德国产的为最好。

⑤杏白兰地(Barak palinka)。用整个杏破碎后酒精发酵，蒸馏而成。酒液无色透明，果香突出而优美，味感鲜爽而醇厚，以匈牙利产的为最佳。

⑥蓝李蒸馏酒(Quetsck)。原料用果实硕大皮色蓝紫的李子，带核发酵，两次蒸馏得酒，陈酿而饮。法国产的蓝李蒸馏酒无色透明，酒度44.5度，干型，易做餐后酒。南斯拉夫产的蓝李蒸馏酒称为Slivovitz，酒体呈

琥珀黄色，果香突出，酒味浓郁，口味微苦，苦中有舒适的味觉感受，酒体协调，酒度为35度~43度。

⑦黄李蒸馏酒(Mirabelle)。原料用黄皮李子，经发酵蒸馏制成。此酒无色透明，果香明显，口味流畅，酒度43度左右，宜做餐后酒。此酒不易久藏，存放2~3年为限，以法国洛林产的著名。

⑧覆盆子蒸馏酒(Framboise)。原料用覆盆子，先侵入食用酒精，再蒸馏提炼浸制而成。此酒无色透明，果香十分浓烈，口味醇干润舌，酒度40度左右，以法国阿尔萨斯和德国的产品著称。

(6)白兰地的饮用与服务

比较讲究的白兰地饮用方法是净饮，用白兰地杯，另外用水杯配一杯冰水，喝时用手掌握住白兰地杯壁，让手掌的温度经过酒杯稍微暖和一下白兰地，让其香味挥发。充满整个酒杯(224毫升的白兰地杯只倒入28毫升白兰地酒)，边闻边喝，才能真正地享受饮用白兰地酒的奥妙，冰水的作用是:每喝完一小口白兰地，喝一口冰水，清新味觉能使下一口白兰地的味道更香醇。

英国人喝白兰地喜欢加水，中国人多喜欢加冰，那只是喝一般牌子的白兰地。对于陈年上佳的干邑白兰地来说，加水、加冰是浪费了几十年的陈化时间，丢失了香甜浓醇的味道。

白兰地也可以与其他软饮料混合在一起喝，例如，白兰地加可乐，其具体做法是:用一个柯林杯，放半杯冰块，量28毫升白兰地，168毫升可乐，用酒吧匙搅拌一下。

混合饮料的做法基本一样，熟练后只要记住:白兰地加可乐，长饮杯(Brandy&cola ，collins)就行了。

2. 威士忌(Whisky)

威士忌属于烈性酒，由捣碎的谷类发酵、蒸馏后再置于木桶中酝藏成熟所制成。基本上，任何谷类都可以用来酿造威士忌，但是，最主要的材料为玉米、裸麦、小麦及大麦。威士忌酒是以大麦芽和其他谷物为原料，加酵母菌发酵，经过蒸馏获得烈性酒，再经木桶长期储存、陈化而成。酒呈琥珀色，味微辣而醇香。“威士忌”之名源于欧洲凯尔特尼族的“生命之水”一词。英格兰亨利二世在远征爱尔兰的战争中，常常饮用一种以谷物为原料的蒸馏酒，这就是威士忌的前身。威士忌的木桶储藏法诞生于18世纪。当时，一些不满英政府麦芽税的苏格兰造酒商，为了逃税，将造出的酒用木桶装好，藏在不为人察觉的深山中，经过一段时间，打开一尝，发现酒味更加醇厚成熟。木桶储酒法就此传播开来。

(1)威士忌的产地

目前，生产威士忌的国家很多，主要生产地区有四个，分别为苏格兰、爱尔兰、加拿大及美国。这些地区所生产的威士忌大都以其原产地命名，除了波本威士忌(Bourbon Whiskey)，美国调合威士忌(Blended Whiskey)与清淡威士忌(Light Whiskey)之外。

（2）威士忌的酿制

“时间”是制造优良威士忌甚为重要的因素，威士忌品质的好坏，和它在酒桶内酝酿的时间长短有极大关系，酝酿时间愈长，气味与口感则愈加馥郁。一般而言，清淡的威士忌酿制4年即可，浓郁的需时较久；有时品质会因长期保存得当而转变成更为优良的威士忌。

制造威士忌有四个步骤，依序为混合、发酵、蒸馏及储存。过程为先磨碎谷类，煮熟后再混合麦芽糖烘干、捣碎、加入玉米与裸麦的酒酿。在装满各种酒酿的发酵桶内加入酵母菌（属于活性酵母菌），它使糖产生酒精而制成威士忌。发酵时间一般视各种情况而定，大约二到四天左右。蒸馏法有“单一蒸馏”与“连续蒸馏”（ 通称“塔式蒸馏”）两种。

单一蒸馏法无法制造高酒精度的威士忌，苏格兰的麦芽威士忌（Scotch Malt Whiskies）即此法而得。此法是抽取遇热的酒酿液体至顶部，再溅落于底部调节板上，同时，蒸汽由底部而升至另一层调节板上，如此重复进行，一次再一次蒸馏。最后，酒精蒸汽升至顶部，凝结成液体，即为新的威士忌酒。酒瓶的卷标上有酒精度的标示，如 alc、vol、proof 等都是酒精比例的表示单位。如见 proof，将 proof 前面的数字除以 2，即是 alc 及 vol 的酒精百分比，比如 80 proof，即等于 40% alc。

（3）威士忌的口感鉴别

在对威士忌进行品尝或鉴别时首先选一个小口、大肚、透明质薄有脚座的郁金香型杯，倒酒不超过酒杯 1/3。这种杯子，一来可用来凝聚酒香，二来便于观察酒的颜色。

①颜色

呈琥珀色是因为蒸馏过的酒经橡木桶的储存，吸收了橡木桶的单宁酸成熟而形成的。我们可以摇晃酒杯，检视酒脂挂杯的情形，酒脂越高，挂在杯上的酒脂流得越慢，表示此酒原体在蒸馏时酒精度越低。

②香味

轻摇酒杯，靠近酒杯轻嗅，或许这香味模糊，难以捉摸，试着以记忆中较具体的印象去锁定，以建立在记忆中，如此便容易记住和分辨酒味了。

③口味

喝之前先用清水漱口，再含一小口酒在嘴里，让酒在口腔稍做停留，让舌头每一部位都接触到酒，然后再咽下喉，体会酒下喉的滋味。好酒口感厚重丰富，并且是苦、辣、酸均衡兼顾，更进一步的讲究是柔顺、余味无穷、后劲十足。

（4）威士忌的种类及名品

① 苏格兰威士忌

只有在苏格兰境内蒸馏和醇化的才能配称苏格兰威士忌。所有苏格兰威士忌均以三种天然原料酿制而成：谷物、水和醇母，需经历最少 3 年的醇化过程。在苏格兰威士忌家族中，“皇子——芝华士 12 年”和“皇家礼炮

21 年”备受青睐。

● 芝华士。芝华士是目前世界上少数几种畅销全球的威士忌佳酿之一，其酿制过程极为讲究。首先将浸泡了的大麦放在泥灰窑上慢慢烘干，使大麦吸收泥灰的特有气味，因此，泥灰的种类是决定每瓶威士忌独特味道的要素。大麦发芽后，需磨成粉末，加水成为含糖分的麦芽汁，再加入酵母发酵。发酵后再进行蒸馏。经一次蒸馏的酒液叫粗馏液，必须再次蒸馏，并通过分馏过程来分离出适宜饮用的威士忌。此时，威士忌的酒精成分为70% ~90%。分馏后，还要二次蒸馏，使酒精含量降至63.5% ~68%之间。这时，把分馏后的酒液装入橡木桶陈酿，使其原来透明的威士忌变成金黄色，同时添加风味。在橡木桶内储存的时间长短，足以影响威士忌的色泽与味道。芝华士至少陈酿 12 年。

● “苏格兰威士忌皇家礼炮 21 年”。该酒于 1953 年，特为向英女皇伊丽莎白二世加冕典礼致意而创制，其名字来源于向到访皇室成员鸣礼炮 21 响的风俗。皇家礼炮送来的是完全成熟的威士忌，在橡木桶中至少醇化了 21 年。

● “百笛人”。该苏格兰威士忌酒的含义：一百名风笛乐师曾经为传奇中的苏格兰英雄查尔斯·邦尼王子出征奏乐，故以此命名。它以 25 到 30 种高质量威士忌小心调制，并经醇化 5 ~6 年才推出市场，受到普遍欢迎。

● 格兰威特。是一种纯麦芽苏格兰威士忌。多年来，曾经有不少苏格兰酒尝试模仿它的味道，或取一个相近的名字。而华尔特·司各脱爵士(Sir Walter Scott)对此说：“它的价值在所有法国名酿之上，且更适口宜人。”由于纯麦芽苏格兰威士忌愈来愈受欢迎，被誉为“苏格兰第一威士忌”的“格兰威特”更为饮者所推崇备至。

名牌苏格兰威士忌酒有：遵尼获加黑方威士忌(Johnnie Walker Black label)、遵尼获加红方威士忌(Johnnie Walker Red label)、皇家芝华士 12 年威士忌(Chivas Royal Whisky)、百士波德(护照)威士忌(Passport Whisky)、百笛人(风笛 100)(100 Pipers Whisky)、皇家礼炮威士忌(Royal Salute W.)、女王安妮威士忌(Queen Anne W.)、珍宝(J&B.)、白马(White Horse W.)、格兰威特(The Glenlivet)、格连兰(Glen Grant)、登喜路苏格兰威士忌(Dunhill Scotch)、金堡(Clan Campbell)、雅伯莱(Aberlour W.)、笛手(Bagpiper)、武士(Clamsman)、艾度(Edradour)。

②爱尔兰威士忌

做为咖啡的佐料，爱尔兰威士忌已为人们相当地熟悉。其与咖啡混合后的独特香味，是人们在冬天喝的上佳饮料。爱尔兰威士忌产于英国的北爱尔兰，在那里有着全世界最古老的酿酒厂。

爱尔兰酿制威士忌至少有七百年历史了，有些专家认为威士忌的鼻祖应是爱尔兰。爱尔兰威士忌是用大麦(约占 80%)、小麦、黑麦等的麦芽做原料酿造而成的。经过三次蒸馏，然后入橡木桶陈酿，一般需 8 ~15 年，装瓶时不要混合掺水稀释。因原料不用泥煤烘烤，所以没烟熏味和焦香味，成熟度较高，口味绵柔长润，酒度40度，适合于制做混合酒和与其他饮料兑饮。如风靡世界的爱尔兰咖啡(Irish Coffee)就是以此做基酒调配的。

著名酒牌有：约翰吉姆逊父子(John Jameson Son)、尊美醇(吉姆逊)(John Jameson)、老布什米尔(Old Bushmills)、皇家圣乔基(Royal st. George)、黑林(Black Buch)、特拉莫尔露(Tullamore Dew Whiskey)、帕蒂(Paddy)。

③美国威士忌

美国是世界上最大的威士忌生产国和消费国。美国成年人平均每人每年饮用16瓶威士忌。美国威士忌的制法与苏格兰威士忌的差别在于所用谷物不同，蒸馏出的酒精纯度较低。美国东部的宾夕法尼亚州，肯塔基州和田纳西州是威士忌酒制造中心。美国威士忌可分三大类。

第一类：纯威士忌(Straight Whiskey)。是以玉米、黑麦、大麦或小麦为原料，不混合其他威士忌或谷类中性酒精制成后放在经过碳化的橡木桶中至少2年，纯威士忌又可分为四种：

• 波本威士忌(Bourbon)。是因产于美国肯塔基州的一个地名"波本"而得名，以后便成为美国威士忌的一种类别的总称。其生产原料以大麦、玉米为主，玉米至少占原料用量的51%，最多不超过75%，经发酵蒸馏后在橡木桶中陈放4年，最多不超过8年，装瓶时用蒸馏水稀释至43.5度酒液呈琥珀色，原体香味浓郁，口感醇厚，回味悠长。以肯塔基州的产品最负盛名。其名品有：杰克·丹尼尔(Jack Daniel)、四玫瑰(Four Roses)、老祖父(Old Grand)、野火鸡(威凤凰)(Wild Turkey)。其中，四玫瑰是用美国肯塔基州中部的土生谷物蒸酿，蕴藏在内层烧黑的橡木桶中，经过至少6年醇化期才酿制而成，酒味臻于完美。百余年来，四玫瑰以其稳定、优良的酒质和独特的酒味，赢得饮者的喜爱。

• 黑麦威士忌(Rye Whiskey)。产于美国的马里兰地区，早期曾比波本威士忌受欢迎，有"悬殖者之酒"、"西进之酒"或"造反之酒"称呼。它是以不少于51%的黑麦及其他谷物制成的，生产工艺同波本威士忌，区别在于用不同的甑的酒液进行勾兑掺和而成。呈琥珀色，味道与前者不同。

• 玉米威士忌(Corn Whiskey)。是用不少于80%的玉米和其他谷物制成的，用旧的炭木桶陈酿。

• 保税威士忌(Bottled In Bond)。它是一种纯威士忌，通常是用波本和黑麦威士忌，但它是在美国政府监督下制成的，政府不保证它的质量，只要求至少陈放4年，酒精度在装瓶时为50度。必须是一个酒厂所造。

第二类：混合威士忌(Blended Whiskey)。它是用一种以上的单一威士忌以及20%的谷物中性酒精混合而成的，装瓶时，酒度为40度，常用来做混合饮料的基酒。

第三类：淡质威士忌(Light Whiskey)。它是美国政府认可的一种新威士忌，蒸馏时酒精纯度高达161~189proof(相当于80.5度~94.5度)，用旧桶陈年。口味清淡。

④加拿大威士忌(Canadian Whiskey)

加拿大威士忌多由法裔加拿大人制造。根据该国法律规定:原料必须是谷物(以玉米、黑麦为主),经两次蒸馏,用橡木桶陈酿,上市的酒要陈4年以上。加拿大威士忌酒色棕黄,酒质轻淡,酒性温和,酒香清芬,口感爽适,以淡雅著称。酒度40度。据专家分析,加拿大威士忌味道独特的原因有以下几点:一是加拿大寒冷气候影响了谷物的质地;二是水质;三是蒸馏出酒后,立即加以混合;四是选择橡木桶陈酿讲究,工艺特殊。加拿大威士忌在国外比在国内更有名气。

名牌加拿大威士忌有:加拿大俱乐部(Canadian Club)、施格兰(士鉴)特醇(Seagran's V. O.)、皇冠威士忌(Crown Royal)、米盖伊尼斯(Me Guinness)、加拿大之雾(Canadian Mist)。

• 施格兰特醇。采用当地优质谷物及清澈的加拿大泉水酝酿出来的,经过6年陈酿期及精心调配,酒质轻淡醇和,酒香细腻。在陈酿期中,选用上佳的白橡木,然后把酒桶内层烧黑,以加强酒味。待醇化后,调酒师采用超过70种单纯威士忌调出此成品,是世界上较受欢迎的加拿大威士忌。

• 皇冠威士忌。是为纪念英皇佐治六世及玛利皇后于1929年访问加拿大而配制的。是目前世界上畅销的优质加拿大威士忌。但在当时,皇冠威士忌只酿制了100箱,只有少数身分尊贵的上宾才有机会享用。时至今日,这种特别用丝绒礼盒包装的皇冠威士忌,已普遍受到全球饮者爱戴。

(三)兰姆酒、伏特加酒、金酒、特吉拉酒的特点、饮用方法及名品

1. 兰姆酒(Rum)

兰姆酒的中译名还有罗姆、劳姆、郎姆、朗姆、老姆等,盛产甘蔗闻名的西印度群岛正是兰姆酒的故乡。兰姆酒之名即源自西印度群岛原住民Rumbullion语首Rum,意指兴奋或骚动之意。兰姆酒是以甘蔗为主原料制成的蒸馏酒。先将压榨出的甘蔗汁熬煮,分离出砂糖结晶,再利用制糖所产生的糖蜜加入经发酵、蒸馏程序而成、或制糖过程中剩下的残渣做为原料经发酵蒸馏过程制成。

(1)兰姆酒的分类

兰姆酒因产地与制法的不同而不同,依色泽可分为透明、金黄、暗褐色三种,依糖分高低与酒精浓度不同则分为清淡、温和、厚重型三类。兰姆酒的特色在于风味醇和,适合与可乐、果汁等各式非酒精饮料搭配使用,是调制鸡尾酒的主要基酒之一。兰姆酒按陈酿方法可以分为5类:

①白兰姆酒(Whie Rum)

②淡兰姆酒(Light Rum)

③兰姆老酒(Old Rum)

④传统兰姆酒(Tranitional Rum)

⑤浓香兰姆酒(Great Aroma Rum)

兰姆酒在烹饪上用途很多，可用来做甜点的调味品，做糖果和冰淇淋时，也可加上一些，以增加风味。

(2)兰姆酒的酿制及产地

兰姆酒是由发酵的甘蔗汁、糖浆、糖蜜或其他甘蔗制品发酵后蒸馏而成。主要关键条件是：蒸馏液的酒精度不得低于40度，同时必须保持原有的风味、芳香及特色。波多黎各的兰姆酒，经由慎重挑选的糖蜜或甘蔗汁，加入由蒸馏液培养出的酵母菌酿成。在糖蜜与甘蔗汁内含百分比极高的可发酵糖分，不像啤酒或威士忌，需要使用麦牙糖发酵。酒精浓度在90%到95%之间。蒸馏后的浅色兰姆酒蕴存至完全成熟时，会发散出特有的芳香。浅色兰姆酒至少须储存一年而金色兰姆酒则需要三年。

由于兰姆酒是由甘蔗酿造蒸馏而成，于是出现过“只要甘蔗生长的地方，就有兰姆酒”这样的说法。它们的产地，以西班牙语系和英语语系的岛国为主；如波多黎各、牙买加、以及东印度群岛的爪哇一带。兰姆酒(Rum)以其生产地来区分。加勒比海是生产兰姆酒最有名的地方，属于西班牙语系的波多黎各及古巴以酿制浅色、无甜味的兰姆酒而名闻遐迩；牙买加与大英帝国殖民地则以深色、辛辣的兰姆酒出名。目前，维京群岛生产的浅色、无甜味的兰姆酒也享有盛名。另外，夏威夷之浅色、无甜味兰姆酒亦渐被引进市场。

(3)著名兰姆酒的产地、特点及品牌

①牙买加兰姆酒(Jamalcan Rum)。此酒的酿制原料为甘蔗和甘蔗渣。酒液呈棕褐色，酒体丰满、醇厚、味浓、芳香，具有刺激感。一般须陈酿至少5年。其成品多运往英国陈酿，并在英国装瓶出售。大多产品可做调制混合饮料或做调味用及配制鸡尾酒。酒度为40度~43.5度著名品牌有：牙买加船长摩根(Captain Morgan Rum)、牙买加美雅士兰姆酒(Myers's Jamaican Rum)、牙买加马利宝淡兰姆(Malibu light Jamaican Rum)、皇家高鲁巴(Coruba Royal Rum)。

②波多黎各兰姆酒(Puerto Rlcan Rum)。波多黎各是世界上最大的兰姆酒生产地。它的大部分产品销往美国市场，其酒质堪称世界兰姆酒之冠。其生产原料是甘蔗渣，其品质特点为酒精度较低，口味干冽，色淡而香，风格轻快。酒度40度左右。

著名品牌有：兰利可兰姆酒(Ronrico Rum)、百加地兰姆酒(Bacardi Rum)、唐·Q(Don Q)。

(4)兰姆酒的饮用与服务

兰姆酒的饮用方法很多。兑水、兑可乐、兑开水等均可。琥珀兰姆酒适宜纯饮，白兰姆酒适宜加冰块饮用，而绝大多数兰姆酒又可做混合酒饮用。纯饮时，用鸡尾酒杯加一片柠檬片服务，加冰块时，用古典杯服务。兰姆酒加菠萝汁混合可制得著名混合饮品“松贝”(Zombie)。

2. 金酒(Gin)

金酒也叫琴酒、毡酒，是人类第一种为特殊目的所造的烈酒，制造者为 Syl Vius 医生，在十七世纪时，他是著名的荷兰来顿(Leyden)大学的医学教授。

Syl Vius 医生知道杜松莓(Juniper Berry)油里，含有一种成分可以利尿，于是加上纯酒精一齐蒸馏，以便得到较便宜的利尿药品，结果他成功了。不但是药，而且是一种新品种的酒。

(1)金酒的特质及酿制

金酒是近百年来调制鸡尾酒时最常使用的基酒，其配方多达千种以上，故有"金酒是鸡尾酒心脏"之说。金酒(Gin)系以添加杜松子与其他香料的酒液蒸馏或再蒸馏的无色烈酒。金酒若以酿造方法来区分，计有两种，一为"蒸馏金酒"，一为"综合金酒"。造金酒的配方，是用75%的玉米，15%的大麦芽、10%的其他谷物，然后搅碎、加热、发酵，与造威士忌差不多，完全发酵后的谷物汁再用连续蒸馏器来蒸馏，蒸馏出的酒含180~188个酒精纯度(Proof)再加上蒸馏水，降低到120。然后于金酒蒸馏器中加上香料再蒸。由蒸馏得到酒味的方法，是造金酒的一种艺术，各种味道不同的金酒，也是由于其材料种类与成分的关系。

(2)金酒主要品种

①淡体金酒(英国金酒)。最早用的是伦敦附近的制造商，他们在瓶签上印有 London dry gin，但现在美国或其他国家的造酒商，也用后面两个英文字。市面上所有的金酒，都用了这个 Dry 字，瓶签上有写 Dry cin、Extra dry gin、Very dry gin、London dry gin 等事实上都是一个性质，说明此种酒不甜，不带原体味。

②朴利茅斯金酒。除伦敦金酒外，英国朴利斯也出金酒，它比伦敦金酒酒质更浓，香味更重。

③老汤姆金酒。老汤姆是伦敦制的甜金酒，有好几项关於此酒的传说。其中以金鲁斯爵士(Lord Kinross)在他书中记载的比较合乎逻辑。他相信老汤姆原是英政府的间谍，他在伦敦租了间房子，钉了个猫形的招牌来卖酒，有两条管子连接着他的房子。行人想买酒时，可把钱由上边猫嘴里的粗管内丢进去，口中并念念有词，然后他就由下面的细管倒酒出来，买的人就对着管子喝，这也可能是自动贩买机的祖先。

④美国金酒。美国金酒(American Gin)与伦敦金酒稍微不同，但这两种酒，都可做成很好的混合饮料。

⑤荷兰金酒。荷兰金酒(Holland)或(Dutch Gin)的味道是辣中带甜，无论是喝纯的或加冰块，都很爽口。它基本上是用大麦芽做的，其味道是来自杜松子。荷兰是惟一有专卖金酒酒店的国家，它冰过或加上冰块，再加一片柠檬，是辣马丁尼(Dry Martini)酒最好的代用品。

金酒不用陈年，它的美味是由多种香料蒸馏来的，不过在美国有些金酒会陈年一段时间，陈年后会成为淡金黄色，称为 Golden ginN，虽然已陈年过，但在商标上都不注明。如果是荷兰造的淡黄色的金酒，都是用焦糖染的色。最受人欢迎的金酒鸡尾酒，就是马丁尼鸡尾酒，不过它只是上百种金酒鸡尾酒配方里的一种。

3. 伏 特 加(Vodka)

Vodka 一字源自俄语“生命之水”中“水”的发音“Voda”演变而来。是一种酒精浓度很高的蒸馏酒。在俄罗斯、芬兰、捷克、波兰等北欧和东欧国家，都是把蒸馏酒的酒精含量提得相当高，因此酒的原味就很少了，这些国家制酒时所用的原料，都是出产最多而价格却最便宜的。据称伏特加是用马铃薯制的，但实际上在俄罗斯和其他地方，是用谷物制造的。风味绝佳的伏特加酒，即使在科学发达的今日，仍无法以性能优越的连续式蒸馏机直接制造而得。

(1)伏特加的特点和酿制

伏特加系依官方认可的酿造方法蒸馏而成。制酒厂必须遵循此法规制造不含任何特性、芳香或味道的无色烈酒。所谓“无色烈酒”是一种无任何特性、芳香或味道的高酒精含量蒸馏酒。伏特加可与其他酒类或果汁或饮料调和而吸引消费者，使得它的市场需求量提高。伏特加(Vodka)与威士忌相同，皆由捣碎的谷类发酵蒸馏而成，主要异点在于威士忌为了保持风味，蒸馏出的酒液酒精度较低，然而伏特加蒸馏液酒精度较高之外，还需要再进一步加工处理，抽取所有的谷物风味。现在除了俄国和波兰为主要的伏特加生产国以外，波罗的海各国也有广泛的生产，而欧洲对岸美国所出产的伏特加口味更是后来居上。透明轻淡爽口的伏特加保留了原料本身的芳香而受到欢迎，在俄国或东欧波兰等国家，偏好以伏特加为基酒制成各式香甜酒，欧洲的伏特加则带有浓厚谷类风味，美国的伏特加口味则偏中性。

(2)伏特加主要品种

①俄罗斯伏特加。俄罗斯伏特加最初用大麦为原料，以后逐渐改用含淀粉的马铃薯和玉米，制造酒醪和蒸馏原酒并无特殊之处，只是过滤时将精馏而得的原酒，注入白桦活性炭过滤槽中，经缓慢的过滤程序，使精馏液与活性炭分子充分接触而净化，将所有原酒中所含的油类、酸类、醛类、酯类及其他微量元素除去，便得到非常纯净的伏特加。俄罗斯伏特加酒液透明，除酒香外，几乎没有其他香味，口味凶烈，劲大冲鼻，火一般地刺激，其名品有：波士伏特加(Bolskaya)、苏联红牌(Stolichnaya)、苏联绿牌(Mosrovskaya)、柠檬那亚(Limonnaya)、斯大卡(Starka)、朱波罗夫卡(Zubrovka)、俄国卡亚(Kusskaya)、哥丽尔卡(Gorilka)。

②波兰伏特加。波兰伏特加的酿造工艺与俄罗斯相似，区别只是波兰人在酿造过程中，加入一些草卉、植物果实等调香原料，所以波兰伏特加比俄罗斯伏特加酒体丰富，更富韵味，名品有：兰牛(Blue Rison)、维波罗瓦红牌 38 度(Wyborowa)、维波罗瓦兰牌 45 度(Wyborowa)、朱波罗卡(Zubrowka)。

③其他国家和地区的伏特加。

- 英国：哥萨克(Cossack)、夫拉地法特(Viadivat)、皇室伏特加(Imperial)、西尔弗拉多(Silverad)。

- 美国:宝狮伏特加(Smirnoff)、沙莫瓦(samovar)、菲士曼伏特加(Fielshmann's Royal) • 芬兰:芬兰地亚(Finlandia)。
- 法国:卡林斯卡亚(Karinskaya)、弗劳斯卡亚(Voloskaya)。
- 加拿大:西豪维特(Silhowltte)。

(3) 伏特加的饮用与服务

标准用量为每位客人42毫升,用利口杯或用古典杯服务,可做佐餐酒或餐后酒。纯饮时,备一杯凉水,以常温快饮(干杯)是其主要饮用方式。许多人喜欢冰镇后干饮,仿佛冰溶化于口中,进而转化成一股火焰般的清热。

4. 特吉拉酒(Tequila)

特吉拉酒是墨西哥的特产,被称为墨西哥的灵魂。特吉拉是墨西哥的一个小镇,此酒以产地得名。

(1)原料及生产方法

特吉拉酒有时也被称为"龙舌兰"烈酒,是因为此酒的原料很特别,以龙舌兰(agave)为原料。龙舌兰是一种仙人掌科的植物,通常要生长12年,成熟后割下送至酒厂,再被割成两半后泡洗24小时。然后榨出汁来,汁水加糖送入发酵柜中发酵两天至两天半,然后经两次蒸馏,酒精纯度达104proof~106proof,、此时的酒香气突出,口味凶烈。然后放入橡木桶陈酿,陈酿时间不同,颜色和口味差异很大,白色者未经陈酿,银白色储存期最多3年,金黄色酒储存至少2~4年,特级特吉拉需要更长的储存期,装瓶时酒度要稀释至80proof~100proof。

(2)饮用方法

特吉拉酒的口味凶烈,香气很独特。特吉拉酒是墨西哥的国酒,墨西哥人对此情有独钟,饮酒方式也很独特,常用于净饮。每当饮酒时,墨西哥人总先在手背上倒些海盐末来吸食。然后用淹渍过的辣椒干、柠檬干佐酒,恰似火上烧油,美不胜言。

另外,特吉拉酒也常做为鸡尾酒的吉酒,如墨西哥日出(Tequila Sunrise)、玛格丽特(Margarite)深受广大消费者喜爱。

(3)名品特吉拉酒

特吉拉酒越来越受到世人瞩目,销量增长得很快。其名品有:凯尔弗(Cuervo)、海拉杜拉(Herradura)、索查(Sauza)、玛丽亚西(Mariachi)、阿兰达斯(Arandas)、卡美诺(Camino)、奥美加金特吉拉(Dlmeca)。

二、外国酿造酒

(一)葡萄酒

1. 葡萄酒的种类

详见本章第二节中有关内容。

2. 葡萄酒的名称

葡萄酒名称通常来自葡萄名、地名、公司名和商标名四个方面。许多优质和著名的葡萄酒，在葡萄酒的标签上既有以公司名命名的商标，又有著名出产地名和葡萄名，以增加葡萄酒的知名度。另外，由地许多酿酒公司常用同一种葡萄生产葡萄酒，因此，许多葡萄酒常以厂商名称做为酒名或者做为商标，以使顾客识别。

(1)以葡萄品种命名

许多葡萄酒以优质的葡萄品种名称命名，而各国对使用葡萄名称命名的葡萄酒都有严格的规定，如有的国家规定以葡萄名命名的葡萄酒，必须含75%以上的该葡萄品种；而有的国家(如法国)，规定必须100%的含有该品种葡萄。比较常见的著名品种葡萄有：

①赤霞珠（Cabernet Sauvignon）。用以酿造优质红葡萄酒，法国波尔多地区、美国加利福尼亚州、澳大利亚等地都有种植。

②甘美（Gamay）。用于酿造优质红葡萄酒和玫瑰红葡萄酒，主要产于法国勃艮地和美国加利福尼亚州。

③穗乐仙(Shiraz)。用于酿造优质红葡萄酒，主要产于法国和澳大利亚。

④增芳德(Zinfandel)。用于酿造优质红葡萄酒，主要产于法国和美国加利福尼亚州。

⑤美露（Merlot)。用于酿造优质红葡萄酒，主要产于法国波尔多地区。

⑥黑比诺(Pinot Noir)。用于酿造优质红葡萄酒和香槟酒，产于法国勃艮地。

⑦雷司令(Riesling)。用于酿制白葡萄酒，广泛种植于法国、德国、美国和中国。

(2)以地区名命名

许多著名葡萄酒都是以葡萄酒产地名命名，如法国著名的葡萄酒生产区 Bordeaux(波尔多)、Chablis(莎白丽)、Bur－gundy(勃艮地)、Medoc(美铎)等。法国的葡萄酒原产地名称监制法规定：使用生产地命名的葡萄酒必须用当地的葡萄为原料，而且使用规定的葡萄品种；同时，该酒必须符合有关葡萄酒生产质量及葡萄酒的酒精含量规定。此外，美国和澳大利亚等国家也常采用法国和德国著名的葡萄酒产区来代替自己产品的名称。当然，这些酒并不是产自法国或德国的著名地区，只是模仿著名地区的品种和种植方法。人们常把这些酒统称为与著名产区质量相同的同级酒。

(3)以商标命名

一些酒商为那些以各地不同品种的葡萄混合生产的葡萄酒，或为了迎合顾客的口味而创立了一些著名的或流行的葡萄酒商标(牌子)。如芳色丽高(Fonset Lacur)、派特嘉(Partager)、白皇子(Prunce Blanc)、“长城”等，这种命名方法的特点是使顾客容易辨认，有利于营销。通常，这些商标名称来自当地的历史背景、习俗、著名的地点和人物等。

(4)以酿酒公司名命名

一些酒商，由于酿酒技术高，酒的质量稳定，或酒厂有悠久的历史并在人们心目中有信誉等原因，以企业名称做为酒名，以扩大企业知名度及使人们更加了解其优质的产品。当然，这也是营销的好方法。如法国的B&G 葡萄酒、美国的 Pallmasson(保美神酒)、中国的“王朝”和“张裕”葡萄酒等都是以酒商名或酒厂名命名。

3. 葡萄酒的年分

有些葡萄酒的标签上印有生产年分，这表示该瓶酒是用酒签上注明年限收获的葡萄酿制的。大自然因素和气候的变化对每年出产的葡萄质量和产量都有一定影响，丰收年分的葡萄含糖量高、味道醇，能酿制出优质酒。因此，葡萄酒的质量不仅和所处地区有密切联系，还在一定程度上受年分的影响。但是，一瓶葡萄酒的质量不能只片面地依赖年分，它与很多方面相关，近年来，随着酿酒技术的提高，葡萄酒的质量已经不再只依靠葡萄的收成情况，而是采用与不同年分相应的酒的勾兑技术及其他处理方法弥补大自然因素的不足。

4. 葡萄酒的质量鉴别

通常，优质的葡萄酒颜色纯正、澄清、带有光泽。新鲜的白葡萄酒为无色或浅金黄色液体，优质的陈酿白葡萄酒呈黄色或金黄色液体，玫瑰红葡萄酒呈榉红色，新酿制的红葡萄酒为红色、紫红色和石榴红色，陈酿酒为宝石红色。如果酒的流动性能差，说明它含有过多网状胶体，这是受灰腐病的葡萄或乳酸菌引起的质量问题。优质的葡萄酒带有酒香或果香味，由于这种香味是由酒中的各种物质累加形成的，因此使得酒香千变万化，多种多样。

5. 葡萄酒的储存

葡萄酒的酿造不需要蒸馏，只需要将葡萄汁发酵。因此，酒液装在酒瓶内仍然会不断醇化。存放葡萄酒时应该注意以下几方面。

(1)储藏葡萄酒的酒窖应当阴暗清凉，温度稳定，应有空调设备，以防气温突然转变。避免阳光或强烈灯光直接照射，从而使葡萄酒慢慢成熟或醇化。

(2)存放葡萄酒时，应该让酒瓶平放，使酒塞接触酒液。这样，酒塞保持湿润而膨胀，避免空气进入瓶内使酒氧化变质。此外，由于瓶塞湿润，开瓶时可以省力。

(3)葡萄酒不一定是储存时间愈久酒味愈浓郁。通常红葡萄酒储存时间长一些，其酒质较香醇;白葡萄酒储存时间太长，则会失去其应有的果香味。

(二)其他葡萄酒

1. Sherry(雪莉)

(1)雪莉酒概述

雪莉有其特殊风味，通常被形容为“似坚果的麦香”。在颜色上由白色到深黄色，甜度由“完全不甜”到“稍甜”，如同波特甜酒，其甜度受到发酵中加入白兰地的时间影响。

世界上惟一生产独特雪莉的地方是西班牙安达鲁西西省(AudaLuuia)，一个由黑瑞兹(Jerez de la Frontera)、艾尔 布也多(El Puerto de Santa Maria)与桑鲁加(Sanlúcar de Barrameda)所形成的三角地带。

用于酿制雪莉的葡萄品种有帕萝米诺(Palomino)与佩德洛席梅涅兹(Pedro Ximénez)两种。葡萄榨汁后置于新橡木桶内发酵，第一次发酵约3~7天，产生大量泡沫之后，再缓慢发酵持续约10周，这段期间，葡萄内所含的醣都会转变成酒精。在次年1月，酒渐澄清，沉淀物沉入桶底，2月，在毫无人工操做的情况下，部分酒的表面会产生一层白膜，称为开花(Flor)，是酵母菌的一种，它造就出了著名的菲瑙(Fino)；而开花很少或没有花的酒即形成俄罗洛索(Oloroso)，这是因大自然神奇而造就的两种雪莉。为助长开花茂盛发展，木桶盖要松开使空气流通，而且曝晒在艳阳之下，此过程是为了使葡萄糖产生变化，并赋予雪莉独特风味，大约3个月后，将雪莉冷却并储存。雪莉酒最重要而异于其他葡萄酒的地方是其陈酒培育新酒的处理程序(Solera)。这种处理程序使旧木桶永远保持一样品质的佳酿。一个1888年木桶至今已无1888年生产的酒，却可经由此程序而保持与1888年时相同的品质与水准。新酒在经过评鉴分级后，测试酒精含量，再加入白兰地提高酒精浓度。菲瑙酒精浓度加强到15%，俄罗洛索到17%或18%。

(2)雪莉酒的种类

①菲瑙。颜色浅白，属完全不甜葡萄酒，风味轻快鲜美，新酒愈早饮用愈佳，冷藏后再饮用。

②曼查尼拉(Manzanilla)。菲瑙中的菲瑙，因其在桑鲁加熟成，具盐分的空气赋予其特殊的风味，如果新酒饮用可品尝出盐味，其颜色比菲瑙白，属完全不甜葡萄酒，风味亦轻快鲜美。

③阿蒙提亚多(Amontillado)。菲瑙一种，比前两种较成熟，颜色较深，坚果味更浓，酒精浓度平均为18%。

④俄罗洛索。浓郁、甜美，颜色呈金黄色。卷标上有各种名称表示其香甜风味(Milk，Cream，Amoroso 或 Brown)。

⑤帕罗、可达多(Palo Cortado)。菲瑙与俄罗洛索混合而成的，具刺激酸味，属不可多得的上品。

(3)雪莉酒的名品

①Sherry。产于西班牙的加勒斯(Jerez)，英国人称其为 Sherry，法国人则称其为 Xérés。英国人嗜好雪莉酒胜过西班牙人，人们遂以英名相称此酒。雪莉酒以加勒斯所产的葡萄酒为酒基，勾兑当地的葡萄蒸馏酒，逐年换桶陈酿，陈酿15~20年时，质量最好，风格也达极点。雪莉酒分为两大类：Fino(菲奴)和 Oloroso(奥罗路索)，其他品种均为这两类的变型。

②Fino。颜色淡黄，是雪莉酒中色泽最淡的，它香气精细优雅，给人以

清新之感，就像新苹果刚摘下来时的香气一样，十分悦人。口味甘洌、清新、爽快。酒度在15.5~17度之间。菲奴不宜久藏，最多储存两年，当地人往往只买半瓶，喝完再购。Manzanilla（曼赞尼拉）是一种陈酿的菲奴，此酒微红色，透亮晶莹，香气与菲奴接近，但更醇美，常有杏仁苦味的回香，令人舒畅。西班牙人最喜爱此酒。Palma（巴尔玛）雪莉酒是菲奴的出口学名，分1、2、3、4档，档次越高，酒越陈。Amontillaclo阿蒙提拉多）是菲奴的一个品种，它的色泽十分美丽沉稳，香气带有核桃仁味，口味干洌而清淡，酒度在15.2度~22.8度之间。

③Oloroso。是强香型酒。金黄棕红色，透明晶亮，香气浓郁扑鼻，具有典型的核桃仁香味，越陈越香。口味浓烈、柔绵，酒体丰满。酒度在18度~20度，也有24度、25度的，但为数不多。Palo Cortado（巴罗高大多）是雪莉酒中的珍品，市场上供应很少，风格很象菲奴，人称“具有菲奴酒香的奥罗路索”。大多陈酿20年再上市。Amoroso（阿莫路索）又叫“爱情酒”。是用Oloroso与甜酒勾兑而成的Sherry酒，呈深红色，有的近乎棕红色，加有添加剂。香气与Oloroso接近，但不那么突出，甘甜圆正，英国人爱好此酒。

雪莉酒的名牌产品有：Croft，de Terry，Domecq，Duke Wellington，Duff Gordon，Harvers，Mérito，Misa，Montilla......除西班牙之外，生产雪莉的国家尚有英国、南非、澳大利亚、美国及塞浦路斯等，他们依西班牙酿制法酿造雪莉，但不得称为真正的雪莉。

2. Port（波 特）

波特（Port）乃葡萄牙的特产。葡萄牙法律明文规定必须由上杜洛河（Cima do Douro，Alto Douro）酿制的葡萄酒，加入葡萄牙葡萄酿制的白兰地来加强其酒精浓度。此外，必须是由奥波多（Oporto）港口运出者，才得称为“波特”。虽在南非、澳大利亚、美国加州、北美与南美都有制造波特，但非真正的波特。

波特属于混合葡萄酒，故在卷标上看不到葡萄品种名称。在葡萄汁发酵一段时间，尚有适当糖分残留之时，即加入白兰地使之停止发酵，比例为1份白兰地对5份葡萄酒，通常酒精浓度达16%即停发酵，未全发酵的糖分使波特具有甜味。

三、国外配制酒

1. 种类情况

（1）高浓烈性甜酒。酒度35%~45%不等，含糖量为32~50克/100毫升。它们主要由香精油原料制备的芳香酒精制成。

（2）高糖烈性甜酒。酒精含量比高浓烈性甜酒低。这类酒主要用水果——果浆的醇化果汁、少量芳香香精、酒精浸剂制成。

（3）果露酒也称利口酒。这类酒是一种具有特殊芳香的甜酒精饮料，只需用水果——果浆的醇化果汁、加酒精果汁水调制而成，如薄荷酒、口立沙酒、茴香酒、柑子白兰地、樱桃白兰地、可口酒等。

(4)浸酒(甜)。这类饮料酒是用预制的香精油原料，与非芳香原料制备的酒精浸剂制成的。香精油与非芳香原料是其不可少的成分，它们能使浸酒具有特殊的芳香和味道。根据所用浸剂的含糖量与酒度，将浸酒分为:甜浸酒，半甜浸酒，半甜低度浸酒;苦味低度浸酒和苦味安神浸酒。甜浸酒与果露酒的不同之处在于含糖量较低。水果——果浆是制备这类酒的主要原料。

(5)半甜浸酒。与甜橙酒相比，它的酒度高(30%～40%)。糖度较低，由醇化果汁、酒精果汁、水与浸精浸剂配制而成。

(6)半甜低度浸酒。它和半甜浸酒不同之处是酒度有所降低(20%～28%)，含糖量也略为少些。

(7)苦味低度浸酒。这类酒有的酒度可达 28 度。它们是在低度浸酒中添加具有强刺激味的浸剂而制成的。如姜浸酒的强刺激味是由于添加了红胡椒、黑胡椒浸剂、姜的浸剂才产生的。其中的苦味则是由高良姜与毕澄茄(印度产的胡椒科植物的半熟籽实药物，治淋病)的浸剂给带来的。

(8)苦味浸剂(烈性)安神酒。酒度为 30%～60%，它们有芳香且具苦味、辛香苦味(如桂皮、胡椒、咖喱等的味道与香气)或带有强烈刺激味，这是因为制备时用了芳香油与辛香油的原因。

(9)安神酒。这类酒是高酒度饮料，用多种药草的酒精浸剂，芳香酒精、香精油(秘鲁香膏油)制备。这类酒具有滋补人体的性能。

(10)潘趣酒。这类酒是含酒精度较低的饮料酒，酒度为 15 度～20 度，即和葡萄酒的酒度相同。潘趣酒是用多种原料配制而成的。其中水果——果浆醇化果汁、酒精果汁水、辛香原料的酒精浸剂、香精油、糖、蜂蜜、白兰地、波尔特酒，某些烈性甜酒、柠檬酸与酒精。酸、甜是这类酒的主要风味。前苏联生产的潘趣酒已超过 27 种。

(11)甜饮料酒(待散酒)。这类酒的芳香味道与甜浸酒很相似，由于它的酒度较低，因而酒味更柔和，香气更浓。这类酒是用含酒精的果汁、果汁水配制而成。为使产生特殊芳香，还加入橘类植物浸剂。

(12)开胃酒。这种酒的酒度为 15 度～35 度，是含糖量低的饮料。其中的组分包括多种能增加食欲、帮助消化、强壮身体的药草与药根的浸剂成分。

由于这些烈性甜酒、果露酒、浸酒等配制酒，在配制时所用的酒精果汁，酒精果汁水，酒精浸剂与芳香酒精，是由 100 多种植物原料制成的，所以它们的品种如此多种多样。配制饮料酒正以旺盛的生命力向前发展着，配制饮料酒的种类在不断增加，配制酒的功能与功用正在不断扩大。因此以上的分类也是暂时的，并且有的配制酒可同时属几个类型，因此配制饮料酒的分类，并没有严格而明确的界限。

2. 部分国外配制酒介绍

(1)Vermouth(味美思)

Vermouth 可能是从古德语“Wermut”或者是由盎格鲁——撒克逊语“Wermod”演变过来的，它们都指一种叫苦艾的植物。

味美思酒的主要成分是葡萄酒，约占 80% 左右，以干白葡萄酒为酒基，另一种主要成分是各种各样的配制香料。生产者对自己产品的配方是很保密的，但大体上有这样一些原料，例如蒿属植物、金鸡纳树皮、木炭精、鸢尾草、小茴香、豆蔻、龙胆、牛至、安息香、可可豆、生姜、芦荟、桂皮、白芷、春白菊、丁香、苦橘、风轮菜、鼠尾草、接骨木、百里香、香草、陈橘皮、玫瑰花、杜松子、苦艾、海索草等。

不同的味美思有不同的配方，白味美思酒还需加入冰糖和蒸馏酒，搅匀、冷澄、过滤、装瓶。红味美思还需加入焦糖调色。白味美思含糖在 10% ~15% 左右，色泽金黄，红味美思含糖 15%，琥珀黄色。如果做干味美思，含糖量不超过 4%，酒度在 18 度左右。

意大利味美思酒名牌有：Cinzano（仙山露），Martini（马提尼），Gancia（干霞），Carpano（卡帕诺），Riccadonna（利开多纳）。

法国味美思酒最有名气的有：Chambery（香百丽），Duval（杜瓦尔），Noilly Part（诺瓦利·普拉）。

（2）Bitterr（比特酒）

比特酒从古药酒演变而来，有药用和滋补的效用。比特酒种类繁多，有清香型，也有浓香型；有淡色，也有深色；有含酒精的，也有不含酒精成分的。但不管是哪种比特酒，苦味和药味是它们的共同特征。用于配制比特酒的调料主要是带苦味的草卉和植物的茎根与表皮。如阿尔卑斯草、龙胆皮、苦橘皮、柠檬皮等。

较有名气的比特酒主要产自意大利、法国、特立尼达和多巴哥、荷兰、英国、德国、美国、匈牙利等国。下面介绍几种著名的比特酒：

①Campari（康巴丽）。产于意大利米兰，是由橘皮和其他草药配制而成，酒液呈棕红色，药味浓郁，口感微苦。苦味来自于金鸡纳霜，酒度 26 度。

②Cynar（西娜尔）。产自意大利，是由蓟和其他草药浸泡于酒而配制成的。蓟味浓，微苦，酒度 17 度。

③Fernet Branca（菲奈特·布郎卡）。产于意大利米兰，是意大利最有名的比特酒。是由多种草木、根茎植物为原料调配而成，味很苦，号称苦酒之王，但药用功效显著。尤其适用于醒酒和健胃。酒度 40 度。

④Amer Picon（苦彼功）。产于法国，它的配制原料主要有金鸡纳霜、橘皮和其他多种草药。酒液酷似糖浆，以苦著称，饮用时只用少许，再掺和其他饮料共进，酒度 21 度。

⑤Suze（苏滋）。产于法国，它的配制原料是龙胆草的根块。酒液呈橘黄色，口味微苦、甘润，糖分 20%，酒度 16 度。

⑥Dubonnet（杜宝内）。产于法国巴黎，它主要采用金鸡纳树皮，浸于白葡萄酒，再配以其他草药。酒色深红，药香突出，苦中带甜，风格独特。

有红、黄、干三种类型，以红杜宝内最出名，酒度 16 度。

⑦Angostura（安高斯杜拉）。产于特立尼达和多巴哥，以兰姆酒为酒基，以龙胆草为主要调制原料。酒液呈褐红色，药香悦人，口味微苦但十分爽适，在拉美国家深为人们所喜爱，酒度 44 度。

（3）Anisés（茴香酒）

茴香酒实际上是用茴香油和蒸馏酒配制而成的酒。茴香油中含有大量的苦艾素。45 度酒精可以溶解茴香油。茴香油一般从八角茴香和青茴香中提炼取得，八角茴香油多用于开胃酒制做，青茴香油多用于利口酒制作。

茴香酒中以法国产品较为有名。酒液视品种而呈不同色泽，一般都有较好的光泽，茴香味浓厚，馥郁迷人，口感不同寻常，味重而有刺激，酒度在 25 度左右。有名的法国茴香酒有：Ricard（里卡尔），Pastis（巴斯的士），Pernod（彼诺），Perger Blanc（白羊倌）等。

（4）Porto Wine（波尔图酒）

Porto 产于葡萄牙杜罗河一带（Douro），在波尔图港进行储存和销售。Porto 是用葡萄原汁酒与葡萄蒸馏酒勾兑而成的，有白和红两类。白波尔图酒有金黄色、草黄色、淡黄色之分，是葡萄牙人和法国人喜爱的开胃酒。红波尔图酒做为甜食酒在世界上享有很高的声誉，有黑红、深红、宝石红、茶红四种，统称为色酒（Tinto），红波尔图酒的香气浓郁芬芳，果香和酒香协调，口味醇厚、鲜美、园润，有甜、半甜、干三个类型。最受欢迎的是 1945、1963、1970 年的产品。

波尔图酒在市场上分三个品种销售：Quintas（青大），Vintages（佳酿），L. B. V.（陈酿）。著名的产品有：Cookburn（库克本），Croft（克罗夫特），Dow's（道斯），Fonseca（方瑟卡），Silva（西尔法），Sandeman（桑德曼），Warres（沃尔），Taylors（泰勒）。

（5）Madeira（玛德拉酒）

玛德拉岛地处大西洋，长期以来为西班牙所占领。玛德拉酒产于此岛上，是用当地生产的葡萄酒和葡萄烧酒为基本原料勾兑而成，十分受人喜爱。玛德拉酒是上好的开胃酒，也是世界上屈指可数的优质甜食酒。

玛德拉酒分为 4 大类：Sercial（舍西亚尔）、Verdelho（弗德罗）、Bual（布阿尔）、Malmser（玛尔姆赛）。

舍西亚尔是干型酒，酒色金黄或淡黄，色泽艳丽，香气优美，人称“香魂”，口味醇厚、浓正，西方厨师常用来做料酒。弗德罗也是干型酒，但比舍西亚尔稍甜一点。布阿尔是半干型或半甜型酒。玛尔姆赛是甜型酒，是玛德拉酒家族中享誉最高的酒。此酒呈棕黄色或褐黄色，香气悦人，口味极佳，比其他同类酒更醇厚浓重，风格和酒体给人以富贵豪华的感觉。玛德拉酒的酒精含量大多在 16 度～18 度左右。

玛德拉酒的名品有：Borges（鲍尔日），Crown Barbeito（巴贝都王冠），Leacock（利高克），Franca（法兰加）等。

(6)Malaga(马拉加酒)

马拉加酒产于西班牙安达卢西亚的马拉加地区，酿造方法颇似波尔图酒。酒精含量在14度~23度之间，此酒在餐后甜酒和开胃酒中比不上其他同类产品，但它具有显著的强补作用，较为适合病人和疗养者饮用。较有名的有：Flores Hermanos，Felix，Hijos，José，Larios，Louis，Mata，Pérez Texeira等。

(7) Marsala(马尔萨拉酒)

马尔萨拉酒产于意大利西西里岛西北部的Marsala一带。是由葡萄酒和葡萄蒸馏酒勾兑而成的，它与波尔图、雪莉酒齐名。酒呈金黄带棕色，香气芬芳，口味舒爽、甘润。根据陈酿的时间不同，马尔萨拉酒风格也有所区别。陈酿4个月的酒称为Fine(精酿)，陈酿两年的酒称为Superiore(优酿)，陈酿5年的酒称为Verfine(特精酿)。

较为有名的马尔萨拉酒有：Gran Chef(厨师长)，Florio(佛罗里欧)，Rallo(拉罗)，Peliegrino(佩勒克利诺)等。

(8)Liqueurs de fruits(果类利口酒)

果类利口酒一般采用浸泡法酿制，其突出的风格是口味清爽新鲜。

①Curacao(库拉索酒)。库拉索酒产于荷属库拉索岛，该岛位于离委内瑞拉60公里的加勒比海中。库拉索酒是由橘子皮调香浸制成的利口酒。有无色透明的，也有呈粉红色、绿色、蓝色的，橘香悦人，香馨优雅，味微苦但十分爽适。酒精度在25度~35度之间，比较适用餐后酒或配制鸡尾酒。

②Grand Manier(大马尼尔酒)。大马尼尔酒产于法国哥涅克(Cognac)地区，是用苦橘皮浸制成“橘精”调香配制而成的果类利口酒。大马尼尔酒是库拉索酒的仿制品。大马尼尔酒有红标和黄标两种，红标是以哥涅克为酒基，黄标则是以其他蒸馏酒为酒基。它们的橘香都很突出，口味凶烈，甘甜，醇浓，酒度在40度左右，属特精制利口酒。投放市场的大马尼尔酒还有另外两个产品：一名“百年酿”(Cuvée du Centenaire)，一曰“雪莉马尼尔”(Cherry Marnier)。

③Cusenier Orange(库舍涅橘酒)。库舍涅橘酒产于法国巴黎，配制原料是苦橘和甜橘皮，库舍涅橘酒也是库拉索的仿制品，风格与库拉索相仿，略为逊色，酒度40度。

④Cointreau(冠特浩酒)。冠特浩酒在世界上很有名气，产量较大，主要由法国和美国的冠特浩酒厂生产。是用苦橘皮和甜橘皮浸制而成，也是库拉索酒的仿制品，酒度40度，较适于餐后酒和兑水饮料。同属库拉索一类的橘酒还有：库拉索三干酒(Curacao Triple sec)，39度；库拉索橘酒(Curacao Orange)，30度；蜜橘利口酒(Liqueur de mandarine)，25度；金水酒(Eau D'or)；橘烧酒(Flamorange)；梅道克真酒(Cordial Médoc)等等。

⑤Maraschino(马拉希奴酒)。马拉希奴酒又名“马拉斯钦”(Marasquin)，原产于南斯拉夫境内的萨拉(Zara)一带，第二次世界大战后转

向意大利威尼斯地区，主要产于帕多瓦(Padoue)附近。马拉希奴酒以樱桃为配料，樱桃带核先制成樱桃酒，再兑入蒸馏酒配制成利口酒。马拉希奴酒有两个牌号，一个叫 Luxado，一个叫 Drioli，它们都具有浓郁的果香，口味醇美甘甜，酒度在 25 度上下，属精制利口酒，适于餐后或配制鸡尾酒。

⑥Liqueurs d ′ abricots(利口杏酒)。杏子是利口酒极好的配料，可以直接浸制，也可以先制成杏酒，再兑白兰地。酒度在 20 度～30 度之间。世界较有名的利口杏酒有：Kecskmet(凯克斯克麦特)，产于匈牙利；Abricotine Garnier(加尼尔杏酒)，产于法国。

⑦Cassis(卡悉酒)。卡悉酒又名黑加仑子酒，产于法国第荣(Dijon)一带，酒呈深红色，乳状，果香优雅，口味甘润。维生素 C 的含量十分丰富，是利口酒中最富营养的饮品。酒度在20 度～30 度之间，适于餐后、兑水、配鸡尾饮用等。卡悉的名牌产品有：Cassis de Dijon(第荣卡悉)，Cassis de Beaune(博恩卡悉)，Sisca(悉斯卡)，Supercassis(超级卡悉)等。可用来配制利口酒的果料有很多，比如波萝、香蕉、草莓、覆盆子、橘子、柠檬、李子、柚子、桑椹、椰子、甜瓜等。

(9)Liqueurs de Plantes(草类利口酒)

草类利口酒的配制原料是草本植物，制酒工艺较为复杂，有点秘传色彩，让人感到神秘难测。生产者对其配方严加保密，人们只能了解其中的大概情况。

①Chartreuse((修道院酒)。修道院酒是法国修士发明的一种驰名世界的配制酒，目前仍然由法国 Isère(依赛)地区的卡尔特教团大修道院所生产。修道院酒的秘方至今仍掌握在教士们的手中，从不披露。经分析表明：该酒用葡萄蒸馏酒为酒基，浸制 130 余种阿尔卑斯山区的草药，其中有虎耳草、风铃草、龙胆草等，再配兑以蜂蜜等原料，成酒需陈酿 3 年以上，有的长达 12 年之久。修道院酒中最有名的叫修道院绿酒(Chartreuse verte)，酒度 55 度左右；其次是修道院黄酒(Chartreuse jaune)，酒度 40 度左右；陈酿绿酒(V. E. P. verte)，54 度左右；陈酿黄酒(V. E. P. jaune)，42 度左右；驰酒(Elixir)，71 度左右。修道院酒是草类利口酒中一个主要品种，属特精制利口酒。

②Bénédictine(修士酒)。修士酒有的译为本尼狄克丁，也有称之为泵酒。此酒产于法国诺曼底地区的费康(Fécamp)，是很有名的一种利口酒。此酒祖传秘方，参照教士的炼金术，配制而成，人们虽然对它有所了解，但仍然没有完全弄清楚它的细节。修士酒用葡萄蒸馏酒做酒基，用 27 种草药调香，其中有海索草、蜜蜂花、当归、芫荽、丁香、肉豆蔻、茶叶、没药、桂皮等，再掺兑糖液和蜂蜜，经过提炼、冲沏、浸泡，掐头去尾、勾兑等工序最后制成。修士酒在世界市场上获得了很大成功。生产者又用修士酒和白兰地兑和，制出另一新产品，命名为“B and B”(Bénédictine and Brandy)。酒度为 43 度，属特精制利口酒。修士酒瓶上标有“D. O. M.”字

样，是一句宗教格言“Deo Optimo Maximo”的缩写，意为“奉给伟大圣明的上帝”。

③Izarra（衣扎拉酒）。衣扎拉酒产于法国巴斯克（Basque）地区，在巴斯克族语中，Izarra是“星星”的意思，所以衣扎拉酒又名“巴斯克星酒”。该酒调香以草类为主，也有果类和种类，先用草料与蒸馏酒做成香精，再将其兑入浸有果料和种料的阿尔玛涅克酒液，加入糖和蜂蜜，最后用藏红花染色而成。衣扎拉酒有绿酒和黄酒之分，绿酒含有48种香料，酒度是48度；黄酒含有32种香料，酒度40度。它们均属于特精制利口酒。

④Verveine（马鞭草酒）。马鞭草具有清香味和药用功能，用马鞭草浸制的利口酒是一种高级药酒。主要有三个品种：Verveine Verte brandy（马鞭草绿白兰地酒），酒度为55度；Verveine Verte（马鞭草绿酒），酒度50度；Verveine jaune（马鞭草黄酒），酒度40度，均属特精制利口酒。最出名的马鞭草利口酒是Verveine de Velay（弗莱马鞭草酒）。

⑤Drambuie（涓必酒）。涓必酒产于英国，是用草药、威士忌和蜂蜜配制成的利口酒。在美国也十分流行和闻名。

（10）Crémes（利口乳酒）

利口乳酒是一种比较稠浓的利口酒，以草料调配的乳酒比较多，如Créme de Menthe（薄荷乳酒），Créme de Rose（玫瑰乳酒），Créme de Vanille（香草乳酒），Créme de Violette（紫罗兰乳酒），Créme de Cannelle（桂皮乳酒）等。

①Advocaat（荷兰蛋黄酒）。荷兰蛋黄酒产于荷兰和德国，主要配料用鸡蛋黄和杜松子。香气独特口味鲜美。酒度在15度~20度左右。

②Créme de Café（咖啡乳芫酒）。咖啡乳酒主要产于咖啡生产国，它的原料是咖啡豆。先焙烘粉碎咖啡豆，再进行浸制和蒸馏，然后将不同的酒液进行勾兑，加糖处理，澄清过滤而成。酒度26度左右。咖啡乳酒属普通利口酒。较出名的有：Kahlúa（高拉，墨西哥），Tia Maria（蒂亚·玛丽亚），Irish Velvet（爱尔兰绒），Bardinet（巴笛奶，法国），Parizot（巴黎佐，法国）。

③Créme de Cacao（可可乳酒）。可可乳酒主要产于西印度群岛，它的原料是可可豆种子。制酒时，将可可豆经焙烘粉碎后浸入酒精中，取一部分直接蒸馏提取酒液，然后将这两部分酒液勾兑，再加入香草和糖浆制成。较为出名的可可乳酒有：Cacao Chouao（朱傲可可），Afrikoko（亚非可可），Liqueurde Cacao（可可利口）等。

（11）Liqueurs de graines（种料利口酒）

种料利口酒是用植物的种子为基本原料配制的利口酒。用以配料的植物种子有许多种，制酒者往往选用那些香味较强、含油较高的坚果种子进行配制加工。

①Anisette（茴香利口酒）。茴香利口酒起源于荷兰的阿姆斯特丹（Amsterdam），为地中海诸国最流行的利口酒之一。法国、意大利、西班牙、

希腊、土耳其等国均生产茴香利口酒。其中以法国和意大利的最为有名。先用茴香和酒精制成香精，再兑以蒸馏酒基和糖液，搅拌，冷处理，澄清而成，酒度在30度左右。茴香利口酒中最出名的叫Marie Brizard(玛丽.布利查)，是18世纪一位法国女郎的名字，该酒又称做Anisettes de Bordeaux(波尔多茴香酒)，产于法国。

②Kümmel(顾美露)。顾美露的原料是一种野生的茴香植物，名叫"加维茴香"(Carvi)，主要生长在北欧。顾美露产于荷兰和德国。较为出名的产品有:Allash(阿拉西，荷兰)，Bols(波尔斯，荷兰)，Fockink(弗金克，荷兰)，Wolfschmidt(沃尔夫斯密德，德国)，Mentzendorf(曼珍道夫，德国)。

③Liqueurs d ´ amandes(杏仁利口酒)。杏仁利口酒以杏仁和其他果仁为配料，酒液绛红发黑，果香突出，口味甘美。较为有名的杏仁利口酒有:Amaretto(阿玛雷托，意大利)，Créme denoyaux(仁乳酒，法国)，Almond liquers(阿尔蒙利口，英国)。

四、鸡尾酒

鸡尾酒就是由两种或两种以上的酒加饮料、果汁、汽水混合而成,有一定的营养价值和欣赏价值的饮品。

鸡尾酒起源于美洲,这是大部分史料所承认的,时间大约是18世纪末或19世纪初期。究竟如何开始调配和饮用这类色、香、味俱佳的混合饮料，以及"鸡尾酒"名称的由来，则众说纷纭，现引述几种以飨读者。

一天，一次宴会过后，席上剩下各种不同的酒，有的杯里剩下1/4，有的杯里剩下1/2。有个清理桌子的伙计，将各种剩下的酒，三五个杯子里的混在一起，一尝味儿却比原来各种单一的酒好。接着，伙计按不同组合，一连几种，种种如此。然后将这些混合酒分给大家喝，结果评价都很高。于是，这种混合饮酒的方法便出了名，并流传开来。至于为何称为"鸡尾酒"而不叫伙计酒，便不得而知了。

还有的说法是19世纪的事。美国人克里福德在哈德逊河边经营一间酒店。克家有三件引以自豪的事，人称克氏三绝。一是他有一只膘肥体壮、气宇轩昂的大雄鸡，是斗鸡场上的名手;二是他的酒库据称拥有世界上最杰出的美酒;第三，他夸耀自己的女儿艾恩米莉是全市第一名绝色佳人，似乎全世界也独一无二。市镇上有一个名叫阿金鲁思的年轻男子，每晚到这酒店悠闲一阵，他是哈德逊河往来货船的船员。年深月久，他和艾恩米莉坠进了爱河。这小伙子性情好，工作踏实，老克里打心里喜欢他，但又时常捉弄他说:"小伙子，你想吃天鹅肉？给你个条件吧，你赶快努力当个船长。"小伙子很有恒心，努力学习、工作，几年后终于当上了船长，艾恩米莉自然也就成了他的太太。婚礼上，老头子很高兴，他把酒窖里最好的陈年佳酿全部拿出来，调合成"绝代美酒"，并在酒杯边饰以雄鸡尾羽，美丽至极。然后为女儿和顶呱呱的女婿干杯，并且高呼"鸡尾万岁!"

自此，鸡尾酒便大行其道。

（一）鸡尾酒的特点和分类

鸡尾酒是以一种或几种酒品（主要是蒸馏酒，有少许发酵酒）为基酒，添加其他辅料，如汽水、果汁，用一定的方法调制而成的混合饮料。一杯好的鸡尾酒应当色、香、味、形俱佳。

1. 鸡尾酒的特点

因为鸡尾酒是使用不同材料、不同方法调制而成的，因此形成了许多各具特色的新型酒品，但是任何一款鸡尾酒都必须能够在协调的味觉中保持其刺激感，否则便失去了鸡尾酒的风格。

(1)鸡尾酒能生津开胃、增进食欲

鸡尾酒酸甜苦辣，五味俱全，尤其是在餐前饮用，可以起到生津开胃、增进食欲的作用。因此，无论使用何种材料调配，都不应脱离这一基本范畴。

(2)鸡尾酒能缓解疲劳，创造轻松热烈的气氛

享用经过精心调制的鸡尾酒，可以缓解人们紧张的神经，放松筋骨，消除疲劳。同时，饮用鸡尾酒后，人的话也多起来，人与人之间的交流也随之增加，交谈的气氛也更趋热烈和谐。

(3)鸡尾酒口味绝佳，易于被大众接受

由于鸡尾酒的调制使用了诸多味道不同的酒品，因此，它可以满足不同口味的需求，使绝大多数享用者都可以获得自己满意的酒品。

(4)鸡尾酒具有观赏和品尝双重价值

一杯好的鸡尾酒在色、香、味、形等方面都应有其独到之处，尤其是酒的色彩和整体造型，非常讲究艺术性，具有较好的观赏性。

2. 鸡尾酒的分类

鸡尾酒的历史并不久远，但发展的速度十分惊人。目前，世界上流行的鸡尾酒配方已有三四千种之多，且数量还在不断地增加。由于鸡尾酒种类众多，分类的方法也不尽相同。

(1)按饮用时间分类

鸡尾酒按照饮用时间和场合可分为餐前鸡尾酒、餐后鸡尾酒、晚餐鸡尾酒、睡前鸡尾酒和派对鸡尾酒等。

①餐前鸡尾酒。餐前鸡尾酒又称为开胃鸡尾酒，主要是在餐前饮用，起生津开胃之作用，这类鸡尾酒通常含糖量较少，口味或酸、或干冽，即使是甜型餐前鸡尾酒，口味也不是十分甜腻。常见的餐前鸡尾酒有马提尼、曼哈顿及各类酸酒等。

②餐后鸡尾酒。餐后鸡尾酒是餐后佐餐甜品，有助于消化，因而口味较甜，且酒中使用较多的利口酒，尤其是香草类利口酒，这类利口酒中掺入了诸多的药材，饮后能化解食物瘀结，促进消化。常见的餐后鸡尾酒有B和B(B&B)、斯汀戈(Stinger)、亚历山大(Aexander)等。

③晚餐鸡尾酒。晚餐鸡尾酒是晚餐时佐餐用的鸡尾酒，一般口味较

辣，酒品色泽鲜艳，而且非常注重酒品与莱肴口味的搭配，有些可以做为头盆汤的替代品。在一些较为正规和高雅的用餐场合，通常以葡萄酒佐餐，而较少使用鸡尾酒佐餐。

④ 派对鸡尾酒。这是在一些聚会场合使用的鸡尾酒，其特点是非常注重酒品的口味和色彩搭配，酒精含量较低。派对鸡尾酒既可以满足人们实际的需要，又可以烘托出派对的气氛，很受年轻人的喜爱，常见的有:特吉拉日出(Tequia Sunrise)、自由古巴(Cuba Libre)、马颈(Horse's Neck)等。

⑤ 夏日鸡尾酒。这类鸡尾酒清凉爽口，具有生津解渴之功效，尤其是在热带地区或盛夏酷暑时饮用，味美怡神，香醇可口，如冷饮类、柯林类鸡尾酒。

(2)按鸡尾酒的容量和酒精含量分类

许多欧美人将鸡尾酒习惯地分成短饮类鸡尾酒和长饮类鸡尾酒，但是这种分类法只不过是习惯分类法，没有具体的酒精含量指标，并且有些鸡尾酒是很难分成短饮类鸡尾酒或长饮类鸡尾酒的。此外，由于各单位的配方不同，因此，同样一个名称可能有不同的分类方法。

①短饮类(Short Drinks)。容量小，约在2盎司左右，是酒精含量高的鸡尾酒。烈性酒常占总量的1/3或1/2以上，香料味浓重，并多以三角形鸡尾酒酒杯盛装，有时也用酸酒杯和古典杯盛装。这种鸡尾酒应当快饮，否则就会失去其独特的味道和特色。

②长饮类(Long Drinks)。容量大，常在6盎司以上，酒精含量低。是用水杯、海波杯、冷饮杯盛装的鸡尾酒。其中苏打水、奎宁水、果汁或水的含量较多。这种鸡尾酒可慢慢饮用，不必担心酒会走味。

(3)按鸡尾酒的基酒分类

①白兰地酒(Brandy)类。以白兰地酒为基酒调制的各种鸡尾酒，如亚历山大(Alexander)、B和B(B&B)等。

②威士忌酒(Whisky)类。以威士忌酒为基酒调制的各种鸡尾酒，如威士忌酸(Whisky Sour)、干曼哈顿(Dry Manhattan)等。

③金酒(Gin)类。以金酒为基酒调制的各种鸡尾酒，如干马丁尼(Dry Martini)、红粉佳人(Pink Lady)等。

④ 兰姆酒(Rum)类。以兰姆酒为基酒调制的各种鸡尾酒，如自由古巴(Cuba Libre)、百加地(Bacardi)等。

⑤ 伏特加酒(Vodka)类。以伏特加酒为基酒调制的各种鸡尾酒，如咸狗(Salty Dog)、血红玛丽(Bloody Mary)等。

⑥特吉拉酒(Tequila)类。以特基拉酒为基酒调制的各种鸡尾酒，如玛格丽特(Margarita)、斗牛士(Matador)等。

⑦香槟酒(Champagne)类。以香槟酒为基酒调制的各种鸡尾酒，如香槟鸡尾酒(Champagne到Cocktail)等。

⑧利口酒(Liqueur)类。以利口酒为基酒调制的各种鸡尾酒，如多色酒(Pousse Cafe)、阿美利加诺(Americano)。

⑨葡萄酒(Wine)类。以葡萄酒为基酒调制的各种鸡尾酒，如红葡萄宾治(Claret Punch)、夏布丽杯(Chablis Cup)等。

(4)根据鸡尾酒的配制特点分类

• 亚历山大(Alexander)类。以鲜奶油、咖啡利口酒或可可利口酒加烈性酒配制的短饮类鸡尾酒。用摇酒器混合而成，装在鸡尾酒杯内。名品有:亚历山大(Alexander)、金亚历山大(Gin Alexander)等。

• 霸克(Buck)类。霸克类鸡尾酒属于长饮类鸡尾酒。它的配制方法与海波类鸡尾酒基本相同，用烈性酒加苏打水或姜汁汽水，直接在饮用杯内用调酒棒搅拌而成，然后以加冰块的海波杯盛装。名品有:苏格兰霸克(Scotch Buck)、金霸克(Gin Buck)、白兰地霸克(Brandy Buck)等。

• 考布勒(Cobbler)类。考布勒属于长饮类鸡尾酒。它以烈性酒或葡萄酒为基酒，与糖粉、二氧化碳饮料及利口酒等调制而成，有时还加入柠檬汁，盛装在有碎冰块的冷饮杯、海波杯或果汁杯中。考布勒常用水果片装饰。带有香槟酒的考布勒以香槟酒杯盛装，里边应加满碎冰块。名品有:金考布勒(Gin Cobbler)、白兰地考布勒(Brandy Cobble)、香槟考布勒(Champagne Cobbler)等。

• 哥连士(Collins)类。有时称做“考林斯”，属于长饮类鸡尾酒。它由烈性酒加柠檬汁、苏打水和糖调配而成，用高杯盛装。名品有:白兰地哥连士(Brandy Collins)、汤姆哥连士(Tom Collins)、戴可尼克(Tequonic)等。

• 柯林(Cooler)类。“柯林”又名“清凉饮料”，属于长饮类鸡尾酒。它由蒸馏酒加上柠檬汁或青柠汁，再加上姜汁汽水或苏打水组成，以海波杯或柯林杯(冷饮杯)盛装。名品有:威士忌柯林(Whisky Cooler)、高地柯林(Highland Cooler)、兰姆柯林(Rum Cooler)等。

• 考地 (Cordial)类。这类鸡尾酒是以利口酒与碎冰块调制而成，以葡萄酒杯或鸡尾酒杯盛装。考地亚类鸡尾酒的酒精度较高，调制方法是先在杯中加满碎冰块，然后将利口酒倒在碎冰块上。名品有:考地亚力克(Cordial Medoc)、薄荷考地 (Mint Cordial)等。

• 科拉丝泰(Crusta)类。以白兰地酒、威士忌酒、金酒等为基酒，以柑橘利口酒为调味酒，配以柠檬汁，由摇酒器混合而成。科拉丝泰的酒精含量较高，属于短饮类鸡尾酒。该酒常以红葡萄酒杯或较大容量的鸡尾酒杯盛装，并将糖粉沾在杯边上制成白色的圆环做装饰。

• 杯(Cups)类。杯类鸡尾酒不是单杯配制，常常是大量配制的。传统配方以葡萄酒为基酒，加入少量的调味酒和冰块即可。目前，杯类鸡尾酒有多种配方，并且也可以单杯配制。它常以葡萄酒为基酒，加上少量的利口酒或加强葡萄酒或烈酒，加水果汁或苏打水等，再点缀一些水果。通常，这类酒的酒精含量较高，属于短饮类鸡尾酒。杯类鸡尾酒常常是在夏季受人们欢迎的品种，它常以葡萄酒杯盛装。名品有:夏布丽杯(Chablis Cup)、香槟杯(Champagne Cup)、红酒杯(Claret Cup)、西打杯(Cider Cup)等。

● 达其利(Daiquiri)类。由兰姆酒、柠檬汁或酸橙汁配制而成，以鸡尾酒杯或香槟酒杯盛装。由于该类酒的酒精含量较高，属于短饮类鸡尾酒。当达其利前面加上水果名称时，它常常以兰姆酒加上其名称中的新鲜水果汁、糖粉和碎冰块组成，用电动搅拌机搅拌成泥状，然后用较大型的鸡尾酒杯或香槟酒杯盛装。如达其利(Daiquiri)、椰子达其利(Coconut Daiquiri)等。

● 戴兹(Daisy)类。以烈性酒配以柠檬汁、糖粉，经过摇酒器摇匀、过滤，倒在盛有碎冰块的古典杯中或海波杯中，用水果或薄荷叶装饰，可加入适量苏打水。由于戴兹类鸡尾酒的酒精含量较高，因此属于短饮类鸡尾酒。名品有:金戴兹(Gin Daisy)、威士忌戴兹(Whisky Daisy)等。

● 蛋诺(Egg Nog)类。蛋诺类鸡尾酒是传统的美国圣诞节饮料，酒精含量较小，属于长饮类鸡尾酒。它由烈性酒加鸡蛋、牛奶、糖粉和豆蔻粉调配，用调酒壶或小型电动搅拌机搅拌而成。可用葡萄酒杯或海波杯盛装。它与菲力普(Flip)很相似。名品有:蛋诺酒(Egg Nog)、兰姆蛋诺(Rum Nog)、早餐蛋诺(Breakfast Nog)等。

● 费克斯(Fix)类。以烈性酒、柠檬汁、糖粉和碎冰块调制的长饮类鸡尾酒，以海波杯或高杯盛装，也可放适量的苏打水和汽水。有些人将费克斯归纳为短饮类鸡尾酒，他们认为这种酒应当快饮，以免冰块全部溶化而影响酒味。制做方法是在酒杯中加入八成满的碎冰块，将烈性酒和果汁等原料倒在碎冰块上。名品有:金黄费克斯(Gin Fix)、白兰地费克斯(Brandy Fix)等。

● 菲士(Fizz)类。菲士与哥连士类鸡尾酒很相近。以金酒加柠檬汁和苏打水混合而成，用海波杯或冷饮杯盛装，属于长饮类鸡尾酒。有时菲士中加入生蛋清或蛋黄，与烈性酒、柠檬汁一起放入摇酒器中混合，使酒液起泡，最后再加入苏打水。目前，也可用其他烈性酒或利口酒代替金酒来配制此类酒。名品有:金色菲士(Gin Fizz)、银色菲士(Silver Fizz)、皇家菲士(Royal Fizz)等。

● 菲力普(Flip)类。以鸡蛋或蛋黄或蛋白调以烈性酒或葡萄酒，或烈性酒和葡萄酒加糖粉，用调酒器或小型电动搅拌机搅拌而成。一些配方中还配有浓牛奶，用鸡尾酒杯或葡萄酒杯盛装。以烈性酒为基酒的菲力普类鸡尾酒酒精含量较高，属短饮类鸡尾酒。名品有:白兰地菲力普(Brandy Flip)、波士顿菲力普(Boston Flip)、香槟菲力普(Champagne Flip)、波特菲力普(Port Flip)等。

● 漂漂(Float)类。漂漂类鸡尾酒，也称“多色鸡尾酒”。它是根据酒水的比重或密度，以比重较大的酒水在下面，比重较小的酒水在 上面的原理，用几种不同颜色的酒调制而成的鸡尾酒。这种酒的调制方法是:先将含糖量最大(即比重最大)的酒或果汁倒入杯中，再按其比重由大至小的顺序依次沿着吧匙背和杯壁轻轻地将其他酒水倒入杯中，不可搅动，使各色酒水依次漂浮，分出层次，呈彩带状。多色鸡尾酒常以利口酒杯或多色酒杯盛装。漂漂类鸡尾酒中的多数品种属于短饮类鸡尾酒，也有一些属于长饮类鸡尾酒。名品有：天使之吻（Angle's Kiss）、B 和 B（B&B）、法国多色酒（French Caf）。

• 弗莱佩（Frappe）类。弗莱佩类鸡尾酒属于短饮类鸡尾酒，是把利口酒、开胃酒或葡萄酒倒在碎冰块上制成的鸡尾酒，用鸡尾酒杯或香槟酒杯盛装。名品有：兰姆弗莱佩（Rum Frappe）、金万利弗莱佩（Grand Ma）

· 螺丝锥（Gimlet）类。螺丝锥也称为“占列”，以金酒或伏特加酒为基酒，加入青柠汁，在调酒器内混合均匀，或放入调酒杯中用调酒棒搅拌而成。此类酒属于短饮类鸡尾酒，用鸡尾酒杯盛装，也可装在有冰块的古典杯中。名品有：螺丝锥（Gimlet）、伏特加占列（Vodka Gimlet）等。

• 海波（Highball）类。海波类鸡尾酒，也称“高球类鸡尾酒”，前者是英文的音译，后者是英文的意译。这类鸡尾酒的酒精含量较低，属于长饮类鸡尾酒。它以白兰地或威士忌等烈性酒或葡萄酒为基酒，加入苏打水或姜汁汽水，在饮用杯中用调酒棒搅拌而成，装在加冰块的海波杯中。名品有：威士忌苏打（Whisky Soda）、金汤力（Gin Tonic）、兰姆可乐（Rum Coke）、自由古（Cuba Libre）等，

• 朱丽波（Julep）类。朱丽波类鸡尾酒，俗称“薄荷叶类鸡尾酒”。它以威士忌或白兰地等烈性酒为基酒（传统上只以波本威士忌为基酒），或用香槟酒为基酒，加入糖粉、薄荷叶（捣烂），在调酒杯中用调酒棒搅拌而成后，装在放有冰块的古典杯或海波杯中，用一片薄荷叶做装饰，也可以加入加强葡萄酒和香槟酒。以烈性酒为基酒的朱丽波类鸡尾酒，酒精含量较高，属于短饮类鸡尾酒；以香槟酒为基酒的则属于长饮类鸡尾酒。名品有：薄荷朱丽波（Mint Julep）、香槟朱丽波（Champagne Julep）、波本马德拉朱丽波（Bourbon Madeira Julep）等。

• 马丁尼（Martini）类。马丁尼类鸡尾酒属于短饮类鸡尾酒。它以金酒为基酒，加入少许味美思酒或苦酒及冰块，直接在酒杯或调酒杯中用吧匙搅拌而成。以鸡尾酒杯盛装，在酒杯内放一个橄榄或柠檬皮做为装饰。名品有：干马丁尼（Dry Martini）、甜马丁尼（Sweet Martini）、马丁尼（Martini）等。

• 提神（Pick Me Up）类。提神类鸡尾酒有不同的配方，其中一些配方的酒精含量较高，一些酒精含量较低。这类酒以烈性酒为基酒，常加入橙味利口酒或茴香酒、苦味酒、薄荷酒等提神、开胃的甜酒，再加入果汁或香槟酒、苏打水等。此外，一些提神类开胃酒由烈性酒、提神开胃的利口酒加上鸡蛋或牛奶组成。通常，提神类开胃酒用鸡尾酒杯或海波杯盛装；加入香槟酒的提神酒以香槟酒杯盛装；加入果汁、鸡蛋或牛奶的提神类鸡尾酒用摇酒器混合而成。著名的提神类鸡尾酒有：提神 1 号（Pick Me Up No. 1）、提神 2 号（Pick Me Up No. 2）、法国提神酒（French Pick Me Up）、香槟提神酒（Champagne Pick MeUp）、睁眼（Eye Opener）等。

• 帕弗（Puff）类。在装有少量冰块的海波杯中，加入烈性酒和牛奶

（烈性酒和牛奶通常是等量的），再加冷藏的苏打水至八成满，用调酒棒搅拌而成。帕弗类鸡尾酒属于长饮类鸡尾酒。名品有：白兰地帕弗（Brandy Puff）、威士忌帕弗（Whisky Puff）等。

- 宾治（Punch）类。宾治类鸡尾酒以烈性酒或葡萄酒为基酒，加上柠檬汁、糖粉和苏打水或汽水混合而成。宾治类鸡尾酒不是单杯配制的，它常以几杯、几十杯或几百杯一起配制，用于酒会、宴会和聚会等。配制后的宾治类鸡尾酒用切片的水果装饰以增加其美观和味道，以海波杯盛装。宾治类鸡尾酒的配制原料比较灵活，可根据宴会、客人和自己的需要选用。此外，不含酒精的宾治类鸡尾酒在国外越来越流行，一些宴会和聚会常常饮用由果汁、汽水和水果配制成的宾治类鸡尾酒。确切地说，这种宾治类鸡尾酒不属于纯粹的鸡尾酒，而属于无酒精饮料。宾治类鸡尾酒含酒精量低，属于长饮类鸡尾酒。

- 利奇（Rickey）类。利奇也常被称为“瑞奎”。这类鸡尾酒是以金酒、白兰地酒或威士忌酒为基酒，加入青柠檬汁和苏打水混合而成的长饮类鸡尾酒。直接将金酒和青柠檬汁倒在装有冰块的海波杯或古典杯中，再倒入苏打水，用调酒棒搅拌均匀。名品有：金利奇（Gin Rickey）、菲奴利奇（Fino Rickey）等。

- 珊格瑞（Sangaree）类。珊格瑞也称“三加利”，这类鸡尾酒传统上是以葡萄酒加入少量的糖粉和豆蔻粉调制而成的，放在有冰块的古典杯或平底海波杯中盛装。目前，珊格瑞类鸡尾酒也可以用冷藏的啤酒加上少许糖粉和豆蔻粉配制而成，也可以烈性酒为基酒加少许蜂蜜、冰块和苏打水混合而成。烈性酒和苏打水数量相等，用橙皮、豆蔻粉做装饰，盛装在古典杯或海波杯中并放入一支吸管。名品有：波特珊格瑞（Port Sangaree）、啤酒珊格瑞（Beer Sangaree）、白兰地珊格瑞（Brandy Sangaree）等。

- 席拉布（Shrub）类。以白兰地酒或兰姆酒为基酒，加入糖粉、水果汁混合而成的鸡尾酒。通常配制量较大，将上述原料按配方比例配制，放入陶器中，冷藏储存3天后饮用。用加冰块的古典杯盛装。名品有：白兰地席拉布（Brandy Shrub）、兰姆席拉布（Rum Shrub）等。由于该酒的配制方法通常含有较多的烈性酒，因此，它属于短饮类鸡尾酒。

- 司令（Sling）类。司令类鸡尾酒是人们喜爱的一种长饮类鸡尾酒。以烈性酒加柠檬汁、糖粉和矿泉水或苏打水配制而成，有时加入一些调味的利口酒。其配制方法是先用摇酒器、柠檬汁、糖粉摇匀后，再倒入加有冰块的海波杯中，然后加苏打水或矿泉水。以高杯或海波杯盛装，也可以在饮用杯内直接调配。名品有：新加坡司令（Singapore Sling）、白兰地司令（Brandy Sling）、金司令（Gin Sling）等。

- 酸酒（Sour）类。以烈性酒为基酒加入柠檬汁或橙汁，经调酒器混合而成的短饮类鸡尾酒。通常，酸酒类中的酸味原料比其他类型的鸡尾酒多一些。酸味鸡尾酒中的酸味来自柠檬汁、橙汁、其他水果汁和带有酸味的利口酒，以酸酒杯或海波杯盛装。名品有：威士忌酸酒（Whisky Sour）、金酸酒(Gin Sour)等。酸酒可做为开胃酒。

● 四维索(Swizzle)类。四维索属于长饮类鸡尾酒。它可以任何烈性酒为基酒，加入柠檬汁、糖粉，放入加碎冰块的高杯或海波杯中，再加入适量的苏打水，配上一个调酒棒。名品有:金四维索(Gin Swizzle)、西印地安四维索(Westlndian Swizzle)等。

● 托地(Toddy)类。以烈性酒为基酒，加入糖和水(冷水和热水)混合而成的鸡尾酒。托地类鸡尾酒有冷和热两类。有些托地类鸡尾酒用果汁代替冷水。热托地常以豆蔻粉或丁香或柠檬片做装饰，冷托地以柠檬片做装饰。冷托地以古典杯盛装，热托地以带柄的热饮杯盛装。由于托地类鸡尾酒的酒精度不同，因此有些托地类鸡尾酒属于短饮类鸡尾酒，而有些托地类鸡尾酒则属于长饮类鸡尾酒。名品有:热金托地(Hot Gin Toddy)、托地(Toddy)等。

● 攒明(Zoom)类。攒明类鸡尾酒属于短饮类鸡尾酒。它是以烈性酒、鲜奶油和蜂蜜混合而成的酒，用摇酒器摇匀，用鸡尾酒杯盛装。名品有:威士忌攒明(Whisky Zoom)、金攒明(Gin Zoom)、攒明(Zoom)等。

(二) 鸡尾酒的命名

鸡尾酒的命名方法很多，也很灵活，了解和研究鸡尾酒的命名方法，有利于控制酒水质量，开发新的酒水产品。常用的鸡尾酒命名方法有如下几种：

1. 以鸡尾酒的原料名称命名

(1)B 和 B(B&B)

该鸡尾酒名称中的两个英文字母分别代表了两种原料名称，即白兰地(Brandy)和修士酒(BenedictineD, O. M)。

(2)金汤力(Gin Tonic)

该鸡尾酒是由“金酒”(Gin)和“汤尼水”(Tonic)两种原料配制而成。

2. 以鸡尾酒的基酒名称加上鸡尾酒种类的名称命名

(1)白兰地亚历山大(Brandy Alexander)

“白兰地”(Brandy)是以葡萄发酵蒸馏而成的蒸馏酒;“亚历山大”(Alexander)是短饮类鸡尾酒中的一个种类。

(2)金菲士(Gin Fizz)

“金酒”(Gin)是以谷物和杜松子等为原料蒸馏而成的五色烈性酒;菲士(Fizz)是鸡尾酒中的一个种类。3. 以鸡尾酒的种类名称加上它的口味特色命名

(1)干马丁尼(Dry Martini)

“Martini”是短饮类鸡尾酒的一个种类，而“Dry”的含义是“不带甜味”。

(2)甜曼哈顿(Manhattan Sweet)

“Manhattan是短饮类鸡尾酒中的一个种类,“Sweet”的含义是“甜味的”。

4. 以著名的人物或人的职务名称命名

“戴安娜”(Diana)是希腊神话故事中的女神。这种鸡尾酒是以波特酒杯盛装。先在杯中放入碎冰块，然后放30毫升白色薄荷酒，再放入10毫升白兰地酒，酒呈浅黄褐色并带有薄荷香味。

5. 以著名的地点和单位名称命名

(1)弗吉尼亚(Virginia)

“弗吉尼亚”(Virginia)是美国一个州的州名，它位于美国的东海岸，是个风景秀丽的地方。这种以旅游地地名命名的鸡尾酒颜色美观，味道略甜。它以45毫升的干金酒和15毫升的柠檬汁，再加上2滴石榴汁相混合，放入鸡尾酒杯中，是夏季人们常饮用的鸡尾酒。

(2)哈佛(Harvard)

“哈佛”(Harvard)是以大学名称而命名的鸡尾酒。哈佛大学是世界著名的大学。该酒以30毫升白兰地酒加上30毫升干味美思酒及1滴苦酒，与少量糖粉混合而成，倒入鸡尾酒杯中。由于该鸡尾酒的酒精度适中，口味清淡，适合很多人饮用。因此，像世界著名的大学“哈佛”一样，它可满足世界各地人们的需求。

6. 以动做的名称命名

(1)微笑(Smile)

“微笑”(Smile)是以30毫升无色兰姆酒加上30毫升味美思酒以及少许柠檬汁，与少许糖粉混合而成，以鸡尾酒杯盛装。由于这种鸡尾酒的颜色漂亮，甜味适中，因此，不论它做为一种饮品，还是艺术品，都给人们带来愉快和微笑。

(2)击倒(Knockout)

“击倒”(Knockout)顾名思义是一种酒精度高的鸡尾酒。它以20毫升干金酒、20毫升威士忌酒、20毫升茴香利口酒及1滴薄荷酒混合而成。这种鸡尾酒的所有原料都是酒，其烈性酒占其容量的60%以上，气味芳香。

7. 以鸡尾酒的形象命名

(1)马颈(Horse's Neck)

“马颈”(Horse's Neck)是以鸡尾酒的装饰物命名的。切成螺旋状的柠檬皮挂在杯内，很像马的身体，而挂在酒杯边缘上的柠檬皮很像马的头部和颈部。

(2)红粉佳人(Pink Lady)

“红粉佳人”(Pink Lady)是以金酒、柠檬汁和生鸡蛋清等为原料配制的鸡尾酒。它以粉红色漂着白色泡沫展现在人们面前，再加上红色樱桃和青柠檬皮做装饰，显得格外漂亮，因此而得名。

(8)含有寓意的鸡尾酒名称

一些鸡尾酒名称含有寓意，这些寓意与各国的习俗、文化和宗教信仰有紧密联系。如天使之梦(Angle's Dream)、五福临门等。

第四节 茶叶

一、茶叶概述

茶是当今世界三大非酒精饮料(茶、咖啡、可可)之一。中国是茶的原产地。中国人不仅在世界上最先发现了茶的功效,也最早发明了茶叶加工技术,并把茶树驯化培育为一种重要的栽培作物。中国南方是野生茶树种的故乡。四川巴蜀一带在周代即已将茶叶作为贡品,而在汉代的时候,便已出现茶叶买卖市场。唐代出现了世界上最早的一部茶叶专著——陆羽《茶经》。从此之后茶叶更为风行,并远销海内外。宋元以后茶更是中国人民日常生活中不可缺少的一件大事。故有"开门七件事,柴米油盐酱醋茶"之说。

茶叶种类虽多,但归纳起来有不发酵、半发酵、全发酵三类。绿茶属于不发酵茶,半发酵茶即花茶、乌龙茶,全发酵茶为红茶。绿茶性凉,可消炎解毒、清火降浊、醒脑益思;花茶、乌龙茶介于红茶和绿茶之间,既不寒凉,又不温燥,对神经系统无副作用,久喝无碍,且可提神益脑、生津止渴、健脾和胃、化痰利尿、防衰抗老;红茶偏温,能和胃调中、降脂减肥。茶叶从发明到利用,经历了一段漫长的历史,它之所以深受人们的欢迎,除了可做为饮料被人们饮用外,还因为它对人体能起到一定的保健和治疗的作用。中国是茶树的原产地。茶叶做为一种饮料,从唐朝开始,流传到我国西北各个少数民族地区,成为当地人民生活的必需品,"一日无茶则滞,三日无茶则病"。然而,中国在茶业上对人类的贡献,主要在于最早发现了茶这种植物,最先利用了茶这种植物,并把它发展形成为我国和东方乃 至整个世界的一种灿烂独特的茶文化。如我国史籍所载,在未知饮茶前,"古人夏则饮水,冬则饮汤",恒以温汤生水解渴。以茶为饮则改变了人们喝生水的陋习,较大地提高了人民的健康水平。至于茶在欧美一带,被认为"无疑是东方赐予西方的最好礼物","欧洲若无茶与咖啡之传入,饮酒必定更加无度","茶给人类的好处无法估计","我确信茶是人类的救主之一","是伟大的慰藉品"等等。世界各国饮茶及茶的生产和贸易,除朝鲜、日本以及中亚、西亚一带是唐朝前后就从中国传入者外,其他多是16世纪以后,特别是近二百年以来才传入发展起来的。

二、茶叶的种类与特征

中国茶类的划分目前尚无统一的方法,有的根据制造方法不同和品质上的差异,将茶叶分为绿茶、红茶、乌龙茶(即青茶)、白茶、黄茶和黑茶六大类;有的根据出口茶的类别将茶叶分为绿茶、红茶、乌龙茶、白茶、花茶、紧压茶和速溶茶七大类；有的根据茶叶加工分为初、精制两个阶段的实际情况，将茶叶分为毛茶和成品茶两大部分，其中毛茶分绿茶、红茶、乌龙茶、白茶和黑茶五大类，将黄茶归入绿茶一类；成品茶包括精制加工的绿茶、红茶、乌龙茶、白茶和再加工而成的花茶、紧压茶和速溶茶共七大类。

（一）绿茶

绿茶是将采摘来的鲜叶先经高温杀青，杀灭了各种氧化酶，保持了茶叶绿色，然后经揉捻、干燥而制成，清汤绿叶是绿茶品质的共同特点。按杀青和干燥方式不同又可分为：

1. 蒸青绿茶

用蒸汽杀青而成的绿茶称之为蒸青绿茶。其品质特点是“三绿”，即干茶色泽翠绿、汤色碧绿、叶底鲜绿，香清味醇。

2. 炒青绿茶

炒青绿茶因干燥方式采用炒干而得名。按外形可分为长炒青、圆炒青和扁炒青三类。长炒青形似眉毛，又称为眉茶。圆炒青外形如颗粒，又称为珠茶。扁炒青又称为扁形茶。长炒青的品质特点是条索紧结，色泽绿润，香高持久，滋味浓郁，汤色、叶底黄亮。圆炒青有外形圆紧如珠、香高味浓、耐泡等品质特点。扁炒青成品扁平光滑、香鲜味醇，如西湖龙井。

3. 烘青绿茶

是用烘笼进行烘干的。烘青绿茶大部分用于窨制各种花茶，称之为茶坯。特点是外形完整稍弯曲、锋苗显露、干色墨绿、香清味醇、汤色叶底黄绿明亮。

4. 晒青绿茶

是用日光进行晒干的。晒青绿茶是制紧压茶的原料，如砖茶、沱茶等。

（二）红茶

红茶属发酵茶类，基本工艺过程是萎凋、揉捻、发酵、干燥。因其干茶色泽和冲泡的茶汤以红色为主调，故名。我国红茶种类较多，产地较广，有我国特有的功夫红茶和小种红茶，也有与印度、斯里兰卡相类似的红碎茶。

1. 祁门功夫

祁门功夫红茶，简称祁红，是我国传统功夫红茶的珍品，有百余年的生产历史。主产安徽省祁门县，与其毗邻的石台、东至、黟县及贵池等县也有少量生产。常年产量 5 万担左右。祁红功夫以外形苗秀，色有“宝光”和香气浓郁而著称，在国内外享有盛誉。祁红功夫茶条索紧细秀长，锋苗好，色泽乌黑泛灰光，俗称“宝光”，内质香气浓郁高长，似蜜糖香，又蕴藏有兰花香，汤色红艳，滋味醇厚，回味隽永，叶底嫩软红亮。祁门红茶品质超群，被誉为“群芳最”，这与祁门地区的自然生态环境条件优越是分不开的。全县茶园总面积的 65% 左右这些茶园，土地肥沃，腐殖质含量较高，早晚温差大，常有云雾缭绕，且日照时间较短，构成茶树生长的天然佳境，酿成“祁红”特殊的芳香厚味。

2. 滇红功夫

滇红功夫茶，属大叶种类型的功夫茶，主产云南的临沧、保山等地，是我国功夫红茶的后起之秀，以外形肥硕紧实，金毫显露和香高味浓的品质独树一帜，而著称于世。滇红功夫外形条索紧结，肥硕雄壮，干茶色泽乌润，金毫特显，内质汤色艳亮，香气鲜郁高长，滋味浓厚鲜爽，富有刺激性。叶底红匀嫩亮，国内独具一格，系举世欢迎的功夫红茶。

滇红功夫因采制时期不同，其品质具有季节性变化，一般春茶比夏、秋茶好。春茶条索肥硕，身骨重实，净度好，叶底嫩匀。夏茶正值雨季，芽叶生长快，节间长，虽芽毫显露，但净度较低，叶底稍显硬、杂。秋茶正处于凉季节，茶树生长代谢作用转弱，成茶身骨轻，净度低，嫩度不及春、夏茶。滇红功夫茸毫显露为其品质特点之一。其毫色可分淡黄、菊黄、金黄等类。凤庆、云县、昌宁等地功夫茶，毫色多呈菊黄，勐海、双江、临沧、普洱等地功夫茶，毫色多呈金黄。同一茶园春季采制的一般毫色较浅，多呈淡黄，夏茶毫色多呈菊黄，惟秋茶多呈金黄色。

滇红功夫内质香郁味浓。香气以滇西茶区的云县、凤庆、昌宁为好，尤其是云县部分地区所产的功夫茶，香气高长，且带有花香。滇南茶区功夫茶滋味浓厚，刺激性较强，滇西茶区功夫茶滋味醇厚，刺激性稍弱，但回味鲜爽。

3. 闽红功夫

闽红功夫茶系政和功夫、坦洋功夫和白琳功夫的统称，均系福建特产。三种功夫茶产地不同、品种不同、品质风格不同，但各自拥有自己的消费爱好者，盛兴百年而不衰。

4. 政和功夫

政和功夫为福建红茶中最具高山品种特色的条型茶，原产于福建北部，以政和县为主产区。按品种分为大茶、小茶两种。大茶系采用政和大白茶制成，是闽红三大功夫茶的上品，外形条索紧结肥壮多毫，色泽乌润，内质汤色红浓，香气高而鲜甜，滋味浓厚，叶底肥壮尚红。小茶系用小叶种制成，条索细紧，香似祁红，但欠持久，汤稍浅，味醇和，叶底红匀。政和功夫以大茶为主体，扬其毫多味浓之优点，又适当拼以高香之小茶，因此高级政和功夫特别体态匀称，毫心显露，香味俱佳。百年的政和功夫，一经问世，即享盛名。19 世纪中叶，产量达万余担。后因战事摧残，茶园荒芜，至 1949 年年产仅 900 余担。嗣后，着力恢复传统品质风格，产量质量均有回升。60 年代后，因改制绿茶，仅保持少量生产，年产约 800 担。

5. 坦洋功夫

坦洋功夫分布较广，主产福安、柘荣、寿宁、周 宁、霞浦及屏南北部等地。坦洋功夫外形细长匀整，带白毫，色泽乌黑有光，内质香味清鲜甜和，汤鲜艳呈金黄色，叶底红匀光滑。其中坦洋、寿宁、周宁山区所产功夫茶，香味醇厚，条索较为肥壮，东南临海的霞浦一带所产功夫茶色泽鲜亮，条形秀丽。

（三）乌龙茶

乌龙茶又名青茶，属半发酵茶类。传说清雍正年间，福建省安溪县西坪乡南岩村有一位茶农、猎手，名叫苏龙，外号“乌龙”，有一次上山采茶时因追杀一只山獐，而将家中制茶之事忘记了。翌日清晨全家人才忙着炒制，没想到放置了一夜的茶叶已镶上了红边，并散发出阵阵清香。当茶叶制好时，滋味格外清香浓厚，全无往日的苦涩之味。经细心琢磨与反复试验，终于制出了品质优异的茶类新品——乌龙茶。安溪也成了乌龙茶的著名茶乡。基本工艺过程是晒青、晾青、播青、杀青、揉捻、干燥。乌龙茶的品质特点是，既具有绿茶的清香和花香，又具有红茶醇厚 的滋味。乌龙茶种类因茶树品种的特异性而形成各自独特的风味，产地不同，品质差异也十分显著。

1. 武夷岩茶

此茶所以深受人们赏识，在于它的品质优异。优良品质的产生原因有三：一是有得天独厚的生态环境；二是有丰富的适制乌龙茶的品种资源；三是归功于独特精湛的制作工艺。武夷岩茶的香气馥郁，胜似兰花而深沉持久，“锐则浓长，清则幽远”。滋味浓醇清活，生津回甘，虽浓饮而不见苦涩。茶条壮结、匀整，色泽青褐润亮呈“宝光”。叶面呈蛙皮状沙粒白点，俗称“蛤蟆背”。泡汤后叶底“绿叶镶红边”，呈三分红七分绿。

2. 大红袍

武夷岩茶中数大红袍享有最高的声誉，可谓是乌龙茶中的“茶中之圣”了。因早春茶芽萌发时，远望通树艳红似火，若红袍披树，故名。大红袍的特异品质，使岩茶爱好者更增加了对它的好奇心，传说颇多。有人说，茶野生绝壁，人莫能登，每年茶季，寺僧以果饵山猴采之。还有的说，树高十丈，叶大如掌，生峭壁间，风吹叶堕，寺僧拾制为茶，能治百病；当地还传说大红袍为岩上之神所有，寺僧每于元旦日焚香礼拜，泡少许供佛前，茶可自顾，无需人管理，有偷窃者，立即腹痛，非弃不愈，因此系神所栽，凡人不可先尝。

大红袍产于武夷山东北部天心岩九龙窠的高岩峭壁之上。两旁岩壁直立，日照不长，气温变动不大，更巧妙的是，岩顶终年有细小甘泉由岩谷滴落，滋润茶地，随水流落而来的还有苔藓类的有机物，肥沃土地，使得大红袍天赋不凡，得天独厚。据行家评定，大红袍的品质很有特色，它与其他岩茶对照，大红袍冲至第九次尚不脱原茶真味——桂花香，而其他岩茶经七次冲泡味已极淡。

3. 武夷肉桂

“奇种天然真味好，木瓜微酽桂微辛，何当更续歌新谱，雨甲冰芽次第矿。”清代蒋衡的《茶歌》中早就对肉桂茶的独特品质特征有很高的评价，指出其香极辛锐，具有强烈的刺激感。岩茶品种的选育，以优异品质为先决条件，并依据生长环境、茶树形态、叶形叶色等特征确定花名。肉桂就是以香型为特征冠以花名的。近代科学对肉桂香气进行分析，确定属清花果香型。证明了前人对肉桂香气的评价是准确的。

肉桂除了具有岩茶的滋味特色外，更以其香气辛锐持久的高品种香备受人们的喜爱。据行家评定，肉桂的桂皮香明显，佳者带乳味，香气久泡犹存，冲泡四五次仍有余香，入口醇厚回甘，咽后齿颊留香，汤色橙黄清澈，叶底黄亮，红点鲜明，呈绿叶红镶边状；条索匀整，紧结卷曲，色泽褐绿，油润有光，部分叶背有青蛙皮状小白点。

4. 闽北水仙

闽北水仙茶，是闽北乌龙茶中两个花色品种之一，品质别具一格，"水仙茶质美而味厚"(《建瓯县志》1929 年)，"果奇香为诸茶冠"。

水仙品种，适制乌龙茶。但因水仙产地不同，命名也有不同。闽北产区用福建水仙种，按闽北乌龙茶采制技术制成的条形乌龙茶，称闽北水仙。武夷山所种的水仙种，约在光绪年间传入，其成茶称水仙或武夷水仙。闽南永春产地以福建水仙种，按闽南乌龙茶采制而成的称闽南水仙。广东饶平、潮安用原产于潮安凤凰山的凤凰水仙种，制成的条形乌龙茶称凤凰水仙。凤凰水仙种是有性群体品种之一，选用优良单株栽培、采制者，又称凤凰单枞。制茶过程，做青阶段与一般乌龙茶基本相似。做青后的工序则有不同，闽南乌龙茶注重外形的卷曲紧结，增加包揉工序与次数。闽北乌龙茶，为条形茶，不包揉。近来闽北水仙有的也增加包揉。杀青后的焙制工序，采用武夷岩茶的杀青与揉捻方法交叉进行，高温水焙和文火慢烤的技术又有相异之处。其制做工序是：萎凋(晒青或室内萎凋)、摇青、杀青、揉捻、初烘(俗称走水焙)、包揉、足火。成茶条索紧结沉重，叶端扭曲，色泽油润暗沙绿，呈"蜻蜓头，青蛙腿"状，香气浓郁，具兰花清香，滋味醇厚回甘，汤色清澈橙黄，叶底厚软黄亮，叶缘朱砂红边或红点，即"三红七青"。

5. 铁观音

铁观音原产福建省安溪县。安溪唐代已产茶，到明代茶产稍盛。《安溪县志》有"常乐、崇善等里货(指茶)卖甚多"的记 载。18 世纪后期安溪茶户有了较大发展。诗人阮曼锡在《安溪茶歌》中有"安溪之山郁嵯峨，甚阴常湿生丛茶。居人清明采嫩叶，为价甚贱保万家……"之句。随之茶区农民还选育出许多优良茶树品种，其中以铁观音制茶品质为最优。

铁观音原是茶树品种名，由于它适制乌龙茶，其乌龙茶成品遂亦名为铁观音。所谓铁观音茶即以铁观音品种茶树制成的乌龙茶。而在台湾，铁观音茶则是指一种以铁观音茶特定制法制成的乌龙茶，所以台湾铁观音茶的原料，可以是铁观音品种茶树的芽叶，也可以不是铁观音品种茶树的芽叶。这与福建铁观音茶的概念有所不同。

安溪铁观音制做严谨，技艺精巧。一年分四季采制，谷雨至立夏(4 月中下旬～5 月上旬)为春茶，产量占全年总产量的 45%～50%；夏至至小暑(6 月中下旬～7 月上旬)为夏茶，产量占 25%～30%；立秋至处暑(8 月上旬～8 月下旬)为暑茶，产量占 15%～20%，秋分至寒露(9 月下旬～10 月上旬）为秋茶，产量占10%～15%。制茶品质以春茶为最好。秋茶次之，其香气特高，俗称秋香，但汤味较薄。夏、暑茶品质较次。鲜叶采摘标准必须在嫩梢形成驻芽后，顶叶刚开展呈小开面或中开面时，采下二三叶。采时要做到“五不”，即不折断叶片，不折叠叶张，不碰碎叶尖，不带单片，不带余叶和老梗。生长地带不同的茶树鲜叶要分开，特别是早青、午青、晚青要严格分开制造，以午青品质为最优。

安溪铁观音的制造工艺，要经过：晒青、晾青、做青（摇青、摊置）、杀青、揉捻、初焙、复焙、复包揉、文火慢焙、拣簸等工序才制成成品。

6. 台湾乌龙

台湾乌龙是乌龙茶类中发酵程度最重的一种，也是最近似红茶的一种。其儿茶素氧化程度达50%～60%。乌龙茶类鲜叶原料采摘标准一般均为新梢顶芽形成驻芽时采摘二三叶，惟有台湾乌龙是带嫩芽采摘一芽二叶。优质台湾乌龙茶芽肥壮，白毫显，茶条较短，含红、黄、白三色，鲜艳绚丽。汤色呈琥珀般的橙红色，叶底淡褐有红边，叶基部呈淡绿色，叶片完整，芽叶连枝。台湾乌龙在国际市场上被誉为香槟乌龙或“东方美人”，以赞其殊香美色，在茶汤中加上一滴白兰地酒，风味更佳。

（四）白茶

白茶属轻微发酵茶类，基本工艺过程是晾晒、干燥。白茶的品质特点是干茶外表满披白色茸毛，色白隐绿，汤色浅淡，味甘醇。白茶是我国特产。

1. 银针白毫

银针白毫，简称银针，又叫白毫，近年多称白毫银针，属白茶类。它与宋代《大观茶论》中记述的白茶，以银线水芽为原料制成的“龙团胜雪”饼茶和现代的凌云白毫、君山银针等茶不同，它们的原料先经蒸、炒杀青，属绿茶或黄茶类。银针白毫芽头肥壮，遍披白毫，挺直如针，色白似银。福鼎所产茶芽茸毛厚，色白而富光泽，汤色呈浅杏黄，味清鲜爽口。政和所产，汤味醇厚，香气清芬。其性寒，有解毒、退热降火之攻效。

2. 白牡丹

白牡丹茶属白茶类，它以绿叶夹银色白毫芽，形似花朵，冲泡之后绿叶托着嫩芽，宛若蓓蕾初开，故名。产区分布于政和、建阳、松溪、福鼎等县。其制作工艺关键在于萎凋，根据气候灵活掌握。其性清凉，有退热降火之攻效，为夏季佳饮。

（五）黄茶

黄茶属轻发酵茶类，基本工艺近似绿茶，但在制茶过程中加以闷黄，因此具有黄汤黄叶的特点。黄茶制造历史悠久，有不少名茶都属此类。

1. 君山银针

产地湖南省岳阳市洞庭湖君山岛，属芽茶，因茶树品种优良，树壮枝稀，芽头肥壮重实，每斤银针茶约2.5万个芽头。君山银针风格独特，岁产不多，质量超群，为我国名优茶之佼佼者。其芽头肥壮，紧实挺直，芽身金黄，满披银毫，汤色橙黄明净，香气清纯，滋味甜爽，叶底嫩黄匀亮。根据芽头肥壮程度，君山银针产品分特号、一号、二号三个档次。用洁净透明的玻璃杯冲泡君山银针时，可以看到初始芽尖朝上、蒂头下垂而悬浮于水面，随后缓缓降落，竖立于杯底，忽升忽降，蔚成趣观，最多可达三次，故君山银针有"三起三落"之称。最后竖沉于杯底，如刀枪林立，似群笋破土，芽光水色，浑然一体，堆绿叠翠，妙趣横生，历来传为美谈。且不说品尝其香味以饱口福，只消亲眼观赏一番，也足以引人入胜，神清气爽。根据"轻者浮，重者沉"的科学道理，"三起三落"是由于茶芽吸水膨胀和重量增加不同步，芽头比重瞬间变化而引起的。

2. 蒙顶黄芽

产地四川省名山县蒙山山区，其品质特点是外形扁直，色泽微黄，芽毫毕露，甜香浓郁，汤色黄亮，滋味鲜醇回甘，叶底全芽，嫩黄匀齐，为蒙山茶中的极品。

(六)黑茶

黑茶属后发酵茶，是我国特有的茶类，生产历史悠久，花色品种丰富。早在11世纪前后，即北宋熙宁年间(公元1074年)就有用绿毛茶做色变黑的记载。黑茶是很多紧压茶的原料，黑茶压制成的紧压茶有茯砖茶、黑砖茶、花砖茶、湘尖茶、青砖茶、康砖茶、金尖茶、方包茶、六堡茶、圆茶、紧茶……等等。以湖南、湖北、四川、云南、广西等省区为主要产区。黑茶的年产量很大，仅次于红茶、绿茶产量，成为我国的第三大茶类。黑茶以边销为主，部分内销，少量外销，因此，习惯上又把黑茶制成的紧压茶称为边销茶。

云南普洱茶为黑茶类之代表。普洱茶是采用绿茶或黑茶经蒸压而成的各种紧压茶的总称，包括沱茶、饼茶、方茶、紧茶等。采摘鲜叶，经杀青后揉捻晒干的晒青茶(滇青)为原料，经过泼水堆积发酵(沤堆)的特殊工艺加工制成。普洱散茶外形条索粗壮肥大，色泽乌润或褐红(俗称猪肝色)，滋味醇厚回甘，并具有独特的陈香。历来被认为是一种具有保健功效的饮料。现经国内外有关专家的临床试验证明，普洱茶具有降低血脂、减肥、抑菌、助消化、暖胃、生津、止渴、醒酒解毒等多种功效。因此，普洱茶在日本、法国、德国、意大利、香港、澳门等国家和地区有"美容茶"、"减肥茶"、"益寿茶"和"窈窕茶"之美称。

(七)再加工茶类

1. 花茶

又名窨花茶、香片茶等。因茶使用花的种类不同，可分为茉莉花茶、珠兰花茶、玉兰花茶、玫瑰花茶等。目前市场上都以茉莉花为主窨制。常见品种是茉莉花茶。

茉莉花茶是花茶的大宗产品，产区辽阔，产量最大，品种丰富，销路最广。茉莉花茶既是香味芬芳的饮料，又是高雅的艺术品。茉莉鲜花洁白高贵，香气清幽，近暑吐蕾，入夜放香，花开香尽。茶能饱吸花香，以增茶味。只要泡上一杯茉莉花茶，便可领略茉莉的芬芳。此茶是用经加工干燥的茶叶，与含苞待放的茉莉鲜花混合窨制而成的再加工茶，其色、香、味、形与茶坯的种类、质量及鲜花的品质有密切关系。大宗茉莉花茶以烘青绿茶为主要原料，统称茉莉烘青。

2. 紧压茶

古代就有紧压茶的生产，唐代的蒸青团饼茶，宋代的龙团凤饼，都是采摘茶树鲜叶经蒸青、磨碎、压模成型而后烘干制成的紧压茶。现代紧压茶与古代制法不同，大都是以已制成的红茶、绿茶、黑茶的毛茶为原料，经过再加工、蒸压成型而制成，因此紧压茶属再加工茶类。如云南沱茶、湖南砖茶等。

3. 果茶

果茶是指果味茶，是茶叶成品或半成品加入果汁后制成的。这类茶叶既有茶味又有果香，风味独特。多以红茶为基，再加入各种果汁或果实质干粉，冲泡后茶香、果香突出，果色、茶色渗透。目前我国市面上常见的果茶有柠檬红茶、猕猴桃茶、橘汁茶、椰汁茶、山楂茶等等。

三、茶叶的感官鉴别与保管

(一)茶叶的感官鉴别

茶叶是健康饮品，品质优劣不但关系着口感风味的好坏，而且与人体健康密切相关。茶叶品质的优劣受采制技术和保管储存条件的制约，如采制技术不当或保管储存不善，优质茶就会变成劣质茶，甚至失去饮用价值。

按茶叶品质好坏的程度，通常将茶叶分为正品茶、次品茶和劣质茶三种。按各类茶品质特点的要求，色、香、味、形等因子均符合品质标准和卫生标准要求者，称之为正品茶。各类正品茶主要品质特征是：绿茶类清汤绿叶，香味正常；黄茶类黄汤黄叶，香味正常；白茶类汤灰绿清亮，味鲜毫香；乌龙茶类绿叶红镶边，汤色金黄或橙红，清澈艳丽，并有特殊韵味；黑茶类纯正陈香，汤色深红，滋味醇厚。

其具体鉴别方法是：

1. 烟味。茶叶香味中污染的烟味包括炭味、煤烟味、竹味等。烟味较轻者，即嗅时能闻到，而尝味时尝不出；或是热闻时能闻到，冷闻时即消失，这类茶为次品茶。若香气、滋味中均带严重的烟味，热闻、冷闻都能嗅出烟味，经复火或长时间存放烟味亦不消失的茶叶，则为劣质茶。

2. 焦味。在杀青和烘炒过程中因温度和技术掌握不当，造成焦叶焦芽，成品经开汤审评，香味中带有严重的焦味，冷闻、热闻均有浓烈的焦味者为劣质茶。冷闻嗅不出焦味或经存放一段时间焦味消失者为次品茶。

3. 酸馊味。鲜叶摊放不当，二青叶、发酵叶堆放时间过长、过厚，叶温过高，使半成品经变质，产生酸馊味。凡酸馊味较轻或经过复火等措施处理后能消失者为次品茶。酸味馊严重，经处理后无法改善者，经开汤审评，冷、热闻均有严重酸馊味者，为劣质茶。

4. 日晒味。干燥过程以日晒代烘炒，产生严重的日晒味。冷、热、品尝均能闻、尝到日晒味者为劣质茶。程度较轻，或热闻能闻出，冷闻日晒味即消失者为次品茶。

5. 陈霉味。茶叶干度不足，保管不善，空气湿度大，茶叶含水量超过8%以上，引起茶叶陈化或霉变，陈霉程度重的茶叶色泽枯暗，汤色浑浊，有陈霉气，叶底不展等弊病。陈霉味较轻，干嗅缺少茶香，呵口气则闻出霉气、经复火处理后陈霉气味即消失者，为次品茶。干湿羡香味均有严重的陈霉气，外形结块，条索松散，复火后陈霉味无法消失，汤色浑浊发暗者，为劣质茶。

6. 红梗红叶和花青。绿茶叶底红梗红叶严重，红茶叶底花青严重，均为劣质茶，较轻者为次品茶。

7. 夹杂物。茶叶中含有较多的老梗老叶、茶子、茶果和非茶叶夹杂物，如杂草、树叶、泥沙等均为次品茶，严重者为劣质茶。

8. 其他异味。茶叶污染有鱼腥、樟脑、农药等异味严重者为劣质茶，较轻者或处理后异味消失者为次品茶。

9. 看整碎。条多整齐均匀者为好，条粗不均者为差。

（二）茶叶的保管

茶叶爱吸异味，更怕潮湿、高温和光照。烘烤加工的成品茶极为干燥，用手指轻轻一捻即碎。茶叶储存的最佳温度为0℃～10℃。气温在15℃左右保存期不能超过4个月，气温在25℃以上，保存期不宜超过2个月，否则会出现较明显的变色和变味。

光照可加速茶叶的氧化作用，不可将茶叶放于透明玻璃和塑料容器内储存，更不宜在阳光下晾晒。由于高级茶叶均系细尖嫩芽加工而成，极易发生氧化和老化，即使在防潮、防光和温度适宜的条件下，花茶保存期也不宜超过一年，绿茶保存期则不宜超过半年。家庭保存茶叶可放置冰箱冷藏室内，但也不宜超过一年。

（1）选用双层铁盖的茶叶盒，不宜装得太满，放入干燥剂，分层盖紧铁盖。

（2）采用深色玻璃瓶，放入茶叶和干燥剂，盖紧盖子并用石蜡封口，存于阴凉避光处。

（3）选用干燥的保温瓶，封好口。

（4）短期保存可先用干净纸包好，放入双层塑料袋内。

（5）放入冰箱内保存，温度在0℃～10℃之间最佳。

（6）不能与香皂同放，也不能与糖放在一起。

（7）保存时要干燥、洁净、避光、低温、少氧；忌水分含量高、接触异味、光线照射、高温环境、暴露空间。如 生霉，不可晒，放在锅中干焙10分钟左右可复原，锅要干净，火不宜太大。

第五节 咖啡 可可

一、咖啡

(一)咖啡概述

咖啡树的原产地在非洲的埃塞俄比亚。咖啡树在植物学上，属于茜草科咖啡亚属的常绿树，而一般所俗称的咖啡豆，其实是咖啡树所结果实的种子，只因为形状像豆子，所以称为咖啡豆。

气候是咖啡种植的决定性因素，咖啡树只适合生长在热带或亚热带，所以南北纬 25 度之间的地带，一般称为咖啡带或咖啡区。

有关咖啡由来的传说有好几种，其中较为人熟知的是牧羊人的故事：约在公元 600 年左右，有一个牧羊人，发现他的羊群每到夜晚就会异常兴奋地嘶叫，他在惊怕之下，向寺院的神父求助，于是,神父在细心地观察羊群几天后，发现羊群是吃了一种不知名的果实，神父自己吃了一点 ,发现这种果实可以令人兴奋，自此神父将此一果实称为"去除睡意、清净心灵的神圣物品",这种果实就是咖啡,此后咖啡便成了药品、食物及饮料。公元 1200 年,咖啡由一名因犯罪而被流放到也门的回教徒传播开来. 从原产地传至红海到雅典、开罗等地，1300 年再传到伊兰,1500 年左右又传到土耳其 ，咖啡逐渐成为大众化的饮料。

至于以卖咖啡为业的商店，传说始自回教圣地"麦加"。17 世纪左右，咖啡才经由通商航线，渐渐风靡意大利、印度、英国等地。1650 年左右，英国牛津出现了西欧第一家终日弥漫着香味的咖啡店。

1605 年文艺复兴运动时期，基督徒认为咖啡是异教徒的饮料,称咖啡为"撒旦的饮品" ,并要求当时的教皇下令禁止教徒饮用,但试喝了"恶魔的饮品"后的教皇，惊叹人间竟有此美味的饮料,因此安排了一项洗礼，正式将咖啡定为基督徒的饮品，使咖啡由回教地区，扩展到其他地区。

(二)咖啡的产地与品种

1. 蓝山咖啡（Blue Mountain）

蓝山咖啡是咖啡中的极品，产于牙买加的蓝山。受到加勒比海环抱的蓝山，每当太阳直射蔚蓝海水时，便反射到山上而发出璀璨的蓝色光芒，故而得名。蓝山咖啡拥有所有好咖啡的特点，不仅口味浓郁香醇，而且由于咖啡的甘、酸、苦三味搭配完美，所以完全不具苦味，仅有适度而完美的酸味。一般都单品饮用，但是因产量极少，所以市面上一般都以味道近似的咖啡调制。

2. 哥伦比亚咖啡（Colombia）

产地为哥伦比亚，烘焙后的咖啡豆，会释放出甘甜的香味，具有酸中带甘、苦味带甜的优良特性，因为浓度合宜的缘故，常被应用于高级的混合咖啡之中。

3. 圣多斯咖啡

主要产于巴西的圣保罗。这种咖啡酸、甘、苦三味属中性，浓度适中，带有适度的酸味，口味高雅而特殊，是最好的调配用豆，被誉为咖啡之中坚，单品饮用风味亦佳。

4. 摩卡咖啡（Mochsa）

产于埃塞俄比亚。豆小而香浓，其酸醇味强，甘味适中，风味独特。经水洗处理后的咖啡豆，是颇负盛名的优质咖啡，普通皆单品饮用，但若能调配混合咖啡，更是一种理想风味的综合咖啡。

5. 曼特宁咖啡（Mandeling）

产于印尼苏门答腊。酸味适度，带有极重的浓香味，口味较苦，但有浓郁的醇度。一般咖啡的爱好者都单品饮用，但也是调配混合咖啡时不可或缺的品种。

6. 爪哇咖啡

产于印尼的爪哇岛，属于阿拉比卡种咖啡。烘焙后苦味极强而香味极为清淡，但感觉不到任何酸味，这种口味深受荷兰人的喜爱。此种咖啡豆最常用于混合咖啡与即溶式冲泡咖啡。

7. 危地马拉咖啡

产于危地马拉。此豆属于波旁种的咖啡豆，是酸味较强的品种之一，味道香醇而略带野性，最适合用来调配成混合咖啡。

8. 康娜咖啡

这是由夏威夷的康娜地区火山熔岩所培育出来的咖啡豆，味道香浓、甘醇，且略带有一种葡萄酒香，风味极为特殊。上选的康娜咖啡有适度的酸味和温顺丰润的口感，以及一股独特的香醇风味，令咖啡爱好者难以忘怀。目前由于产量日趋减少，且市场需求量颇大，使得康娜咖啡豆的价格直追蓝山咖啡。

9. 碳烧咖啡（Charcal Fire）

是一种重度烘焙的咖啡，味道焦、苦不带酸，咖啡豆有出油的现象，极适合用于蒸汽加压咖啡。

（三）不同种类咖啡的制法

1. 意大利咖啡

一般在家中冲泡意大利咖啡，是利用意大利发明的摩卡壶冲泡成的，这种咖啡壶也是利用蒸汽压力的原理来淬取咖啡。摩卡壶可以使受压的蒸汽直接通过咖啡粉，让蒸汽瞬间穿过咖啡粉的细胞壁，将咖啡的内在精华淬取出来，故而冲泡出来的咖啡具有浓郁的香味及强烈的苦味，咖啡的表面并浮现一层薄薄的咖啡油，这层油正是意大利咖啡诱人香味的来源。

2. 法国牛奶咖啡

咖啡和牛奶的比例为 1 : 1，正统的法国牛奶咖啡冲泡时，要牛奶壶和咖啡壶从两旁同时注入咖啡杯，这种冲配方法延续了几百年。今天，它仍是法国人早餐桌上不可或缺的饮品。法国 baby，奶味十足。

3. 皇家咖啡制做方法

(1)先冲泡出 90cc 热蓝山咖啡，倒入预热过的瓷杯中。

(2)将皇家汤匙(汤匙两端皆有精美花样的边或以稍浅的汤匙替代)横放在杯上，汤匙上倒入白兰地并点火。将点燃之蓝色火焰的白兰地倒入杯子中，即可品尝。

4. 土耳其咖啡制做方法

(1)将 12 克深烘焙的咖啡豆，与适量的肉桂或豆蔻等香料一起细磨(视个人喜好而定，也可以不加)。

(2)将上列细粉放入锅内，加水煮沸约 20 秒。

(3)待咖啡渣沉淀在锅底，再轻轻地将上层澄清的咖啡倒出。其喝法可加柠檬或蜂蜜，也可以口中含着土耳其糖、奶油糖或巧克力等来喝咖啡，味道相当的特殊。

(四)咖啡的保管

焙炒过的咖啡豆，在空气中其香味与鲜度极易消失，尤其是粉状更迅速。故磨碎后应随即饮用，否则应储在真空或充以氮气的罐中或密封性好的包装内，温度不超过 33℃。另外，咖啡极易吸湿，保管时要注意防潮，若保管不当，咖啡粉吸湿后不仅香味变差，而且容易发霉变质。

(五)咖啡的服务

1. 咖啡与水的比例要适宜。一般来说，每 50 克咖啡可以放 100 克水。即每杯标准用量是 11 克。

2. 煮好的咖啡应在 80℃ ~85℃的温度下保存。应即煮即饮，保存时间过久，咖啡的味道和苦香便退化和消失。

3. 在咖啡中加鲜奶时最好沿着杯边缘徐徐倒入，使其逐渐扩散。

4. 服务前用热水预热咖啡杯。然后从客人左边将咖啡杯及底碟和其他附加物如乳脂、糖服务给客人。

二、可可

(一)可可的来历与产区

可可译自 Cacao，是用可可树的种子磨成粉后制成的饮料。可可树属梧桐科多年生热带小乔木，原产美洲，果实是世界三大饮料(咖啡、茶叶、可可)之一。最早采摘野生可可果用于饮用的人，是生活在墨西哥的阿兹蒂克部落的印第安人。16 世纪初，西班牙人在墨西哥看到许多印第安人在喝一种褐色的饮料，好奇地问这是什么？印第安人回答说是可可。

可可树是生长在热带的常绿乔木，花小而果实大，果实内有几十粒种子，为可可豆，含有可可黄油，常温下是固体，熔化临界温度 37℃，而人体口腔的温度是 37.5℃，故“只熔在口，不熔在手”。是制造巧克力的主要原料。富含蛋白质，具有滋补兴奋作用;热能量很大，能持久保持旺盛精力。

非洲和拉丁美洲是可可的主要产区。科特迪瓦是世界上可可的最大生产国，占世界总产量 30%，巴西占 20%，加纳占 11%，尼日利亚占 8%，喀麦隆占 7%，赤道几内亚、厄瓜多尔等国也盛产可可。

（二）可可的特性

可可的加工品种分为可可豆、可可块、可可脂、可可粉四类。可可豆有约 50% 的可可脂，磨碎时即得可可浆，冷却后则为苦巧克力即可可块，再经压榨可分出可可脂与可可粉。苦巧克力另配砂糖、油质、香料乳制品即得甜巧克力。可可脂含量的多少决定其商品价值的高低。含量高者供制冰淇淋及饮料等，含量低者供制糖果。

可可粉具有浓郁的芳香气味，加糖即可冲饮。因其含有 20% 的脂肪，25% 的蛋白质，35% 的糖类物，1.5% 的可可碱，0.2% 的咖啡因，此外还含有维生素 A、B、蛋白质、磷等，故可可营养丰富，可做饮料，也是制做巧克力的主要原料，在医药上还有强心利尿之功效。

（三）可可的保管与饮用

可可粉极易受潮，受潮受热都会产生酸味，甚至会变酶不能使用，因此可可粉要存在低温干燥处。其饮用方法，大致有下列几种：

1. 可可汁。将 55 克可可粉，白糖 250 克搅匀，加水 250 克烧开，移到微火约熬 5 分钟，即成可可汁，约 1 公斤。

2. 牛奶可可汁。将 250 克牛奶烧沸，加入可可汁 100 克，见开后倒入杯中即成。

3. 冷可可汁。将 50 克可可汁倒入玻璃杯中，加入冷牛奶 250 克，上放鲜奶油即成。

4. 冰淇淋可可汁。将 50 克可可汁浇在 100 克可可冰淇淋上即成。

5. 可可冰淇淋。将 50 克可可汁和 200 克冷牛奶搅匀，放入冰淇淋球，再放 25 克打制鲜奶油即成。

（四）可可饮料的种类

1. 可可

可可本品也叫可可汁，用可可粉加糖及水熬成的饮料，类似于咖啡的熬法。

2. 牛奶可可

牛奶可可是用牛奶加可可粉制成的饮料。现在通常是在可可之中加奶油。

3. 咖啡可可

咖啡可可是可可汁中加入适量咖啡混合而成的饮料。

4. 可可冰淇淋

可可冰淇淋为冰淇淋上加可可汁制成的冷饮。

第六节　非酒精饮料

非酒精饮料(Non - aloohoilic Drink)又叫软饮抖(Soft drink)，是指不含酒精或酒精含量在0.5%以下的饮品。绝大多数软饮料均不含有任何酒精成分，极少数软饮料含有微量酒精，其作用是调剂饮品的风味。

世界软饮料的分类并不统一，但总的包括四大品类，即:碳酸饮料、果汁饮料、矿泉水和其他类型饮料。

一、碳酸饮料

碳酸饮料(Carbonated Beverage)又称汽水(Aerated Water)，是指加工时，在低温、低压条件下，充入二氧化碳，使二氧化碳气体溶于饮料之中。

碳酸饮料源于18世纪末的天然含气的矿泉水，以后这种带气体的矿泉水被加入了糖、香味剂等原料。19世纪30年代，人造碳酸水开始出现，并制成有柠檬、草莓、香草等香型的碳酸饮料。随着世界饮料工业的发展，碳酸被广泛应用于饮料的制造。19世纪末，可口可乐饮料开始出现，使碳酸型饮料成为世界软饮料市场上最大宗的产品。

(一) 碳酸饮料分类

碳酸饮料可按其原料不同分成:可乐型、果汁型、果味型和苏打水等几种类型。

1. 可乐型碳酸饮料

可乐型碳酸饮料简称可乐型汽水或可乐，是用可乐果、柠檬酸、糖、焦糖色及香料等原料调制而成的一种饮料。其色为黑褐色，无沉淀，酸甜适口，风味独特。世界著名的品牌有可口可乐和百事可乐。

2. 果汁型碳酸饮料

果汁型是指原果汁含量不低于2.5%的碳酸饮料。分清汁型和浑汁型两类。前者澄清透明，无沉淀;后者浑浊度均匀。如橘子汽水、菠萝汁汽水等。

3. 果味型碳酸饮料

果味型是指以食用香精为主要赋香剂，原果汁含量低于2.5%的碳酸饮料。如柠檬汽水、橙汁汽水等。

4. 苏打水

苏打水是用苏打为原料制成的纯碳酸饮料，不含有任何其他香味剂和糖分，可直接饮用。苏打水又是调制各种含气体饮料的必备原料。

(二)碳酸饮料的特点

碳酸饮料中含有丰富的二氧化碳，饮用时，饮料在体内升温并降压，饮料逸出二氧化碳气体，伴随吸热反应，使人感到凉爽，因此碳酸饮料有清凉解暑的功能。此外，碳酸气体能增强饮料的风味，饮用碳酸饮料时有舒适的杀口感。在调制鸡尾酒时,适当运用碳酸饮料,能使调出的混合酒更富有特色而更具吸引力。

(三) 世界著名碳酸饮料

世界上各种碳酸饮料的种类和品牌数以万计,其中最流行的品种首推可乐型饮料,而最著名的品牌是美国生产的可口可乐和百事可乐。此外,其他流行的碳酸饮料还有姜汁啤酒、汤力水及苏打水。

1. 可口可乐(Coca - Cola 或简称 Coke)

可口可乐是美国可口可乐公司生产的世界最著名的碳酸饮料之一。该饮料以可乐果为香料,用碳酸、糖、焦糖色、磷酸、精滤水等原料配制而成,其精确的配方至今秘不外传。

可乐(Cola),又译成"可拉",属梧桐科小乔木,树高 4 ~ 7 米(m),原产非洲西部热带地区,生长于 800 米以下的低海拔地带。其果实内的种籽含有可可碱和咖啡碱,可做为药用,是一种神经兴奋剂,嚼食可乐果,可以消除疲劳。风靡世界的可乐型饮料就是用这种果实的种籽为主要原料制成的。

1886 年的一天,一位顾客在美国亚特兰大市的一间药房买头痛药水,碰巧药房里的蒸馏水用完了,药剂师彭伯顿(Dr. John Smyth Pemberton)顺手将可乐果溶液兑入头痛糖浆药水里面,并试尝了一口,味道出乎意料的好。这样,原想配制药水,却无意中发现了一种新型的饮料。1893 年,彭伯顿正式成立于可口可乐公司,但他经营无方,一年后即转让给另一位药剂师坎德勒(Dr. AsaG. Candler)。坎德勒接手后大做广告宣传,引起人们极大的兴趣。1900 年前后,可口可乐这种饮料已行销美国各地,并开始进入国际市场。到了 20 世纪 80 年代末,可口可乐已占有美国软饮料市场的 63%,成为美国第五大国际性公司,亦是全球最大的饮料公司。据统计,现在可口可乐公司平均每天生产 2.65 亿听(355 毫升装)可乐饮料,居世界各种饮料产量之冠。可口可乐公司的股票已超过 600 亿美元,1992 年营业额高达 180.74 亿美元,利润达 16.4 亿美元,1994 年净收入超过 25 亿美元。1994 年亚洲权威性杂志《远东经济评论》将可口可乐公司列为亚洲最大的 200 家国际性公司中的"最佳亚洲企业"。

早在 1927 年,可口可乐公司已在我国上海、天津分别建厂生产。1933 年,上海可口可乐装瓶厂,已成为当时美国在境外最大的可口可乐装瓶厂。时隔 52 年即 1979 年,可口可乐公司乘我国改革开放之机,再度捷足先登,把公司的产品投放中国市场。1981 年,可口可乐公司在北京建立了装瓶厂。此后,该公司先后在我国各大、中城市投资建立了 18 个装瓶厂及 2 个配制浓缩液工厂。根据公司的计划,还将在我国建成 10 个生产工厂。可口可乐公司通过各种广告媒介及营销活动,至今已经抢占了 15% 的中国软饮料市场。仅 1993 年,就在中国销售了 100 万箱可口可乐饮料,约合 4800 万瓶(听)。

2. 百事可乐(Pepsi - Cola)

百事可乐是由美国百事可乐公司生产的可乐型碳酸饮料，其配方及口味与可口可乐相似，但略有不同，至今其配方从未对外披露。百事可乐创制于 1898 年，是美国北卡罗来纳州纽伯恩市（New Bern，North Carolina）的一位药剂师凯莱布·布雷德哈姆（Caleb Bradham）根据可口可乐的配方仿制而成。最初他把这种饮料称为"布雷德饮料"（Brad，s Drink），并在他所在地销售，1903 年改名为 Pepsi - Cola（以后，中文商业名称定为"百事可乐"），1904 年正式建厂投产，3 年之后，百事可乐已拥有 40 个经销点。百事可乐公司经过近百年的发展，已成为美国一家声名显赫的饮料公司和国际性集团公司，其系列产品行销世界 165 个国家和地区，其中百事可乐在世界 40 个国家的销售量名列前茅。据统计，该公司 1981 年销售 11 亿箱可乐饮料，在国际市场上与可口可乐相抗衡。

百事可乐公司于 1982 年进入我国市场，并先后建立了十几家合资饮料厂，在我国软饮料市场上占了 8% 以上的销售量。

3. 姜汁啤酒

调味而成的碳酸饮料，故又称为姜汁汽水。该饮料 19 世纪初流行于英国，而后是美国，以后逐渐流传到世界各地。其口味略带姜汁辛香味道，无色透明，口感甜润，富有碳酸气体，是一种清凉、助消化、增进食欲的饮料。常用来单饮，或做为调制鸡尾酒的辅料。

4. 汤力水（Tonic Water）

汤力水，又叫奎宁水，是用奎宁（quinine）和柠檬调制而成的碳酸饮料。奎宁是从金鸡纳树的树皮提炼出来的，味苦且浓烈，多用于治疗疟疾。因此汤力水具有一定的药物功效，而且有消暑、开胃的功能，被视为保健佳品。汤力水苦中带甜，无色透明，碳酸气体充足，可用于单饮或做为调制鸡尾酒的辅料。

5. 其他碳酸饮料

其他流行碳酸饮料还有：

Sprite 雪碧（美国，柠檬风味）

7 - Up 七喜（美国，柠檬风味）

Soda Water 苏打水（略带咸味的纯碳酸饮料）

Fanta 芬达（美国，橙味）

（四）碳酸饮料的饮用方法与服务要求

饮用碳酸饮料一律要冰镇，或兑入冰块。可用水杯或果汁杯上桌服务。斟倒之前，应尽量减少摇晃饮料瓶，斟倒时应放慢速度，可分两次斟倒，以免泡沫溢出。成品碳酸饮料保质期可长达一年以上，因此可在常温下避光保存或冷藏储存。

二、果汁饮料

以各种水果为原料，经选果、清洗、榨汁、过滤、杀菌等工序，并加入适量的水、糖、香精、色素或其他添加剂，制成的浓缩或稀释的饮料统称为果汁饮料。果汁饮料是软饮料工业中最大宗的产品之一。

（一）果汁饮料的分类

1. 按制作方法分类

(1)浓缩果汁

浓缩果汁是用新鲜水果榨汁后加以浓缩的，即用物理方法除去原果汁中的水分，含有100%原果汁并具有该种水果原汁应有特征的制品。不加糖、色素、防腐剂、香料，但需冷冻保存，以防变质。这种浓缩液可做为果汁饮料的基本原料，亦可加水稀释直接饮用。

(2)稀释果汁

稀释果汁是用天然果汁加糖、水、柠檬酸及其他原料，调至适宜的酸甜度，最后装瓶。其原果汁含量不少于10%，有清汁和浑汁之分。含有两种以上的原果汁者，称为什锦果汁。市面上销售的各种软包装果汁饮料，多属于这种类型。

(3)果肉果汁

果肉果汁又叫“带果肉果汁”。果肉经打浆、粉碎后呈微粒化混悬液，再添加适量的糖、香料、酸味剂调制而成。一般要求原果浆含量45%以上，果肉细粒含量20%以上，并具有一定的稠度。“粒粒橙”即属此类饮料。

(4)发酵果汁

发酵果汁是在果汁中加入酵母进行发酵，得到含酒精量5%左右的发酵液。再将所得的发酵液添加适量的柠檬酸、糖、水，调配成酒精含量低于0.5%的软饮料。这种饮料具有鲜果的香味，又略带醇香的味道，常加入碳酸气体，使口感爽适，如苹果汽酒(cider)。

2. 按原料种类分类

按照原料种类，主要果汁饮料可分成下列12种类型。

(1)橙汁(OrangeJuice)

橙汁一般用甜橙(orange)为原料，经选果、榨汁、过滤、杀菌制成100%原汁，然后用这种原汁加工成各种橙汁饮料(orange beverages)，如橘子水(orangeade)就是用30%左右的橙汁，加水、糖、香料等调制而成。橙汁是一种历史最早、最普遍的饮料，其汁液酸甜，气味芳香，是软饮料工业中一种重要的原料。目前，世界上许多国家均有生产，其中美国和澳大利亚是世界最大的生产国。

(2)苹果汁(Apple Juice)

苹果(apple)原产于我国，已有4000多年的食用历史。用苹果制成苹果汁饮料则是世界近代工业的产物。常用不同品种的苹果制成混合果汁，然后再加工、过滤、澄清、杀菌制成清汁。苹果汁口味甜润，是国外一种流行的软饮料，主要生产国和消费国集中在欧洲及北美。

(3)柠檬汁(Lemon Juice)

柠檬(Lemon)原产于印度，后传到欧洲、北美，我国从宋代开始种植。

柠檬经压榨后制成柠檬汁，呈灰白色，香气浓郁，口味极酸，可用于制造各种柠檬饮料。柠檬水（1emonade）即由柠檬汁加水和糖制成的一种柠檬饮料。

（4）草莓汁（Strawberry Juice）

草莓（strawberry）原产于我国，古称“莓”，现世界许多国家均有种植。草莓汁系选用八九成熟的新鲜草莓，摘除果柄，洗净沥水后，经预煮、榨汁、过滤、杀菌等工序制成。其汁液呈紫红色或红色，口味酸甜，具有草莓的芳香风味。

（5）菠萝汁（Pineapple Juice）

菠萝（pineapple）亦称凤梨，原产于巴西，现广泛种植于热带地区，菠萝汁系由菠萝鲜果去皮、榨汁制成的一种饮料。其汁液呈金黄色，香气浓郁，口味酸甜。因菠萝汁含有脂溶性的胡萝卜素，常制成含细小果粒的混悬液，其果汁较浓稠。

（6）荔枝汁（Lychee Juice）

荔枝古称“丹荔”，其英文名称 lychee（或 lichee）来自中文的译音。原产于我国，以福建、广东两省出产最多，已有两千多年的栽培历史。荔枝汁是由鲜荔枝的果肉打浆、脱气、杀菌、均质等工序制成。其汁液呈灰白色，具有浓郁的荔枝香气和独特的风味。荔枝汁饮料是我国独特的一种软饮料。

（7）猕猴桃汁（Kiwi Fruit Juice）

猕猴桃原产于我国，故又称为“中华猕猴桃”（Chinese Gooseberry），新西兰大量种植这种水果，并称之为“Kiwi Fruit”。猕猴桃汁是选用成熟的猕猴桃果实，经破碎、榨汁加工而成的。其汁液微带绿色，气味清香，口味酸甜，维生素 C 含量比柑橘高出十几倍。

（8）葡萄汁（Grape Juice）

葡萄（grape）原产于亚洲西部和非洲北部。葡萄汁系由成熟的葡萄鲜果经破碎、榨汁加工而成，有清汁和浑汁之分，其汁液又有白色与红色之别，口味酸甜，具有葡萄鲜果的香味。

（9）黑加仑汁（Blackcurrant Juice）

黑加仑果汁系用“黑茶藨子”（blackcurrant）这种果实经打浆、过滤加工制成。其汁液呈紫黑色，口味酸甜，有独特的香味，富含维生素，具有较高的营养价值。欧洲及北美盛产这种果实，并利用它制成各种饮料。

（10）葡萄柚汁（Grapefruit Juice）

葡萄柚（grapefruit）俗称“西柚”，为酸橙的变种，果皮黄色，果 肉白、黄或深红，皮厚，汁酸；主产于美国的佛罗里达州。葡萄柚汁即由这种果实榨汁加工而成。其汁液呈淡黄色，气味清香，口味酸涩，略带苦味。

（11）莱姆汁（Lime Juice）

莱姆的英文名称“Lime”，源自阿拉伯文，公元 1638 年始出现英文名称。莱姆是一种类似柠檬的果实，但形状比柠檬圆，表皮呈绿色，故又被称为“青柠”。莱姆经榨汁加工制成莱姆汁，酸味强烈，多做为西餐的调味剂或调制鸡尾酒的辅助材料。

(12)其他果汁

杨桃汁	Carambola Juice
杨梅汁	Red Bayberry Juice
椰子汁	Coconut Juice
甘蔗汁	Sugarcane Juice
西瓜汁	Watermelon Juice
西番莲汁	Passion Fruit Juice
梨　汁	Pear Juice
山楂汁	Haw Juice
芒果汁	Mango Juice
橄榄汁	Olive Juice

(二) 果汁饮料的特点

果汁饮料色、香、味俱全。各种果汁颜色不尽相同，但色泽艳丽;香气浓郁优雅;多数口味酸中带甜。果汁饮料富含维生素。各种果汁饮料中都含有许多种人体必需的维生素，其中含量最丰富的是维生素 C。维生素 C 具有增加人体对各种疾病的抵抗能力的功用，因此常饮果汁饮料对人的身体健康大有益处。

果汁饮料中还不同程度地含有钾、钠、镁、钙、磷、铁等人体生长发育所需的矿物质及微量的蛋白质、脂肪、氨基酸等。所有的果汁饮料都呈酸性。赋予果汁饮料这种酸性的物质是果汁中所特有的有机酸。有机酸能帮助人体维持酸碱平衡，促进胃肠道消化液的分泌，具有开胃健脾、增加食欲的功能。果汁饮料容易酸败变质。未经杀菌处理或添加防腐剂的果汁必需冷冻保存。果汁饮料可以和蒸馏酒、利口酒类混合，调成鸡尾酒。

(三) 鲜榨果(蔬)汁服务

1. 压榨法

对于含汁液较多的水果通常利用榨汁器来挤榨果汁，常用的水果有橘、橙、柠檬等。对于纤维较多且较粗的蔬菜只需取汁，如芹菜、胡萝卜等，用切搅机切碎后，用纱布袋挤汁过滤。这些蔬菜水果在挤汁前应清洗干净，用热水浸泡后切开，用按压的方法挤出汁。

2. 切搅法

对于质地较坚硬但可饮用其肉汁的果蔬，如苹果、梨、胡萝卜，以及草莓、葡萄、西红柿、藕等，用高速的搅拌机切碎取汁。使用这种方法应在榨汁前将原料洗净，切成小块，大约 5 厘米左右。这类果蔬所切搅出来的汁全部能饮用。

必须注意的是,果汁开罐后保鲜时间很短，一般地，放至冰箱中的浓缩果汁可以保存 10 ~ 15 天，非浓缩果汁可以保存 3 ~ 5 天，稀释后的浓缩果汁约能保存 2 天，鲜榨的果汁可以保鲜 24 小时，隔天的鲜榨果汁不能饮用。应尽量做到用多少兑多少，以免浪费。

3.果(蔬)汁饮料的饮用方法

果汁饮用时需先放入冰箱中冷藏，最佳饮用温度为10℃，用果汁杯或高杯斟至85%，不需要加冰块。饮用番茄汁时需加1片柠檬，以增加香味。

4.果(蔬)汁饮料操做实例

(1)单一果汁。

①番茄汁

原料:西红柿1个,盐少许。

制法:将西红柿用开水浸泡片刻,去皮，然后搅碎，用纱布过滤。挤汁后，加盐或冰块搅拌，倒入玻璃杯中即可。

②苹果汁

原料:苹果1个,柠檬汁1餐匙,芹菜2根,红葡萄酒少许。

制法:苹果去皮切碎块，芹菜切小段，用果汁机搅碎，然后过滤汁。加冰、柠檬汁和少许红葡萄酒，倒入用玻璃杯即可。

③香蕉汁

原料:香蕉1根，牛奶0.5杯，砂糖1茶匙,碎冰适量。

制法:将香蕉、牛奶和砂糖入搅拌器中搅匀，然后在玻璃杯中放入碎冰，将搅匀的饮料倒入杯中。

④柚子汁

原料:柚子0.5个,糖1茶匙,碎冰适量。

制法:将柚子果肉放入搅拌机中搅拌成汁，加入糖，将搅匀的果汁倒入装有碎冰的玻璃杯中。

⑤草莓汁

原料:鲜草莓0.5杯,蜂蜜1茶匙,柠檬汁1餐匙,碎冰半杯。

制法:将草莓、柠檬汁、蜂蜜以及碎冰原料倒入搅拌器中搅拌成汁后，倒入玻璃杯中即可。

⑥橙汁

原料:鲜橙2个,碎冰适量。

制法:将鲜橙切成两半后，将半个在挤汁器上挤汁后过滤到杯中，加入碎冰或将鲜橙去皮后放入果汁机中搅匀，倒入加有碎冰的杯中即可。

⑦胡萝卜汁

原料:胡萝卜2根,柠檬汁1茶匙,苹果1个,蜂蜜0.5盎司,碎冰半杯。

制法:将胡萝卜、苹果洗净后去皮，切成小块后和其他原料一次放入果汁机中搅拌均匀，过滤到装有碎冰的玻璃杯中。

(2)混合果汁。

①西瓜柠檬汁

原料:西瓜1个,砂糖4茶匙,柠檬1个,红葡萄酒半杯。

制法:柠檬挤汁，西瓜瓤用搅拌机打碎成汁，将柠檬汁、砂糖、红葡萄酒加入混合，然后装入西瓜篮或玻璃容器中，加入碎冰块。

②桃子柠檬汁

原料：桃1个(去皮去核)，砂糖4茶匙，水1杯，柠檬半个。

制法：将桃去皮去核切成小块和砂糖放入搅拌机中搅碎，然后加入柠檬汁和冰块，放入玻璃杯中。

③什锦果汁

原料：多种时令水果适量，水1杯，糖2茶匙，柠檬汁2茶匙。

制法：用搅拌器把水果加水搅碎，然后加入糖、柠檬汁混合，加入碎冰后，放入玻璃杯中。

④芹菜苹果汁

原料：芹菜200克，柠檬半个。

制法：将芹菜洗净切成小段，苹果、柠檬洗净后去皮，一起放入果汁机中搅碎，然后过滤到加入碎冰的杯中饮用。根据客人的口味，也可将糖换成盐，用量要少。

(四) 果汁饮料的饮用方法与服务要求

果汁饮料一律冰镇，并可加入冰块。可用果汁杯、水杯或高身杯上桌服务，采用高身杯时，应附上吸管。浓缩果汁要按比例加入冰水进行稀释，调配方法是先倒入一定量的浓缩液，再加入冰水、冰块至八分满杯为宜，并适当搅拌均匀。混汁饮料一般会产生沉淀现象，斟倒之前，应先摇匀。没加防腐剂的浓缩果汁可按每天的用量，提前将浓缩汁从冷冻室移到冷藏柜备用。

三、矿泉水饮料

矿泉水(Mineral Water)是指具有一定矿化度和特殊成分的天然的或人工的净水。自20世纪70年代以来，西方国家的矿泉水已风靡市场。一些工业化国家的城市，因饮用水受到严重污染，矿泉水成为人们日常的饮料，其产量和消费量已大大超过了水果汁、汽水类及其他清凉饮料。法国是世界上最大的矿泉水生产国和消费国，年产量达60亿升以上，每年约有20亿升的产品外销。

法国年均人消费量为103升以上，德国为82升，意大利为78升，美国为24升。

(一) 矿泉水的分类

从国内外矿泉水的生产状况来看，矿泉水可分为天然和人造两大类。

1. 天然矿泉水

天然矿泉水是取自自然涌出地表，或通过人工钻孔的方法引出的地下水。这种矿泉水常以产地命名，并在矿泉所在地直接包装。由于受产地地质结构和水文状况的影响，这种水在矿物质成分的含量上差别很大，因此它们的生物效应也不尽相同。

2. 人造矿泉水

把普通的饮用水经过净化、矿化、除菌等过程加工而成的水属人造矿泉水。人造矿泉水所含的成分可通过人为的选择来调整，并使其成分能保持相对的稳定。人造矿泉水的生产可以不受地区及其他自然因素的影响，是矿泉水生产的方向。

（二）矿泉水的特点

天然矿泉水是一种极少受到污染的优质水。矿泉水多数处于远离城市的山地，水源引自地下的深层部位，并经过长距离各种地质层的过滤，因此，其水质质量高于任何一种水源。矿泉水含有钾、钠、钙、镁等常量元素以及锌、铁、锰、硒等10多种微量元素，在通常情况下，其化学成分稳定，因此饮用这种水具有一定的医疗保健价值。矿泉水是制造各种饮料的优质水，是饮料工业中至为关键的原料。

（三）世界著名矿泉水

世界各地均有丰富的矿泉水源，国外著名的矿泉水首推法国的“巴黎”(Perrier)天然气泡矿泉水。

1. 巴黎矿泉水(Perrier)

“Perrier”音译为“佩利雅”，商业上以“巴黎”二字谐音定名。该矿泉水位于法国南部，公元前218年由汉尼巴尔先生(Hannibal)首先发现。至1863年，拿破仑三世下令将该矿泉水开发生产，后来英国人哈姆斯沃思(St. JohnHarmsworth)试饮该泉水后称之为“水中香槟”，他于1903年斥巨资购入整个矿泉水的业权，并以他的好友Perrier博士的名字做为该矿泉水产品的名称。

“巴黎”矿泉水含有天然的碳酸气体，不含任何人工添加成分，装瓶前均经过双重过滤，并受到法国政府的严格质量监督，因此在世界同类产品中享有很高的声誉。

2. 维希矿泉水(Vichy - Celestins)

维希矿泉水产于法国中央高原著名旅游胜地维希(Vichy)地区，该区有多处矿泉水，而Celestins是惟一可以喝的矿泉水，其他矿泉水因药性重，无法随意多喝。维希矿泉水风味独特，产品质量优秀，年产量高达8000万瓶，深受消费者欢迎。

3. 埃维昂矿泉水(Evian)

埃维昂矿泉水又译为“依云”矿泉水，产于法国东南部地区的埃维昂莱班镇(Evian - Les - Bains)，是一种不发泡的纯净矿泉水。该矿泉水口感柔顺，略带甜味，很有特色。其他法国著名矿泉水还有:产于诺曼底的“甘露”矿泉水(Pierval)、孚日山脉地区的“伟图”矿泉水(Vittel)。

4. 阿波林娜利斯矿泉水(Apollinaris)

阿波林娜利斯矿泉水产于德国的莱茵地区(Rhineland)。该矿泉水开发历史悠久，是世界上最老牌的矿泉水之一。含有天然的碳酸气体，口味纯净，没有异味，纯饮或调制混合饮料都很适宜。

5. 圣佩拉格林诺矿泉水(San - PelleGrino)

圣佩拉格林诺矿泉水产于意大利，含有天然碳酸气，水质甘洌，富含矿物质成分。

6. 加希克雷斯波矿泉水（Garci－Crespo）

这是墨西哥最著名的、规模最大的矿泉水产区生产的品牌。含有多种矿物质，但没有强烈的矿物质味道，而且含有少量的天然碳酸气体。

（四）矿泉水的饮用方法与服务要求

矿泉水一律冰镇，一般不加冰块，可用高脚矿泉水杯或果汁杯上桌服务。饮用矿泉水时可调入少许莱姆汁（LimeJuice）或柠檬片，以增加风味。

矿泉水可做为调制混合饮料的稀释液。矿泉水应在保质期内使用，冷藏储存为宜。

四、其他类型饮料

随着世界饮料工业的发展和市场需求的变化，新型饮料不断应运而生。除传统的碳酸型、果汁型饮料及矿泉水外，新发展起来的饮料有花粉饮料、运动饮料、乳酸饮料、植物蛋白饮料和蔬菜汁饮料。兹将这几种新型饮料简介如下。

（一）花粉饮料

以植物花粉为原料，经脱腥、提炼，配以蜂蜜、糖及其他调味剂等制成的饮料叫花粉饮料。主要产品种类有：花粉汽水、花粉汽酒、花粉口服液及花粉晶等。花粉饮料的色、香、味均具有花粉的特征，富含蛋白质、多种氨基酸、维生素及有益人体健康的微量元素，是一种良好的天然保健饮料。

（二）运动饮料

根据运动生理学的原理而设计制造的饮料叫运动饮料。运动员在训练和比赛中，由于机体代谢增强，体能和水分大量消耗，因此，需要及时补充各种能量和水分。20 世纪 60 年代，以单糖、电解质和维生素为主要成分配制而成的“等渗饮料”，即为运动饮料的主导产品。该种饮料具有与人体体液渗透压相等的特点，饮用后能被人体迅速吸收，达到快速补充能量和水分的目的。

（三）乳酸饮料

以鲜乳、乳制品或大豆为原料，经乳酸菌或酵母发酵后，添加糖类、食用香精等配料制成的液状或糊状的制品，称为乳酸饮料。乳酸饮料具有营养价值高，容易被人体所吸收的优点。

（四）植物蛋白饮料

以大豆、花生、杏仁等高蛋白质的植物原料，添加一定比例的水，经研磨、去渣、杀菌等工序制成的饮料，称为植物蛋白饮料。主要品种有花生乳、纯豆乳、杏仁奶及调制豆乳等。植物蛋白饮料风味清雅，口感滑润，营养丰富，容易被人体所吸收。

（五）蔬菜汁饮料

以新鲜蔬菜为原料制取的汁液，或以蔬菜为原料加工经压榨发酵后所得的汁液，再添加食盐或糖等配料调制而成的制品，统称蔬菜汁饮料。最常见的蔬菜汁饮料有番茄汁、黄瓜汁和胡萝卜汁以及芹菜汁、甘蓝汁等。未经发酵的蔬菜汁饮料具有原汁、原味、原色的特点，而且营养价值高，物美价廉，深受消费者的欢迎。

本章小结

本章主要阐述了中外蒸馏酒、酿造酒、配制酒的特点、制造工艺及生产原料。对其中代表酒种的著名品牌进行了介绍。并对鸡尾酒的定义、由来、特点及分类进行了概述。此外，本章还简单地介绍了茶叶咖啡、可可等非酒精性饮料的有关情况。

复习思考题

1. 世界有哪些著名蒸馏酒品种？它们各有何特点？
2. 我国白酒的香型有哪些？写出各自的代表酒名及产地。
3. 啤酒如何分类？各自特点如何？
4. 黄酒是如何酿制的？有哪些名品？
5. 举例说明白兰地的商标含义、酒龄与品质特点的关系。
6. 分别介绍威士忌、金酒的特点及主要品牌。
7. 举出兰姆酒的主要产地及著名品牌。
8. 特吉拉酒在饮用上有什么独到之处？
9. 葡萄酒的种类有哪些？其如何储存和鉴别？
10. 雪莉酒是种什么酒？它有哪些特点？
11. 什么是软饮料？软饮料的种类及品名？酒吧常见的软饮料的混合方法有哪些？
12. 咖啡的特点是什么？世界名品咖啡有哪些？酒吧常见的咖啡饮品的调兑方法有哪些？
13. 茶的特点及分类是怎样的？泡茶的五要素是什么？如何冲泡绿茶、红茶、乌龙茶和花茶？
14. 非酒精性饮料有哪些种类？各自特点是什么？

第二章 酒品调制

● **课前导读**

鸡尾酒是一种艺术酒，它以迷人的梦幻色彩出现在人们的面前，往往被蒙上了一层神秘的面纱。我们揭开这层面纱，让你看到一个色彩斑斓的鸡尾酒世界。目前世界上流行的鸡尾酒的种类有4000多种，而且仍在不断地出现新的品种。本章着重介绍调酒的用具和常用的调酒方法。

● **本章要点**

1. 常用调酒器具。
2. 常用各式载杯。
3. 鸡尾酒的原料。
4. 鸡尾酒的调制方法。
5. 调制鸡尾酒的注意事项。
6. 调制鸡尾酒的术语。
7. 经典鸡尾酒的配方。

第一节 调酒用具

调制鸡尾酒需要各种专用器具，这些器具不仅使调酒操作顺利进行，而且能让调酒者的技术充分发挥出来。精美的器具也给人以美的享受，是调酒文化艺术的一部分。现将常用的调酒器具及其用品介绍如下。

一、常用调酒器具

1. 开瓶器(Corkscrew)。用于开启各式带软木塞的酒瓶和其他酒瓶、罐头瓶等。

2. 调酒壶(Shaker)。又叫摇酒器，多为不锈钢制品，用于鸡尾酒的调制。调酒壶由壶盖、滤冰盖和壶身三个部分组成。有大、中、小三个规格，容量分别为530毫升、350毫升和250毫升。

3. 调酒杯(Mixing Glass)。调制鸡尾酒和饮料的容器。将易于混合的鸡尾酒材料放入调酒杯中，经勾兑和搅拌制成混合饮品，多为平底玻璃杯，用于鸡尾酒的调制。

4. 滤冰器(Strainer)。调制酒水后，过滤冰块或其他配料的工具。

5. 量杯(Jigger)。又称盎司杯，是酒吧中最主要的量酒工具。通常，它由金属制作，分上下两部分，每一个部分分别可以计量不同的容量。有三个规格:15 毫升和30 毫升、30 毫升和45 毫升、30 毫升和60 毫升，最常见的为30 毫升和45 毫升。

6. 调酒匙(Bar Spoon)。又称吧匙，多为不锈钢制品，用于搅拌、混合或量取材料。一端为勺，有量取物品和搅拌功能;另一端为叉，可叉取水果;中间部分呈螺旋状。

7. 调酒棒(Stirrer)。用于引流、混合，可作为调酒员的搅拌工具，也可插在载杯中供客人自行搅拌。

8. 搅拌器(Electronic blender)。用于制作果汁或搅拌。

9. 冰夹(Ice Tongs)。用于夹取冰块。

10. 冰锥(Ice Awl)。用于分离冰桶中冰块和破碎冰块的工具。

11. 冰桶(Ice Bucket)。用于盛装冰块，有玻璃制品和不锈钢制品两种。

12. 压汁器(Juice Squeezer)。挤压新鲜柠檬汁和橘子汁使用的工具。

13. 水果刀(Fruit Knife)。用于切削水果等鸡尾酒的装饰物。

14. 案板(Cutting Board)。用于切削各种水果等装饰物的板子，由无毒塑料制成。

15. 花签(cocktail Picks):串联樱桃及樱桃与柠檬或橙片等酒品装饰物的用具。这种串签实际上是牙签，只不过是经过装饰的牙签。

16. 吸管(Straw)。客人喝饮料用的塑料吸管。

17. 杯垫(Coaster)。为客人服务酒水时垫杯用的纸垫。

二、常用各式载杯

酒杯是酒吧服务和酒水营销的重要工具。由于酒的种类很多，风格各异，而且人们习惯上对不同酒精度和甜度酒品的饮用有着不同的酒具需求，因此，酒杯必须适应酒品的风格，表现酒品的特色。通常，酒吧对酒杯式样和容量的选择都很重视。下面是一些常用载杯的介绍。

(一)古典杯(Old - fashioned Glass)

又称为老式杯，也常称作洛克杯(Rocks)。这种杯子的杯身宽而短，是杯口大。杯壁厚的平底杯，适宜盛装加冰块的烈性酒和古典鸡尾酒。老式杯的容量常为5 ~8 盎司。老式杯是根据它盛装的鸡尾酒名称 Old Fashioned 意译而成。洛克杯是根据英文 Rock 的音译而成。英文 Rocks 的含义是任何不加水只加冰块的烈性酒饮品。此外，双倍容量的老式杯的容量可达390 毫升。

(二)高杯(Highball Glass)

高杯又称高身杯、直筒形平底杯，目前，已经有带脚的海波杯。海波是英文 High Ball 的音译，由此可见它是以盛装的酒名而命名的酒杯。海波杯还常常被人们称作高球杯、高杯，这是因为英文 High Ball 的含义是高球。海波杯的容量常为 6～10 盎司。海波杯有多种用途，不仅盛装海波这种鸡尾酒，还常常盛装其他混合酒品、饮料等。

（三）柯林斯杯（Collins）

柯林斯杯也常常称作高杯、考林斯杯，它是盛装一种鸡尾酒即名为 Collins 的平底杯。由于高杯的杯身形状常常是高而窄，因此称为高杯；而柯林斯杯是以它盛装的鸡尾酒名称音译而成。高杯的容量常为 10～12 盎司。用于各种烈酒加软饮料的混合饮料，各种汽水、矿泉水和特定的长饮类鸡尾酒。

（四）坦布勒杯（Tumbler）

坦布勒杯容量为 8～10 盎司，用于饮用长饮和软饮料。

（五）香槟杯

香槟酒杯是盛装香槟酒和以香槟酒为主要原料配制的鸡尾酒。它有三种形状：浅碟形、郁金香形和笛形。较常用的容量为 4～6 盎司。

1. 浅碟形香槟杯（Champagne Saucer），又称阔口香槟杯，杯口大、杯身浅的高脚杯，容量为 4.5 盎司，用于饮用香槟和部分鸡尾酒。

2. 郁金香形香槟杯（Champagne Tulip），又称新型香槟杯，细身高背玻璃杯，杯口部分狭小，气体不易逸出，容量为 4.5 盎司，适合于饮用香槟酒和部分鸡尾酒。

3. 笛形香槟杯（Champagne Flute），容量为 5～10 盎司，用于盛装香槟酒和部分鸡尾酒。

（六）白兰地杯（Brandy Snifter）

白兰地杯是专供饮用白兰地酒的杯子。它是高脚杯，杯口小，杯肚大，这样利于集中白兰地酒的香气，使饮酒人更好地欣赏酒的特色。白兰地杯有不同的容量，较常用的白兰地杯容量为 6 盎司。白兰地杯还常称为科涅克杯（Cognac）和斯尼夫特（Snifter）。由于科涅克这个著名的白兰地产地已成为优秀白兰地酒的代名词，因此，科涅克杯即是白兰地杯。英文 Snifter 的含义是“嗅杯”的意思，这是因为人们在饮用白兰地酒前，常常用鼻子嗅一嗅它的香气，因此，嗅杯就是白兰地杯。

（七）雪莉杯（Sherry Glass）

雪莉酒是增加了酒精度的葡萄酒，因此雪莉酒杯是容量较小的高脚杯，杯身为圆锥型。较常用的容量为 2～2.5 盎司。

（八）波特杯（Port Glass）

波特酒是增加了酒精度的葡萄酒，因此波特酒杯是容量较小的高脚杯，又称钵酒杯。其形状像红葡萄酒杯，只不过是缩小了的红葡萄酒杯。较常用的容量为 2～3 盎司。

（九）利口杯（Liqueur）

利口酒杯也称为甜酒杯、利久酒杯和考地亚杯（Cordial），是小型的高脚杯。它的容量常为 1～2 盎司。利口酒杯根据英文 Liqueur 音译而成。考地亚杯是根据英文 Cordial 音译而成。英文中 Liqueur 与 Cordial 是同义词，都表示利口酒、香甜酒或餐后酒。

(十)酸酒杯(Sour Glass)

容量为 4 盎司左右，用于酸类鸡尾酒和部分短饮鸡尾酒。

(十一)吉格杯(Jiggle Glass)

又称净饮杯或威士忌杯，多为玻璃制品，杯身呈直筒形，容量为 1 盎司或 1.5 盎司，用于各种烈性酒如威士忌等酒的净饮。

(十二)啤酒杯

啤酒杯是盛装啤酒的杯子，它主要有两种类型:平底杯和带脚的杯子。常用的啤酒杯容量为 8 ~ 15 盎司。此外，还有带柄和不带柄的杯子。目前，啤酒杯的造型和名称愈来愈多。如：

1. 比尔森式啤酒杯(Pilsner)，容量为 6 ~ 10 盎司，用于啤酒的饮用。

2. 扎啤杯(Mug)，容量为 12 ~ 18 盎司，用于饮用生啤酒。

此外，还有高型啤酒杯（Tall Beer)、大型啤酒杯(Giant Beer)、带脚的啤酒杯(Footed Ale)等。

(十三)鸡尾酒杯(Cocktail Glass)

鸡尾酒杯杯身为圆锥形高脚杯，饮用时不用过度倾斜酒杯，它是盛装酒精度较高的短饮类鸡尾酒的杯子，其容量常为 3.5 盎司、4.5 盎司。

(十四)葡萄酒杯

1. 白葡萄酒杯(White Wine)

高脚杯，杯身较细而长，主要盛装白葡萄酒和以白葡萄酒为主要原料而制成的鸡尾酒，较常用的容量约 4 ~ 6 盎司。

2. 红葡萄酒杯(Red Wine Glass)

高脚杯，杯身比白葡萄酒杯宽而短，主要盛装红葡萄酒和以红葡萄酒为主要原料配制的鸡尾酒。较常用的容量为 4 ~ 6 盎司。

(十五)玛格丽特杯(Margarita)

玛格丽特杯容量为 7 ~ 9 盎司，用于盛装“玛格丽特”鸡尾酒或其他长饮类鸡尾酒。

(十六)飓风杯(Hurricane)

飓风杯又称为“特型杯”，容量为 22 ~ 23.5 盎司，多用于盛装热带风味的鸡尾酒。

(十七)爱尔兰咖啡杯(Irish Coffee)

爱尔兰咖啡杯容量为 6 ~ 12 盎司，用于盛装爱尔兰咖啡。

(十八)波克格兰迪杯(Poco Grande)

波克格兰迪杯杯肚大，杯身上部收缩，杯口外展，容量为 10 ~ 13 盎司，用于饮用长饮类鸡尾酒。

(十九)玛格丽特杯(Margrit)

玛格丽特是一种鸡尾酒的名称，它是以墨西哥生产的龙舌兰的原料制成的烈性酒(特吉拉)加上柠檬汁等混合而成。玛格丽特杯就是以它盛装的鸡尾酒名称而得名。这种酒杯是一种带有宽边或宽平台式的高脚杯，宽平台利于玛格丽特酒的装饰。玛格丽特杯通常的容量为5盎司、6盎司。

（二十）库勒杯（Cooler）

库勒杯是较大型的平底杯，它以盛装的鸡尾酒名称 Cooler 而命名，其常用容量是15盎司。

（二十一）水杯（Goblet）

这种杯是高脚水杯，用于盛装冰水和矿泉水，其容量常为10～12盎司。

（二十二）果汁杯（Juice）

果汁杯为平底杯，它与海波杯形状相同，但它的容量常常比海波杯略小一些或与小容量的海波杯相等，容量常为5～6盎司。

（二十三）热饮杯（Cup）

热饮杯是盛装热饮酒和热饮料的杯子，有带柄、平底杯和高脚杯两种形状，容量常为4～8盎司。

第二节　鸡尾酒原料

调制鸡尾酒的原料概括起来可分成三大类：基酒、辅料和装饰材料。

一、基酒

基酒是调制鸡尾酒的主体材料，决定鸡尾酒的口味和风格，通常为烈性酒，其含量不低于总量的一半，也可用葡萄酒、香槟酒、利口酒等作为基酒。基酒可以是一种酒，也可以由几种烈性酒混合而成。

调制短饮类鸡尾酒，其基酒的含量应不低于总量的一半，有些甚至超过总量的一半，达到75%，甚至更高；长饮类由于总量大，基酒的含量相对较低。常用基酒有如下几种：

（一）白兰地（Brandy）

白兰地由果酒蒸馏酿制而成。常用的作为基酒的白兰地品种有拿破仑 X. O. Courvoisier、轩尼诗 Hennessy、樱桃白兰地 Bardinei、苹果白兰地 Busnel、杏味白兰地 Cusenier 等。

（二）威士忌（Whisky）

威士忌是谷物蒸馏酒，常用的作为基酒的威士忌品种有：百龄坛12年陈酿 Ballantines、黑方12年陈酿 Black LabelL、四玫瑰 Four Roses、芝华士12年陈酿 Chivas Regal、威雀 The Famous Grouse、占边 Jim Beam、杰克丹尼 Jack Daniel's 、占美臣 Jamson 等。

（三）伏特加（Vodka）

伏特加是谷物蒸馏酒，常用的作为基酒的伏特加品种有：皇冠伏特加

SmirnOff、吉尔比伏特加 Gilbey′s、朱波洛夫卡 Zubrovka、首都伏特加(红牌)Stolichnaya。

(四)金酒(Gin)

金酒是以谷物为原料发酵、蒸馏后调香而成。常用的作为基酒的金酒品种有:哥顿金酒 Gordon′s 、比非特金酒 Beefeater、吉尔比金酒 Gilbey ′s、布诺茨 Burnett′s、邦贝 Bombay 等。

(五)兰姆酒(Rum)

兰姆酒是以甘蔗汁为原料的蒸馏酒。常用的作为基酒的兰姆酒品种有:百家得 Bacardi、龙里克 Ronrigo、哈瓦那俱乐部 Havana Club、克鲁巴兰姆 Coruba 等。

(六)特吉拉酒(Tequila)

特吉拉酒是以龙舌兰为原料的蒸馏酒。常用的作为基酒的特吉拉酒品种有:奥美加 Olmeca、银苏沙 Sauza、埃拉杜拉 El Jimador 等。

(七)利口酒(Liqueurs)

利口酒是调制鸡尾酒的一种重要基酒和辅料。利口酒品种很多,常用的酒品有:君度酒、薄荷酒、茴香酒、本尼狄克丁酒、修道院酒、樱桃利口酒、杜林标酒及甘露咖啡酒等。

二、辅料

辅料是鸡尾酒的调缓剂,可以衬托主体酒料的个性,增加鸡尾酒的色、香、味的功能。开胃酒和利口酒是最主要的辅料,另外可作为辅料的还有各种果汁、碳酸饮料、香料及其他软性饮品。

(一)开胃酒(Aperitifs)

开胃酒类中的"比打士"是最重要的调料酒,常用的品牌有:金巴利 Campari、杜本内 Douonnet 和安格斯杜拉 Angostura 等。

(二)利口酒类(Liqueurs)

1. 薄荷酒(Creme de Menthe),包括白薄荷酒和绿薄荷酒。
2. 库拉索酒(Curacao),蓝色库拉索酒(Blue Curacao)较常用。
3. 加利安诺(Galliano)。
4. 君度酒(Cointreau),是最常用的橙皮酒。
5. 杜林标(Drambuie)。
6. 甘露咖啡(Kahlua),是一种咖啡利口酒。
7. 茴香利口酒(Anisettes)。

(三)果汁(Fruit Juices)

在调制鸡尾酒过程中,果汁与基酒充分混合可以调缓烈酒的刺激性,使调制出来的鸡尾酒更加爽口,并能起到增加香味、调节酒液颜色的作用。常用果汁有如下几种。

1. 葡萄汁(Grape Juice)
2. 苹果汁(Apple Juice)

3. 西柚汁(Grapefruit Juice)

4. 柠檬汁(Lime Juice)

5. 菠萝汁(Pineapple Juice)

6. 橙汁(Orange Juice)

7. 西蕃莲果汁(Passion - fruit Juice)

8. 番茄汁(Tomato Juice)

9. 椰子汁(Coconut Juice)

10. 梨汁(Pear Juice)

11. 草莓汁(Strawbarry Juice)

12. 桃汁(Peach Juice)

13. 芒果汁(Mango Juice)

(四)碳酸饮料(Carbonated Beverages)

在调制鸡尾酒过程中，碳酸饮料能起到增强鸡尾酒的风味的作用。常用碳酸饮料如下。

1. 苏打水(Soda Water)，口味微咸，无色透明。

2. 汤力水(Tonic Water)，味略甜微苦，无色透明。

3. 姜汁汽水(Ginger Ale)，口味略甜，无色透明，微带姜味。

4. 七喜(Seven - Up)，口味甜爽，无色透明。

5. 雪碧(Sprite)，口味甜爽，无色透明。

6. 可乐(Cola)，口味甜，呈深褐色。

7. 矿泉水(Mineral Water)，带气泡或不带气泡矿泉水。

(五)香料类(Spices)

香料的主要功能是调节酒品的香气和味道，增加传统鸡尾酒配方的特色。

1. 肉豆蔻粉(Orated Nutmeg)，呈暗棕色，气味芳香而强烈，味辛而且微苦。

2. 丁香(C1ove)，呈浅红色，气味芳香微辛。

3. 肉桂(Cinnamon)，呈浅棕色，气味芳香，有刺激性甜味。

4. 胡椒粉(Pepper)，白胡椒粉呈淡黄色，黑胡椒粉则呈黑褐色，气味芳香。

5. 辣椒水(Tabasco Sauce)，味辣，颜色有红、绿两种。

6. 辣酱油(Worcestershire Sauce)，一种调味辣酱油，色泽呈深褐色，香味浓郁，味甜、酸、辣兼备。

(六)其他辅料(Other Mixing Aids)

1. 鲜牛奶(Fresh Milk)，应采用瓶装鲜奶，放冰箱冷藏保存。

2. 掼鲜奶(Whipped Cream)，又叫“鲜忌廉”，是一种经过加工的发泡奶油。

3. 鸡蛋(Egg)，应采用新鲜的蛋，放冰箱内备用。

4. 咖啡粉(Coffee)

5. 糖(Sugar)

6. 糖浆(Syrup)

(1)薄荷糖浆(Peppermint Syrup)

(2)红石榴糖浆(Grenadine Syrup)
(3)杏仁糖浆(Almond Syrup)
(4)砂糖浆(Cane Sugar Syrup)
(5)黑加仑糖浆(Cassis Syrup)
(6)草莓糖浆(Strawberry Syrup)

三、装饰材料(Garnishes)

装饰材料既可以增加酒品外观的色彩，又可以起到调味的作用。鸡尾酒的装饰是鸡尾酒包装的重要组成部分，其目的是突出鸡尾酒的造型，使其更加完美。

常用的鸡尾酒装饰材料有：

1. 红、绿樱桃
2. 青橄榄
3. 柠檬(柠檬角、柠檬片、柠檬皮等)
4. 薄荷叶
5. 黄瓜(黄瓜片、黄瓜皮等)
6. 菠萝片、菠萝块
7. 西芹棒
8. 橙(橙皮、橙角、橙片等)
9. 珍珠洋葱
10. 各式水果如菠萝、草莓、猕猴桃、葡萄柚、苹果等
11. 各种花式酒签

第三节　鸡尾酒的调制

准备好主料、配料、装饰物、调酒器和载杯之后，接下来就可以开始调制鸡尾酒了。鸡尾酒有四种基本调制方法：摇和法、调和法、兑和法和搅和法，形形色色的鸡尾酒都是用这四种方法调制出来的。

一、调制鸡尾酒的方法

(一)摇和法(Shake)

摇和法，又称为摇荡法，即将材料和冰放入调酒壶中，通过摇晃使材料相互混合均匀。

使用这种调制方法，能够使材料迅速混合，而且饮品温度较低，很多鸡尾酒都是用摇和法调制的。由于摇动使材料溶解了调酒壶中的空气，调制出的鸡尾酒口感更加柔和。此种方法适合于基酒为酒精度较高的鸡尾酒或有鸡蛋、奶类材料的鸡尾酒。

1. 器材

调酒壶、量杯、酒杯、滤冰器、冰夹。

2. 操作步骤

(1)将材料以量杯量出正确分量后，倒入打开的调酒壶中。

(2)以冰夹夹取冰块，放入调酒壶。

(3)盖好调酒壶后，用力摇匀。

(4)摇匀后即可滤酒，左手握调酒壶，右手打开壶盖，将酒滤入载杯。

3. 注意事项

(1)根据调制的酒量选择合适的调酒壶，通常调酒壶不能装得太满，要留有一定空间。

(2)不可加入带气的材料。

(3)摇壶有单手摇壶和双手摇壶两种手法，前者适用于中号和小号的调酒壶，后者适用于大号调酒壶。

(4)摇壶时，动作要快速、剧烈，有节奏。

(5)操作过程中动作要协调、大方，面部表情自然。

(6)严格把握摇壶的时间，一般当调酒壶外壁出现白霜即可停止。

4. 实例

调制红粉佳人(Pink Lady)

(二)调和法(Stir)

调和法，又称为搅拌法，即将材料和冰放入调酒杯，用调酒匙搅动均匀。使用这种调制方法可以原汁原味地保持材料的特殊风味。此种方法常用于不易用摇和法调制的有葡萄酒等材料的鸡尾酒。

1. 器材

调酒杯、调酒匙、量杯、滤冰器、载杯、冰夹。

2. 操作步骤

(1)将材料用量杯量出正确分量后，倒入调酒杯中。

(2)以冰夹夹取冰块，放入调酒杯中。

(3)用调酒匙在调酒杯中，前后来回搅三次，再正转两圈倒转两圈。

(4)移开调酒匙后加上滤冰器滤出冰块，再把酒液倒入载杯内。

3. 注意事项

(1)正确使用调酒匙。

(2)不要用手紧握调酒杯和滤冰器，以免手上的热量导入酒中。

(3)严格把握搅拌的时间，一般当调酒杯外壁出现白霜即可停止。

(4)酒液注入杯中时，要压住滤冰器，以免调酒杯中的物品全部倒入载杯中。

4. 实例

调制曼哈顿(Mahattan)

(三)兑和法(Bluid)

兑和法，又称为直调法、注入法，即不用调酒壶，也不用调酒杯，直接将材料注入鸡尾酒杯即可。

使用这种调酒方法的鸡尾酒的材料必须是非常容易混合的，较适合于带气材料。另外，此种方法常用于调制彩虹酒。

1. 器材

鸡尾酒杯、量杯、冰块、冰夹。

2. 操作步骤

(1)酒以量杯量出正确分量后，倒入鸡尾酒杯中。

(2)以冰夹夹取冰块，放入调酒杯中。

(3)倒入其他配料至满杯即可。

3. 注意事项

(1)调制时，比重大的先倒入，比重小的后倒入。

(2)倒入时，动作要轻，避免晃动。

(3)使材料顺着茶匙背、杯壁流入杯中。

(4)调制完成后不易久置。

4. 实例

调制彩虹酒(Pousse Cafe)

(四)搅和法(Blend)

搅和法，又称为搅拌法，即将材料放入酒吧搅拌器中打匀即可。这种方法常用于制作新鲜果汁或用于有固体材料的鸡尾酒的调制。

1. 器材

搅拌器、量杯、冰块、冰夹。

2. 操作步骤

(1)将酒类以量杯量出正确分量后，倒入搅拌器内。

(2)盖上搅拌器盖子，插上电源，启动搅拌器。

(3)将饮品倒入载杯。

3. 注意事项

(1)水果或冰块放入搅拌器前要切细。

(2)接通电源前要确认搅拌器的盖子是否盖严。

4. 实例

调制冰镇玛格丽特

二、调酒器具的使用

(一)调酒壶的使用

1. 单手摇壶

单手摇壶时用食指压住壶盖，其余四指顺握壶身，用腕力摇壶，摇壶时手从操作者腰部至头部划弧。

2. 双手摇壶

用右手大拇指抵住上盖，食指及小指夹住调酒壶，中指及无名指支撑壶身。左手无名指及中指托住调酒壶底部，食指及小指夹住调酒壶，大拇指夹住过滤盖。双手握紧调酒壶，手背抬高至肩膀，再用手腕来回摇动。

3. 花式摇壶

操作者将原料放入调酒壶后，可将调酒壶随意抛向空中或绕过身体抛接，姿势优美大方，极富美感。

(二) 调酒匙的使用

使用调酒匙时，应用右手的中指夹住调酒匙的螺旋状部分，其余手指顺握调酒匙。要将匙背紧贴杯壁，旋转时匙尖抵住杯底，注意不要接触冰块发出碰撞声，搅拌结束后，轻轻将匙背提起。

(三) 量杯的使用

通常使用量杯时应用拇指、食指和中指共同夹住量杯，而不能用手紧捏量杯，以防止手上的热量传导给酒水。

(四) 搅拌器的使用

使用搅拌器时，应该先把材料切细再放入搅拌器中。接通电源后，确认盖子是否盖紧，再开动机器。搅拌结束后，应先切断电源，待搅拌器完全停止转动后，再取出物品。

(五) 载杯的使用

通常载杯在使用前可以对其进行冰镇处理，即溜杯。将适量冰块放入杯中，手握杯脚或杯的底部，轻轻旋转杯子，让冰块在杯壁上滑动，手感到凉意即可。

三、调酒的规范动作及程序

(一) 传瓶→示瓶→开瓶→量酒

1. 传瓶。把酒瓶从酒柜或操作台上传到手中的过程。传瓶一般有从左手传到右手或从下方传到上方两种情形。用左手拿瓶颈部传到右手上，用右手拿住瓶的中间部位；或直接用右手从瓶的颈部上提至瓶中间部位。要求动作快、稳。

2. 示瓶。把酒瓶展示给客人。用左手托住瓶底部，右手拿住瓶颈部，呈45°角把商标面向客人。传瓶到示瓶是一个连贯的动作。

3. 开瓶。用右手拿住瓶身，左手中指逆时针方向向外拉酒瓶盖，用力得当时可一次拉开。并用左手虎口即拇指和食指夹起瓶盖。开瓶是在酒吧没有专用倒酒器时使用的方法。

4. 量酒。开瓶后立即用左手的中指、食指与无名指夹起量杯(根据需要选择量杯大小)，两臂略微抬起呈环抱状，把量杯放在靠近容器的正前上方约一寸处，量杯要端平。然后右手将酒倒入量杯，倒满后收瓶，左手同时将酒倒进所用的容器中。放下量杯，用左手将夹着的瓶盖盖上，拇指顺时针方向将瓶盖盖紧，然后用右手将酒瓶放回原位置。

(二)握杯、溜杯、温烫

1. 握杯。古典杯、海波杯、哥连士等平底杯应用指尖部握住杯子底部，切忌用手掌拿杯口。高脚杯应拿细柄部。在饮用白兰地时，应该用手掌握住杯身，通过手传热使其芳香溢出。

2. 溜杯。将酒杯冷却后用来盛酒。通常有以下几种情况：

(1)冰镇酒杯:将酒杯放在冰箱内冰镇。

(2)放入上霜机:将酒杯放在上霜机内上霜。

(3)加冰块:在杯中加冰块冰镇。

(4)溜杯:杯中加冰块使其快速旋转至冷却。

3. 温烫。将酒杯烫热后用来盛饮料。

(5)火烤:用蜡烛来烤杯，使其变热。

(6)燃烧:将高酒精烈酒放入杯中燃烧，至酒杯发热。

(7)水烫:用热水将杯烫热。

(三)搅拌

搅拌是混合饮料的方法之一。它是用吧匙在调酒杯或饮用杯中搅动冰块使饮料混合。具体操作要求用左手握杯底，右手按握“毛笔”姿势，使吧匙匙背靠杯边按顺时针方向快速旋转。搅拌五六圈后，用滤冰器放在调酒杯口，迅速将调好的饮料滤出。

(四)摇壶

这是使用调酒壶来混合饮料的方法。具体操作形式有单手、双手两种。单手握壶:右手食指按住壶盖，用拇指、中指、无名指夹住壶体两边，手心不与壶体接触。摇壶时，尽量使手腕用力，手臂在身体右侧自然上下摆。要求:力量要大、速度和节奏要快、动作连贯。手腕可使壶按S形、三角形等方向摇动。

双手握壶:左手中指按住壶底，右手拇指按住壶盖，其他手指自然伸开固定壶身。壶头朝向自己，壶底朝外，并略向上方。摇壶时可在身体左上方或正前上方。要求两臂略抬起，呈伸曲动作，手腕呈三角形摇动。

(五)上霜

指在杯口边沾上糖粉或盐粉。具体要求是用柠檬皮擦杯口边，要求匀称。操作前要把酒杯擦干，然后将酒杯口放入糖粉或盐粉中，沾完后把多余的糖粉或盐粉弹去。

(六)调酒程序

选杯→放入冰块→溜杯→选择调酒用具→传瓶→示瓶→开瓶→量酒→搅拌(或摇壶)→过滤→装饰→服务。

四、鸡尾酒的调制规则

1. 严格按照配方中原料的种类、商标、规格、年限和数量标准来配制鸡尾酒,严禁使用代用品或劣质的酒、果汁、汽水等原料。

2. 调酒杯必须干净、透明、光亮。调酒时,手只能接触杯的下部。

3. 调酒时,必须用量杯计量主要基酒、调味酒和果汁的需要量,不要随意把原料倒入杯中。

4. 使用摇酒器调制鸡尾酒时动作要快,用力摇动,动作要大方,可用手腕左右摇动,也可用手臂上下晃动,摇至摇酒器表面起霜后,立即将酒滤入酒杯中。同时,手心不要接触摇酒器,以免冰块过量溶化,冲淡鸡尾酒的味道。

5. 使用调酒杯调酒时,吧匙搅拌的时间不要过长。通常用中等速度搅拌,在杯内旋转5~6周,以免使冰块过量溶化,冲淡鸡尾酒的味道。

6. 调制鸡尾酒时一定要使用新鲜的果汁和冰块,使用当天切配好的新鲜水果做装饰物或配料,并使用经过冷藏的果汁、汽水及啤酒。

7. 使用电动搅拌机时,一定要使用碎冰块。

8. 使用后的量杯和吧匙一定要浸泡在水中,洗去它们的味道和气味,以免影响下一款鸡尾酒的质量。浸泡量杯的水应经常换,以保持干净、新鲜。

9. 不要用手接触酒水、冰块、杯边和装饰物,以保持酒水的卫生和质量。

10. 要制定酒吧的鸡尾酒标准配方、标准成本、标准酒杯、标准配制程序及标准服务方法。

11. 配制鸡尾酒时,应按照标准的工作程序,需要用的酒水先放在工作台上,再准备好工具、酒杯、调味品和装饰品,并放在方便的地方,然后开始调制。将调制好的鸡尾酒倒入酒杯递给客人后,应立即清理台面,将酒水和工具放回原处。不可一边调制鸡尾酒,一边寻找酒水和工具。

12. 要注意客人到来的先后顺序,应先为早到的客人服务。同来的客人,可以先为女士和主人服务。

13. 调制任何酒水的时间都不能过长,以免客人不耐烦。一般来说,果汁、汽水、矿泉水、啤酒可在1分钟内完成;混合饮料可在1~2分钟内完成;鸡尾酒包括装饰物可用2~4分钟完成。

五、鸡尾酒的品尝

1. 观色。根据酒的颜色来判断调酒用料是否准确,如颜色不正则不能直接提供给客人。

2. 嗅味。即用鼻子去闻鸡尾酒的香味，但在酒吧中进行时不能直接拿起整杯酒来嗅味，可以使用吧匙。鸡尾酒的香味，首先包括基酒的香味，然后是其他各种辅料的香味，通过香味来判断鸡尾酒的口味是否正确。

3. 品尝。品尝鸡尾酒时需一口一口地喝，慢慢地品，细细地回味，才能领略到鸡尾酒的真正内涵。

六、调制鸡尾酒的注意事项

调制鸡尾酒有许多讲究、技巧和经验。如果能将它们一一了解并熟练掌握，那么对调酒水平的提高是大有裨益的。现将调制鸡尾酒的基本知识简要介绍如下：

1. 鸡尾酒的载杯不能有任何花纹和色彩，且通常采用无色透明的高脚杯。

2. 调制鸡尾酒所用基酒及配料的选择，应以物美、价廉为原则。

3. 调酒所用冰块应尽量选用新鲜的。新鲜的冰块质地坚硬，不易融化。调酒用的配料要新鲜，特别是奶、蛋、果汁等。

4. 绝大多数的鸡尾酒要现喝现调，调完之后不可放置太长时间，否则将失去应有的品味。

5. 调制热饮酒，酒温不可超过 78℃，因酒精的蒸发点是 78℃。

6. 调酒器具要经常保持干净、整洁，以便随时取用而不影响连续操作。

7. 下料程序要遵循先辅料、后主料的原则，这样如在调制过程中出了什么差错，损失不会太大，而且冰块不会很快融化。

8. 在使用玻璃调酒杯时，如果当时室温较高，使用前应先将冷水倒入杯中，然后加入冰块，将水滤掉，再加入调酒配料进行调制。其目的是防止冰块直接进入调酒杯，产生骤冷骤热变化而使玻璃杯炸裂。

9. 鸡尾酒的装饰物可选用辅料中的一种，如以柠檬汁或橙汁为辅料的鸡尾酒可用柠檬或橙制成的片或角与樱桃串联在一起的造型来装饰。

10. 长饮类鸡尾酒常配以吸管、花式调酒棒等。辛辣味的鸡尾酒常饰以橄榄，置于杯内。甘甜味的鸡尾酒常用樱桃装饰于杯口。

11. 在调酒中使用的糖块、糖粉，要首先在调酒器或酒杯中用少量水将其溶化，然后再加入其他配料进行调制。

12. 在调酒中，“加满苏打水或矿泉水”这句话是针对容量适宜的酒杯而言，根据配方的要求最后加满苏打水或其他饮料。对于容量较大的酒杯，则需要掌握加的多少，一味地“加满”只会使酒变淡。

13. 倒酒时，注入的酒距杯口要留杯深 1/8 的距离。太满会给人的饮用造成一定的困难，太少又会显得非常难堪。

14. 水果如果事先用热水浸泡过，在压榨过程中，会多产生 1/4 的汁。

15. 制作糖浆时，糖粉与水的重量比是 3 : 1。

16. 调配制作完毕之后，一定要养成将瓶子盖紧并复归原位的好习惯。

17. 调酒器中如果剩有多余的酒，不可长时间地在调酒器中放置，应尽快滤入干净的酒杯中，以备它用。

第四节　世界经典鸡尾酒

一、调酒术语

1. Long Drink：长饮，是用烈酒、果汁、汽水等混合调制，酒精含量较低的饮料，是一种较为温和的酒品，可放置较长时间不变质，因而消费者可长时间饮用，故称为长饮。

2. Short Drink：短饮，是一种酒精含量高、分量较少的鸡尾酒，饮用时通常可以一饮而尽，不必耗费太多的时间。

3. Buck：霸克类鸡尾酒，是用烈酒，加姜汁汽水、冰块，采用兑合法调配而成，饰以柠檬，使用高杯。

4. Cobblers：考伯乐，是长饮类饮料，可用白兰地等烈性酒加橙皮甜酒或糖浆或摇或搅调制而成，再饰以水果。这类酒酒精含量较少，是公认的受人们喜爱的饮料，尤其是在酷热的天气中。

5. Collins：柯林饮料，是一种酒精含量较低的长饮类饮料，通常以威士忌、金酒等烈性酒，加柠檬汁、糖浆或苏打水兑合而成。

6. Coolers：冷饮，是一种清凉饮料，以烈酒兑合姜汁汽水或苏打水、石榴糖浆等调制而成，与柯林类饮料同属一类，但通常有一条切成螺旋状的果皮作装饰。

7. Daisy：黛西类鸡尾酒，饰以烈酒如金酒、威士忌、白兰地等为酒基，加糖浆、柠檬或苏打水等调制而成，属于酒精含量较高的短饮料鸡尾酒。

8. Cups：杯饮类鸡尾酒，通常以烈性酒如白兰地等加橙皮甜酒、水果等调制而成，但目前以葡萄酒为酒基调制已成为时尚，该类酒一般用高脚杯或大杯装载。

9. Egg Nogs：蛋诺酒，是一种酒精含量较少的长饮类饮料，通常是用烈性酒如威士忌、兰姆酒等加入牛奶、鸡蛋、糖、豆蔻粉等调制而成，装入高杯或异型鸡尾酒杯内饮用。

10. Fixes：菲克士是一种以烈性酒为酒基，加入柠檬、糖和水等兑合而成的长饮类饮料，常以高杯作载杯。

11. Fizz：菲士，是一种以烈性酒如金酒为酒基，加入蛋清、糖浆、苏打水等调配而成的长饮类饮料，因最后兑入苏打水时有一种“嘶嘶”的声音而得名。如金菲士等。

12. Flips：菲力普，通常以烈性酒如金酒、威士忌、白兰地、兰姆等为酒基，加糖浆、鸡蛋和豆蔻粉等调配而成，采用摇的方法调制，以葡萄酒杯为载杯。如白兰地菲力普。

13. Highball:高杯饮料,是一种最为常见的混合饮料，它通常是以烈性酒如金酒、威士忌、伏特加、兰姆酒等为酒基，兑以苏打水、汤力水或姜汁汽水，并以高杯作为载杯。

14. Hot Toddy:热托地,是一种热饮，它是以烈性酒如白兰地、兰姆酒等为酒基，兑以糖浆和开水，并缀以丁香、柠檬皮等材料制成，适宜冬季饮用。

15. Juleps:朱力普,俗称薄荷酒，常以烈性酒如白兰地、兰姆酒等为酒基，加入刨冰、水、糖粉、薄荷叶等材料制成，并用糖圈饰杯口。

16. Punch:宾治,有含酒精的和不含酒精的，主要材料是烈性酒、葡萄酒和各类果汁。具有浓、淡、香、甜、冷、热、滋养等特点，适合各种场合饮用。

17. Pousse Cafe :普斯咖啡，又称为彩虹酒，它是以白兰地、利口酒、石榴糖浆等多种含糖量不同的材料按其比重不同依次兑入高脚甜酒杯中而成。

18. Rickeys:瑞克,是一种以烈性酒为酒基，加入苏打水、青柠汁等调配而成的长饮类饮料，与柯林烈饮料同类。

19. Slings:司令,是以烈性酒如金酒等为酒基，加入利口酒、果汁等调制，并兑以苏打水混合而成，这类饮料酒精含量较少，清凉爽口，很适宜在热带地区或夏季饮用，如新加坡司令等。

20. Sours:酸酒,可分短饮酸酒和长饮酸酒两类，酸酒类饮料的基本材料是以烈性酒为酒基，如威士忌、金酒、白兰地等，以柠檬汁或青柠汁和适量糖粉为辅料，常因烈酸酒是兑以苏打水以降低酒品的酸度。酸酒通常以特制的酸酒为载杯，以柠檬块状时，常见的酒品有威士忌酸酒、白兰地酸酒等。

21. Hot Drinks:热饮,与热托地相同，同属于热饮类鸡尾酒，通常以烈性酒为酒基，以鸡蛋、糖、热牛奶等辅料调制而成，并采用带把杯为载杯，具有暖胃、滋养等功效。

22. Tow - Liquor Drinks:双料鸡尾酒，它是以一种烈性酒与另一种酒精饮料调配而成的鸡尾酒，这类鸡尾酒口味特点是偏甜，最初主要作餐后甜酒，现在任何时候都可以饮用，著名的酒品有生锈钉、黑俄罗斯等。

23. Zombie:赞比,俗称蛇神酒，是一种以兰姆酒等为酒基，兑以果汁、水果、水等调制而成的长饮类饮料，其酒精含量一般较低。

24. Sangaree:珊格瑞类饮料,不仅可以用通常的烈性酒配制，而且还可以用葡萄酒和其他基酒配制，属于短饮类饮料。

25. Smashes:思麦斯,是朱力普中的一种较淡的饮料，使用烈性酒、薄荷、糖等材料调制而成，加碎冰饮用。

26、Frappes:弗莱培,是一种以烈性酒为酒基，加各类利口酒和碎冰调制而成的短饮类饮料，它也可以只用利口酒加碎冰调制，最常见的是以薄荷酒加碎冰。

27. Daiquiris：得其利，属于酸酒类饮料，它主要是以兰姆酒为酒基，加上柠檬汁和糖配制而成的冰镇饮料，调成的酒品非常清新，需立即饮用，因为时间放长了容易分层。

28. Crustas：克拉斯特，使用各类烈性酒如金酒、兰姆酒、白兰地等加冰霜稀释而成，属于短饮类饮料。

29. Zoon：赞明，是以烈性酒加蜂蜜、水、鲜牛奶等材料调配而成的鸡尾酒。

30. Creams：奶油类鸡尾酒，它是以烈性酒加一至两种利口酒摇制而成，口味较甜，柔顺可口，餐后饮用效果颇佳，尤其受到女士们的青睐。如青草蜢、白兰地亚历山大等。

31. Martini：马天尼，使用金酒和味美思等材料调制而成的短饮类鸡尾酒，分甜型、干型和中性三种。如干型马天尼。

32. Manhattan：曼哈顿，属短饮类，是由黑麦威士忌加味美思调配而成，尤以甜曼哈顿最为著名，通常以樱桃装饰。

33. 指幅：是将手指横贴于直筒水杯的下部，在杯中加入一指宽的水分时，通常为30毫升的容量。

34. Peel：原意为果皮，酒吧通常指柠檬或橘子皮。使用时削成薄片，再捏成弯弓状放入鸡尾酒中，有时在放进酒液之前还要挤一挤，将皮中的油挤入酒液，使其香气散发，增加鸡尾酒的香味。

35. Slice：薄片，通常指柠檬、橙、菠萝等水果的片，柠檬、橙等的薄片厚度一般为0.5厘米，菠萝片根据需要稍厚一些。

36. 糖圈杯或盐圈杯：将酒杯的杯口先用柠檬擦湿，再将杯子倒放在盛满细砂糖或盐的盘子上，抹一圈糖霜或盐霜，以增强酒的味道。

37. House Pouring：饭店专用或饭店特选，指为控制成本和制定调酒标准，酒吧通常固定使用某些牌子的烈酒用于调酒。

38. On the rock：加冰块，指预先在杯中放入冰块，将酒淋在冰块上。

39. 追水：指为稀释高酒精度的酒而追加饮用水。

二、经典鸡尾酒的配方

目前世界上至少流传着3000种以上的鸡尾酒配方，大部分的配方都已经固定下来。下面介绍一些常见的经典鸡尾酒的配方。

（一）Alexander 亚历山大

1863年，爱德华（后成为英国国王）与丹麦公主亚历山德拉成婚，这款酒是为纪念两人的婚礼而创作的，当时取名“亚历山德拉”，此酒较适合于餐后饮用。

1. 用具

调酒壶、冰桶及冰夹、量杯、三角鸡尾杯。

2. 原料

白兰地 30 毫升；可可利口酒 10 毫升；鲜奶油 20 毫升；肉豆蔻粉适量；冰块适量。

3. 调制步骤

(1)将适量的冰块放入调酒壶中。

(2)量取适量的酒水倒入调酒壶中。

(3)盖上壶盖摇匀。

(4)摇好后将酒倒入三角鸡尾杯中。

(5)在酒面上撒上肉豆蔻即成。

(二)Pink Lady 红粉佳人

1912 年，舞台剧《红粉佳人》在伦敦首演成功的庆功宴上，献给女主角海瑟杜恩的鸡尾酒。此酒适合于餐后饮用。

1. 用具

调酒壶、冰桶及冰夹、量杯、三角鸡尾杯。

2. 原料

伦敦干金酒 40 毫升；红石榴糖浆 5 毫升；柠檬汁 10 毫升；鸡蛋一个；红樱桃一个；冰块适量。

3. 调制步骤

(1)将鸡蛋打开，去半个蛋清备用。

(2)将适量的冰块放入调酒壶中。

(3)量取适量的酒水倒入调酒壶中，并加入蛋清。

(4)盖上壶盖摇匀。

(5)摇好后将酒倒入三角鸡尾杯中。

(6)在杯口装饰红樱桃。

(三)Singapore Sling 新加坡司令

新加坡著名的莱佛士酒店于 1915 年创作这款新加坡司令，此后这款酒成为该酒店的招牌鸡尾酒。此酒适合于任何时间饮用。

1. 用具

调酒壶、冰桶及冰夹、量杯、调酒匙、平底酒杯、酒签。

2. 原料

伦敦干金酒 45 毫升；樱桃白兰地 15 毫升；柠檬汁 15 毫升；无色糖浆 10 毫升；苏打水适量；柠檬片一片；红樱桃一个；冰块适量。

3. 调制步骤

(1)将适量的冰块放入调酒壶中。

(2)量取适量的酒水倒入调酒壶中。

(3)盖上壶盖摇匀。

(4)摇好后将酒倒入盛有适量冰块的平底杯中。

(5)加入适量的苏打水，同时用调酒匙搅匀。

(6)用酒签串起红樱桃和柠檬片装饰在杯中。

（四）Daiquiri 得其利

这款酒是以兰姆酒为基酒的鸡尾酒的代表，适合于任何时间饮用。

1. 用具

调酒壶、冰桶及冰夹、量杯、三角鸡尾杯。

2. 原料

白色兰姆酒 45 毫升；柠檬汁 15 毫升；砂糖 1 茶匙；冰块适量。

3. 调制步骤

（1）将适量的冰块放入调酒壶中。

（2）量取适量的酒水倒入调酒壶中。

（3）盖上壶盖摇匀。

（4）摇好后将酒倒入三角鸡尾杯中即成。

（五）Pousse – Café 彩虹

这款酒是典型的兑和法调制鸡尾酒的代表，较适合于餐后饮用。

1. 用具

调酒匙、利口酒杯、量杯、吸管。

2. 原料

白兰地 5 毫升；红石榴糖浆 5 毫升；绿薄荷酒 5 毫升；紫罗兰酒 5 毫升；白薄荷酒 5 毫升；蓝薄荷酒 5 毫升；瓜类利口酒 5 毫升。

3. 调制步骤

（1）用调酒匙背抵住杯的内壁。

（2）量取适量的酒水依次倒入杯中。

（3）配吸管送上即成。

（六）Whisky Sour 威士忌酸

威士忌酸是酸类鸡尾酒的典型代表，该酒适合于任何时间饮用。

1. 用具

调酒壶、冰桶及冰夹、量杯、酸杯、酒签。

2. 原料

加拿大威士忌 40 毫升；柠檬汁 20 毫升；无色糖浆 10 毫升；柠檬片一片；红樱桃一个；冰块适量。

3. 调制步骤

（1）将适量的冰块放入调酒壶中。

（2）量取适量的酒水倒入调酒壶中。

（3）盖上壶盖摇匀。

（4）摇好后将酒倒入酸杯中。

（5）用酒签串起红樱桃和柠檬片装饰在杯口。

（七）Screwdriver 螺丝钻

美国得克萨斯州油田的采油工人将伏特加和橙汁混合，由于没有搅拌工具只好用螺丝刀代替，此款酒因此而得名。虽口味轻柔，但酒精度较高，被称为“温柔杀手”。此酒适合于任何时间饮用。

1. 用具

调酒匙、量杯、古典杯、冰桶及冰铲。

2. 原料

伏特加45毫升;橙汁120毫升;橙片一片;碎冰适量

3. 调制步骤

(1)取适量碎冰放入古典杯中。

(2)量取适量酒水倒入杯中。

(3)用调酒匙搅匀。

(4)将橙片在杯口装饰即成。

(八)Side Car 边车

这款鸡尾酒调制方法简单，其口感和风味非常适合于在餐后饮用。

1. 用具

调酒壶、量杯、冰桶及冰夹、三角鸡尾杯。

2. 原料

干邑白兰地40毫升;君度酒10毫升;柠檬汁10毫升;冰块适量。

3. 调制步骤

(1)将适量的冰块放入调酒壶中。

(2)量取适量的酒水倒入调酒壶中。

(3)盖上壶盖摇匀后将酒注入杯中即成。

(九)Brandy Egg Nog 白兰地蛋诺

白兰地蛋诺的营养价值高，常被作为圣诞饮品，可热饮，亦可冷饮。适合于任何时间饮用。

1. 用具

调酒壶、量杯、冰桶及冰夹、调酒匙、平底酒杯。

2. 原料

白兰地30毫升;褐色兰姆酒15毫升;砂糖2茶匙;鸡蛋一个;牛奶适量;肉豆蔻粉适量;冰块适量。

3. 调制步骤

(1)将适量的冰块放入调酒壶中。

(2)取适量的酒水倒入调酒壶中。

(3)盖上壶盖摇匀后将酒注入盛有冰块的平底杯中。

(4)用调酒匙搅匀，撒上肉豆蔻粉即成。

(十)Brandy Sour 白兰地酸

白兰地酸气味芳香，口感酸甜，较适合女性在餐前饮用。

1. 用具

调酒壶、量杯、冰桶及冰夹、酸杯、酒签。

2. 原料

白兰地45毫升;柠檬汁20毫升;砂糖1茶匙;橙片一片;红樱桃一个;冰块若干。

3. 调制步骤

(1)将适量的冰块放入调酒壶中。

(2)取适量的酒水倒入调酒壶中。

(3)盖上壶盖摇匀后将酒注入酸杯中。

(4)用酒签串起红樱桃和橙片装饰在杯口即成。

(十一)Margelit 玛格丽特

玛格丽特是以特吉拉为基酒的代表，通常饮用时要蘸盐边，较适合于餐后饮用。

1. 用具

调酒壶、量杯、冰桶及冰夹、三角鸡尾杯。

2. 原料

特基拉酒40毫升;君度酒5毫升;橙汁15毫升;盐适量;柠檬片一片;冰块适量。

3. 调制步骤

(1)用柠檬片擦拭杯口。

(2)将杯口倒置于盐碟中，轻轻转动杯子。

(3)拿起杯子，轻轻弹杯，去除多余的盐粒。

(4)将适量的冰块放入调酒壶中。

(5)量取适量的酒水倒入调酒壶。

(6)盖上壶盖摇匀后将酒倒入三角鸡尾杯中即成。

(十二)Matador 斗牛士

斗牛士调制方法简单，风味独特，适合于任何时间饮用。

1. 用具

调酒壶、量杯、冰桶及冰夹、古典杯。

2. 原料

特吉拉酒30毫升;菠萝汁45毫升;橙汁15毫升;冰块适量。

3. 调制步骤

(1)将适量的冰块放入调酒壶中。

(2)量取适量的酒水倒入调酒壶。

(3)盖上壶盖摇匀后将酒倒入古典杯中即成。

(十三)Rising Sun 旭日东升

这款旭日东升口味细腻，气味香甜，较适合于女性在任何时间饮用。

1. 用具

调酒壶、量杯、冰桶及冰夹、香槟酒杯

2. 原料

特吉拉酒30毫升;修道院黄酒20毫升;橙汁10毫升;野红梅金酒1茶匙;红樱桃一个;柠檬片一片;盐适量;冰块适量。

3. 调制步骤

(1)将适量的冰块放入调酒壶中。

(2)量取适量的特吉拉酒、修道院黄酒、橙汁倒入调酒壶。

(3)盖上壶盖摇匀后将酒倒入蘸盐边的香槟酒杯中。

(4)轻轻将适量野红梅金酒倒入杯中即成。

(十四)Americano 美国佬

美国佬的口味独特，既苦又甜，能增进食欲，较适合于餐前饮用。

1. 用具

调酒匙、量杯、冰桶及冰夹、古典杯。

2. 原料

甜味美思 30 毫升;金巴利酒 30 毫升;柠檬皮适量;冰块适量。

3. 调制步骤

(1)将适量冰块放入古典杯中。

(2)量取适量酒水倒入杯中。

(3)将柠檬皮挤汁滴入杯中，用调酒匙搅匀即成。

(十五)Angel's Kiss 天使之吻

此款鸡尾酒口感甘甜柔美，色彩对比明显，较适合于餐后饮用。

1. 用具

调酒匙、量杯、利口酒杯、酒签。

2. 原料

可可利口酒 30 毫升;鲜奶油 15 毫升;红樱桃一个。

3. 调制步骤

(1)将适量可可利口酒倒入利口酒杯中。

(2)将鲜奶油沿着调酒师的匙背轻轻注入杯中。

(3)用酒签串起红樱桃横放于杯口即成。

(十六) Dry Martini 干马天尼

1. 用具

调酒杯、量杯、滤冰器、冰桶及冰夹、调酒匙、三角鸡尾杯、酒签。

2. 原料

金酒 45 毫升;干味美思 5 滴;橄榄一个;柠檬皮适量;冰块适量。

3. 调制步骤

(1)将适量冰块放入调酒杯中。

(2)量取适量酒水倒入调酒杯中。

(3)用调酒匙搅匀后滤入三角鸡尾杯。

(4)用酒签串起橄榄和柠檬皮装饰。

(十七)Sweet Martini 甜马天尼

1. 用具

调酒杯、量杯、滤冰器、冰桶及冰夹、调酒匙、三角鸡尾杯。

2. 原料

金酒 30 毫升;甜味美思 20 毫升;红樱桃一个;冰块适量。

3. 调制步骤

(1)将适量冰块放入调酒杯中。

(2)量取适量酒水倒入调酒杯中。

(3)用调酒匙搅匀后滤入三角鸡尾杯。

(4)用红樱桃在杯口装饰。

(十八)Medium Martini 中性马天尼

"中性马天尼"又称为"完美型马天尼"(Perfect Martini)。

1. 用具

调酒杯、量杯、滤冰器、冰桶及冰夹、调酒匙、三角鸡尾杯。

2. 原料

金酒30毫升;干味美思15毫升;甜味美思15毫升;樱桃一个;柠檬皮适量;冰块适量。

3. 调制步骤

(1)将适量冰块放入调酒杯中。

(2)量取适量酒水倒入调酒杯中。

(3)用调酒匙搅匀后滤入三角鸡尾杯。

(4)用酒签串起橄榄和柠檬皮装饰。

(十九)Dry Manhattan 干曼哈顿

1. 用具

调酒杯、量杯、滤冰器、调酒匙、冰桶及冰夹、三角鸡尾杯、酒签。

2. 原料

黑麦威士忌30毫升;干味美思20毫升;安哥斯特拉苦精1滴;樱桃一个;冰块适量。

3. 调制步骤

(1)将适量的冰块放入调酒杯中。

(2)量取适量的酒水倒入调酒杯中。

(3)用调酒匙将酒搅匀后滤入三角鸡尾杯中。

(4)用酒签串起红樱桃在杯中装饰。

(二十)Medium Manhattan 中性曼哈顿

"中性曼哈顿"又称为"完美型曼哈顿"。

1. 用具

调酒杯、量杯、滤冰器、调酒匙、冰桶及冰夹、三角鸡尾杯、酒签。

2. 原料

黑麦威士忌30毫升;干味美思15毫升;甜味美思15毫升;安哥斯特拉苦精1滴;柠檬片一片;红樱桃一个;冰块适量。

3. 调制步骤

(1)将适量的冰块放入调酒杯中。

(2)量取适量的酒水倒入调酒杯中。

(3)用调酒匙将酒搅匀后滤入三角鸡尾杯中。

(4)用酒签串起红樱桃、柠檬片在杯中装饰。

（二十一）Sweet Manhattan 甜曼哈顿

1. 用具

调酒杯、量杯、滤冰器、调酒匙、冰桶及冰夹、三角鸡尾杯、酒签。

2. 原料

黑麦威士忌 30 毫升；甜味美思 20 毫升；安哥斯特拉苦精 1 滴；红樱桃一个；冰块适量。

3. 调制步骤

（1）将适量的冰块放入调酒杯中。

（2）量取适量的酒水倒入调酒杯中。

（3）用调酒匙将酒搅匀后滤入三角鸡尾杯中。

（4）用酒签串起红樱桃在杯中装饰。

（二十二）Bacardi 百家地

1936 年，美国纽约州最高法院判决："百佳地鸡尾酒必须用白家地兰姆酒来调制"，此款鸡尾酒口味清淡，适合于任何时间饮用。

1. 用具

调酒壶、量杯、冰桶及冰夹、三角鸡尾杯。

2. 原料

百家地兰姆酒 45 毫升；鲜柠檬汁 15 毫升；红石榴糖浆 1 茶匙；红樱桃一个；冰块适量。

3. 调制步骤

（1）将适量的冰块放入调酒壶中。

（2）量取适量的酒水倒入调酒壶。

（3）盖上壶盖摇匀后将酒倒入三角鸡尾杯中。

（4）将红樱桃装饰于杯口。

（二十三）Gibson 吉普森

据说这款鸡尾酒是美国著名插图画家查尔斯·达纳·吉布森创作的，又称为"无苦汁的马天尼"，适合于餐前饮用。

1. 用具

调酒杯、滤冰器、冰桶及冰夹、调酒匙、量杯、三角鸡尾杯、酒签。

2. 原料

金酒 30 毫升；干味美思 20 毫升；珍珠洋葱一个；柠檬皮适量；冰块适量。

3. 调制步骤

（1）将适量的冰块放入调酒杯中。

（2）量取适量的酒水倒入调酒杯。

（3）用调酒匙将酒搅匀后滤入三角鸡尾杯中。

（4）用酒签串起珍珠洋葱装饰在杯中，撒上柠檬皮即成。

（二十四）Tequila Sunrise 特吉拉日出

这款酒因呈太阳喷薄欲出状而得名，1972 年受到滚石乐队的推崇而风靡世界，适合于任何时间饮用。

1. 用具

调酒匙、量杯、冰桶及冰夹、高脚杯。

2. 原料

特吉拉酒45毫升；橙汁90毫升；红石榴糖浆2茶匙；冰块适量。

3. 调制步骤

(1)将适量的冰块放入高脚杯中。

(2)量取适量特吉拉酒和橙汁倒入高脚杯，用调酒匙搅匀。

(3)将适量红石榴糖浆沿杯壁倒入，使其沉入杯底即成。

(二十五)Rusty Nail 生锈钉

此款鸡尾酒口味甘甜干爽，调制简单，适合成年男性在餐后饮用。

1. 用具

调酒匙、量杯、冰桶及冰夹、古典杯。

2. 原料

苏格兰威士忌30毫升；杜林标甜酒30毫升；冰块适量。

3. 调制步骤

(1)将适量的冰块放入古典杯中。

(2)量取适量的酒水倒入古典杯。

(3)用调酒匙将酒搅匀即成。

(二十六)Rob Roy 罗伯罗伊

此款鸡尾酒的配方与曼哈顿相似，因此又称为"苏格兰曼哈顿"，适合于餐前饮用。

1. 用具

调酒杯、滤冰器、调酒匙、冰桶及冰夹、三角鸡尾杯、酒签。

2. 原料

苏格兰威士忌60毫升；甜味美思15毫升；安哥斯特拉苦精1滴；红樱桃一个；柠檬皮适量；冰块适量。

3. 调制步骤

(1)将适量的冰块放入调酒杯中。

(2)量取适量的酒水倒入调酒杯。

(3)用调酒匙搅匀后滤入三角鸡尾杯。

(4)用酒签串起红樱桃装饰在杯中，撒上柠檬皮即成。

(二十七)Gin Fizz 金菲士

此款鸡尾酒是菲士类鸡尾酒中的代表作，适合于任何时间饮用。

1. 用具

调酒壶、量杯、冰桶及冰夹、高杯、酒签。

2. 原料

金酒60毫升；君度酒60毫升；鲜柠檬汁20毫升；蛋清1个；糖粉2茶匙；苏打水适量；红樱桃一个；柠檬片一片；冰块适量。

3. 调制步骤

(1)将适量的冰块放入调酒壶中。

(2)量取适量的酒水倒入调酒壶。

(3)盖上壶盖摇匀后将酒倒入高杯。

(4)在杯中注满苏打水即成。

(二十八)Bloody Mary 血玛丽

16 世纪中叶，英格兰女王玛丽一世以迫害残杀耶稣教徒而闻名于世，此款鸡尾酒就以她的名字命名，较适合于餐前饮用。

1. 用具

调酒壶、量杯、冰桶及冰夹、古典杯、搅棒。

2. 原料

伏特加 45 毫升；番茄汁适量；辣酱油 1/2 茶匙；精盐 1/2 茶匙；黑胡椒 1/2 茶匙；柠檬片一片；西芹棒一根；冰块适量。

3. 调制步骤

(1)将适量的冰块放入调酒壶中。

(2)量取适量的酒水倒入调酒壶。

(3)盖上壶盖摇匀后将酒倒入古典杯。

(4)撒入辣酱油、精盐、黑胡椒等，放入柠檬片、西芹棒搅匀即成。

(二十九)Grasshopper 青草蜢

此款鸡尾酒入口清柔，甘甜顺滑，适合于餐后饮用。

1. 用具

调酒壶、量杯、冰桶及冰夹、鸡尾酒杯。

2. 原料

白可可甜酒 20 毫升；绿薄荷甜酒 20 毫升；鲜奶油(或炼乳)20 毫升；冰块适量。

3. 调制步骤

(1)将适量的冰块放入调酒壶中。

(2)量取适量的酒水倒入调酒壶。

(3)盖上壶盖摇匀后将酒倒入鸡尾酒杯即成。

(三十)Old Fashioned 古典鸡尾酒

此款鸡尾酒是美国肯塔基州的调酒师为当地的赛马迷创作的，适合于任何时间饮用。

1. 用具

古典杯、冰桶及冰夹、量杯、酒签、长勺。

2. 原料

威士忌 45 毫升；方糖 1 块；苦精 1 滴；苏打水 2 茶匙；柠檬片一片；橙片一片；红樱桃一个；冰块适量。

3. 调制步骤

(1)将适量的冰块放入古典杯中。

(2)将苦精滴入方糖放入杯中。

(3)量取适量的威士忌、苏打水倒入古典杯。

(4)用酒签串起柠檬片、橙片、红樱桃放入杯中，插入长勺即成。

(三十一)Cuba Liberty 自由古巴

此款鸡尾酒是1902年美国结束与西班牙的战争，古巴独立时创作的，适合于任何时间饮用。

1. 用具

调酒壶、冰桶及冰夹、量杯、柯林杯、搅棒。

2. 原料

威士忌45毫升;樱桃白兰地20毫升;砂糖3茶匙;苏打水适量;柠檬片一片;冰块适量。

3. 调制步骤

(1)将适量的冰块放入调酒壶中。

(2)量取适量的酒水倒入调酒壶。

(3)盖上壶盖摇匀后将酒倒入柯林杯。

(4)在杯中加满冰苏打水，放入柠檬片，插入搅棒即成。

(三十二)Black Russian 黑俄罗斯

此款鸡尾酒口感柔和，适合于任何时间饮用。

1. 用具

调酒匙、古典杯、量杯、冰桶及冰夹。

2. 原料

伏特加45毫升;咖啡利口酒20毫升;冰块适量。

3. 调制步骤

(1)将适量的冰块放入古典杯中。

(2)量取适量的酒水倒入古典杯。

(3)用调酒匙轻轻搅匀即成。

(三十三)Stinger 史丁格

此款鸡尾酒有浓厚的薄荷味，饮后能祛风行气，健身强体，潮湿气候饮用尤佳，较适合于餐后饮用。

1. 用具

调酒杯、滤冰器、冰桶及冰夹、量杯、调酒匙、鸡尾酒杯。

2. 原料

白兰地40毫升;白薄荷酒40毫升;红樱桃一个;冰块适量。

3. 调制步骤

(1)将适量的冰块放入调酒杯中。

(2)量取适量的酒水倒入调酒杯。

(3)用调酒匙搅匀滤入鸡尾酒杯。

(4)用红樱桃装饰在杯口即成。

(三十四)Negroni 尼克罗尼

此款鸡尾酒是1962年意大利佛罗伦萨的尼克罗尼伯爵创作的，较适合餐前饮用。

1. 用具

调酒杯、冰桶及冰夹、量杯、滤冰器、调酒匙、古典杯。

2. 原料

金酒20毫升;金巴利酒20毫升;甜味美思20毫升;柠檬片一片;冰块适量。

3. 调制步骤

(1)将适量的冰块放入调酒杯中。

(2)量取适量的酒水倒入调酒杯。

(3)用调酒匙搅匀滤入古典杯。

(4)将柠檬片放入杯中即成。

(三十五)Nicholasica 尼古拉斯

此款鸡尾酒创作与德国的汉堡，饮用方法独特，较适合于餐后饮用。

1. 用具

量杯、利口杯。

2. 原料

白兰地45毫升;砂糖1茶匙;柠檬片一片。

3. 调制步骤

(1)将适量白兰地倒入利口杯中。

(2)将柠檬片盖住杯口。

(3)在柠檬片上倒上砂糖即成。

*此酒饮用时应用柠檬片包住糖放入口中，同时饮杯中的白兰地。

本章小结

酒品调制是本章的重点，在调酒时要严格遵循调酒规则，要准确运用不同的调酒方法调制相应的酒水。常见的调酒方法有四种:一是直接在杯中调制;二是使用调酒杯调制;三是使用调酒壶调制;四是电动搅拌调制。在酒水调制中，必须按照酒水标准配方所规定的用料、分量、装饰，准确无误地调制，以保证酒水的高质量和标准化。同时，要把握酒水调制的时间，保证动作熟练快捷，不能让客人久等。注意出酒水的先后顺序，注意调酒的姿势和动作。不能背对客人调制。严格按照卫生标准操作，并保持工作环境的整洁。

复习思考题

1. 名词解释:摇和法、调和法、兑和法、搅和法。
2. 鸡尾酒装饰应遵循哪些原则?
3. 掌握5款世界知名鸡尾酒的调制。

第三章 茶 艺

● **课前导读**

作为三大饮料之一的茶，具有提神解乏、除脂解腻、清热降火等功效。而茶的泡饮则更讲究“人、茶、水、器、境、艺”的完美结合。本章主要对茶具的种类及茶艺的内容进行介绍，以便更好的品茶、评茶、泡茶。

● **本章要点**

1. 茶具的种类
2. 茶艺的六要素
3. 茶的冲泡

第一节 茶具介绍

中国是茶的故乡，也是茶文化的发源地。古人说过：“水为茶之母，壶为茶之父。”形像地说明了茶与茶具密不可分的关系。中国的茶具经历了漫长的发展过程，种类繁多，形式丰富，质地不同。是我国茶文化的重要组成部分。

一、茶具的演变

中国茶叶品类繁盛，且在品饮中，特别讲究色、香、味、形，因此需要一系列能充分发挥各类茶叶特质的器具，这就使得中国的茶具异彩纷呈。无论是造型的优美，质地的精良，都有它的独到之处。中国茶具构成了中国茶文化不可分割的重要组成部分。

茶具的出现，是茶叶应用的直接结果，茶具的制作水平和茶叶的应用程度也应该是同步发展的。我国茶叶始于食用、药用，以后才逐渐成为日常生活中的饮料。当茶叶只是作为食物、药物使用的时候，尚无可称为“茶具”的器皿。只有当茶叶作为日用饮料之后，相应的器皿才有可能逐渐产生。

茶具，古代亦称茶器或茗器。西汉辞赋家王褒《僮约》有“烹茶尽具，酺已盖藏”之约，这是我国最早提到“茶具”的一条史料。到唐代，“茶具”一词在诗文里触处可见，晚唐诗人陆龟蒙《零陵总记》载：“客至不限数，竟日执茶器。”中唐诗人白居易《睡后茶兴忆杨同州诗》:“此处置绳床，旁边洗茶器。”晚唐文学家皮日休《褚家林亭诗》有“萧疏桂影移茶具”之语。宋、元、明几个朝代，“茶具”一词在各种书籍中都可以看到，如《宋史·礼志》载:“皇帝御紫宸殿，六参官起居北使……是日赐茶器名果。”宋代皇帝将“茶器”作为赐品。北宋画家文同有“惟携茶具赏绝”的诗句。南宋诗人翁卷写有“一轴黄庭看不厌，诗囊茶器每随身。”的名句，元画家王冕《吹萧出峡图诗》有“酒壶茶具船上头。”明初号称“吴中四杰”的画家徐贲一天夜晚邀友人品茗对饮时，他趁兴写道:“茶器晚犹设，歌壶醒不敲。”

唐宋以来，铜和陶瓷茶具逐渐代替古老的金、银、玉制茶具，原因主要是唐宋时期，整个社会兴起一股家用铜瓷，不重金玉的风气。据《宋稗类钞》说“唐宋间，不贵金玉而贵铜磁(瓷)。”铜茶具相对金玉来说，价格更便宜，煮水性能好。陶瓷茶具盛茶又能保持香气，所以容易推广，又受大众喜爱。这种从金属茶具到陶瓷茶具的变化，也从侧面反映出，唐宋以来，人们文化观，价值观，对生活用品实用性的取向有了转折性的改变，在很大程度上说，这是唐宋文化进步的象征。

再之，唐宋以来，陶瓷茶具明显取代过去的金属、玉制茶具，这还与唐宋陶瓷工艺生产的发展直接有关。一般来说，我国魏晋南北朝时期瓷器生产开始出现飞跃发展，隋唐以来我国瓷器生产进入一个繁荣阶段。如唐代的瓷器制品已达到圆滑轻薄的地步，唐皮日休说道:“邢客与越人，皆能造瓷器，圆似月魂堕，轻如云魄起。”当时的“越人”多指浙江东部地区，越人造的瓷器形如圆月，轻如浮云。因此还有“金陵碗，越瓷器”的美誉。王蜀写诗说:“金陵含宝碗之光，秘色抱青瓷之响。”宋代的制瓷工艺技术更是独具风格，名窑辈出，如“定州白窑”、“柴窑”。据说“柴窑”出的瓷器“颜色如天，其声如磐，精妙之极”。北宋政和年间，京都自置窑烧造瓷器，名为“官窑”。北宋南渡后，有邵成章设后苑，名为“邵局”，并仿北宋遗法，置窑于修内司造青器，名为“内窑”。内窑瓷器“油色莹彻，为世所珍。”宋大观年间(1107～1110年)景德镇陶器色变如丹砂(红色)，也是为了上贡的需要。大观年间朝廷贡瓷要求“端正合制，莹无暇疵，色泽如一。”宋朝廷命汝州造“青窑器”，其器用玛瑙细末为油，更是色泽洁莹。当时只有贡御宫廷多下来一点青窑器方可出卖，“世尤难得”。汝窑被视为宋代瓷窑之魁，史料说当时的茶盏、茶罂(茶瓶)价格昂贵到了“鬻(卖)诸富室，价与金玉等(同)。”世人争为收藏。除上例之外，宋代还有不少民窑，如乌泥窑、余杭窑、续窑等生产的瓷器也非常精美可观。一言蔽之，唐宋陶瓷工艺的兴起是唐宋茶具改进与发展的根本原因。随着时代的变迁，岁月的流逝，人们的日常品茶跨越了仅仅是生理需要的阶段，而升华为一种文化，一种为全民族所共有的文化，而茶和茶具也就成为珠联璧合的文化载体。饮茶进入艺术品饮的唐宋时代，人们不仅开始讲究茶叶本身的形式美和色、香、味、形四佳，也开始讲究起茶具之完备、精巧，乃至茶具本身的艺术美，以增加人们的感官享受，达到心地的进一步调适和谐。

二、茶具的种类

(一)按茶具的质地

1. 紫砂茶具

紫砂茶具造型奇巧、古香古色、典雅精美、装饰大方、气质独特，集金石书画为一体，具有古朴典雅的艺术特色，并且具有良好的保味功能，用来泡茶香味特别醇郁，因此寸柄之壶，盈握之杯，拥有极高的艺术欣赏和实用价值，是中国文化的瑰宝，多年来成了海内外人们青睐的收藏品。紫砂茶具主要产于宜兴，它采用的是深藏于宜兴山腹地层中薄薄的一层紫砂泥，号称“泥中泥”，其质地优异：含砂低，可塑性强，砂土中含有较多有益人体的微量元素。由于其成陶火温较高，烧结致密，胎质细腻，既不渗透，又有肉眼看不到的气孔，经久使用，还能吸附茶汁蕴蓄茶味，故沏茶时不失原味，使用日久越发显现光润古雅。紫砂茶具还远播海外，受到世界人民的喜爱。被西方人称为“红色瓷器”。

2. 瓷器茶具

(1)白瓷茶具

白瓷早在唐代就有“假玉器”之称。它兼优彩陶和瓷的特点，多洁白无暇、华丽精制，能很好的反映出茶汤的色泽，适合冲泡各类茶叶。加之白瓷茶具色彩和谐悦目，有的壶身还经过素刻、镶嵌、描金、丝绸印花等装饰，造型各异，光彩照人，堪称饮茶器皿中之珍品。北宋以后，江西景德镇因生产的瓷器质地光润，白里泛青，雅致悦目而异军突起，技压群芳，逐步发展成为中国的“瓷都”。除了景德镇之外，湖南醴陵、河北唐山、安徽祁门的白瓷茶具也各有特色。

(2)青瓷茶具

青瓷茶具始于晋代，主产地为浙江。到了宋代浙江龙泉哥窑、弟窑的生产水平达到了鼎盛时期。青瓷质地细润，釉色晶莹，青中泛蓝，如冰似玉，给人以极美的视觉感受。不过，用来冲泡红茶、白茶、黑茶、黄茶时，则容易使茶汤失去本来面目，这是其不足之处.

(3)黑瓷茶具

黑瓷茶具流行于宋代。宋徽宗赵佶在《大观茶论》中写道：“盏色贵青黑，玉豪条达者为上，取其焕发茶彩色也。”因为在宋代，茶色贵白，所以宜用黑瓷茶具陪衬。黑瓷以建安窑(今在福建省建安市)所产的最为著名。这里所产的兔毫盏，釉底色黑亮而纹如兔毫，黑底与白毫相映成趣，加上造型典雅，特别为日本人所推重。

(4)彩瓷茶具

彩瓷茶具釉色润厚，绚丽多彩，颜色十分丰富也纯正，观之赏心悦目、乐趣无穷。彩瓷茶具的品种花色很多，其中尤以青花瓷茶具最引人注目。它主要产于我国的“瓷都”景德镇，其产品造型精巧，彩色鲜丽，画意生动，十分名贵，畅销海内外。

3. 玻璃茶具

玻璃茶具是茶具中的后起之秀。以其质地透明，光泽夺目，外形可塑性大，形态各异，用途广泛而受到人们的青睐。因为有了玻璃茶具，人们可以尽情地欣赏茶叶在水中起舞的千姿百态；更能见到茶芽在杯中沉浮升降的阿娜；使茶叶不仅能观其色，品其味，闻其香，更具备了观其形的条件。而且玻璃茶具价廉物美，所以深受广大消费者的欢迎和喜爱。

4. 漆器茶具

漆器茶具主要产于福建福州一带，漆器茶具较为著名的有北京的雕漆茶具，福州的脱胎茶具，江西波阳、宜春等地生产的脱胎漆器茶具等。这些漆制茶具，做工精美，且轻巧美观、色泽光亮、明镜照人，又不怕水浸，能耐温、耐酸碱腐蚀，具有很高的艺术欣赏价值和实用价值，常为鉴赏家所收藏。

5. 金属茶具

金属茶具是在历史上昙花一现的茶具，主要用于宫廷茶宴。1987 年 5 月，我国考古学家在陕西扶风县法门寺地宫中发掘出一套晚唐时期的银质鎏金茶具，曾轰动一时，这套茶具精美绝伦，堪称国宝。但是中国茶道的基本精神是“精行俭德”，另外金属茶具并不适用于泡茶，故在茶艺中不提倡使用金属茶具。

6. 竹木茶具

竹木质地朴素无华且不导热，用于制作茶具具有保温不烫手等优点。另外，竹木还有天然纹理，做出的茶具别具一格，很耐观赏。目前主要用竹木制作茶盘、茶池、茶道具、茶叶罐等，也有少数地区用木茶碗饮茶。

7. 其他茶具

除了上述六类常见的茶具之外，还有用玉石、水晶、玛瑙以及各种珍稀原料制成的茶具。例如在台湾，木纹石、黑石胆、尼山石、端石的石茶壶很受欢迎，但这些茶具一般用于观赏和收藏，在实际泡茶时很少使用。

（二）按茶具的功能

1. 主茶具

（1）茶壶

茶壶是用以泡茶的器具。壶由壶盖、壶身、壶底和圈足四部分组成。壶盖有孔、钮、座等细部。壶身有口、延（唇墙）、嘴、流、腹、肩、把（柄、板）等细部。由于壶的把、盖、底、形的细微部分的不同，壶的基本形态就有近 200 种。茶壶以陶器和瓷器为佳，茶壶大小，以小为宜。通常用来品茶的茶壶大都是 300 毫升以下容量的小茶壶。另外鉴赏壶时无论它的外形怎样千变万化，始终注意五个方面：

①一看壶的嘴、把、体三个部分是否均衡。美本身就是一种均衡，各部分不均衡的壶很难称得上美。

②二看有没有神韵。即仔细观察从形态上流露出的艺术感染力。

③三看泥质。好的壶泥质色泽润滑、光华凝重、亲切悦目、古雅亲人。

用手平托起壶身，然后用壶盖的边沿轻轻敲击壶身或壶把，发音清亮悦耳甚至有钢声且余音悠扬者为上品。

④四看实用性。好的壶应拿起来感到舒服适手。从壶中倾出茶汤时应出水流畅，水柱光滑而不散乱，俗称“七寸注水不泛花”。好的壶还要“收断水”利索自如，壶嘴不留余沥。

⑤五看装饰。看装饰主要是看浮雕、堆雕、泥绘、彩绘、镶嵌、陶刻、铭文、印鉴等的款式和水平。

(2)茶碗

品茶用的茶碗为盖碗，包括茶碗、碗盖、托碟三部分。盖碗以江西景德镇白瓷为佳。

① 圆底。碗底呈圆形。

② 尖底。碗底呈圆锥形，常称为茶盏。

(3)茶杯

茶杯是盛放泡好的茶汤并饮用的器具。

①翻口杯。杯口向外翻出似喇叭状。

②敞口杯。杯口大于杯底，也称盏形杯。

③直口杯。杯口与杯底同大，也称桶形杯。

④收口杯。杯口小于杯底，也称鼓形杯。

⑤把杯。附加把手的茶杯。

⑥盖杯。附加盖子的茶杯，有把或无把。

茶杯的功能是用于饮茶，要求持拿不烫手，啜饮又方便。杯的造型丰富多样，其料用感觉亦不尽相同，下面介绍挑选时一般的准则：

①杯口。杯口需平整，可倒置平板上，两指按住杯底左右旋转，若发出叩击声，则杯口不平，反之则平整。通常翻口杯比直口杯和收口杯更易于拿取，且不易烫手。

②杯身。盏形杯不必抬头即可饮尽茶汤，直口杯抬头方可饮尽，而收口杯则须仰头才能饮尽，可根据各人喜好选择。

③杯底。选择方法同杯口，要求平整。

④大小。与茶壶匹配，小壶配以容水量在20~50毫升的小杯，过小或过大都不适宜，杯深不应小于2.5厘米，以便持拿；大茶壶配以容量100~150毫升的大杯，兼有品饮与解渴的双重功能。

⑤色泽。杯外侧应与壶的色泽一致，内侧的颜色对汤色的影响极大，为观看茶汤真实的色泽，宜选用白色内壁。有时为增加视觉效果，一些特殊的色泽也可以，如青瓷有助于绿茶茶汤“茶中带绿”的效果，牙白瓷可使橘红色的茶汤更娇柔，紫砂和黑釉等本色，则不易观看汤色的色泽、明亮度，但一般饮用时可使茶汤显得更加醇厚。

⑥杯的只数。在唐代一般均以单数配备杯子，现代则单、双数均可。在购买成套茶具时，可在壶中盛满水，再一一注入杯子，即可测知是否相配。在用于泡茶时，茶叶会占去壶容量的20%~30%。斟茶时杯中茶汤七

八分满即可。一壶一杯，宜独坐品茗、感悟人生；一壶三杯，宜一二知己煮茶夜谈；一壶五杯，宜亲友相聚、吃茶休闲；若人数再多，则宜用几套壶具或泡大桶茶，也其乐融融。在购买时，最好能买些备用的杯子，可作杯子破损后的替补。

(4)闻香杯

茶汤倒入品茗杯后，闻嗅留在杯里的香气之器具。

(5)同心杯

大茶杯中有一只滤胆，将茶渣分离出来。

(6)茶盅

又称茶海，也有谓之“公道杯”，形状似无柄的敞口茶壶。茶壶或盖碗的茶泡到适当程度倒入茶盅，再由茶盅分倒入各个茶杯。这样可以沉淀茶渣、茶沫，并使茶汤浓度均匀。

(7)茶船

又称茶池，放茶壶的垫底茶具。形状有盘形、碗形，茶壶置于其中，保养茶壶，盛熟水时，可供暖壶烫杯之用。既可增加美观，又可防止茶壶烫伤桌面。有时还作为“温壶”、“淋壶”时蓄水用，观看叶底用，盛放茶渣和涮壶水用。

(8)茶杯托

供托茶杯之用，质地多样，造型不一，但求美观。

(9)盖置

放置壶盖、盅盖、杯盖的器物，保持盖子清洁。

① 托垫式，形似盘式杯托。

② 支撑式，圆柱状物。

③ 从盖子中心点支撑住盖或筒状物。

④ 从盖子四周支撑。

盖置的功用是保持壶盖的清洁，并防止盖上的水滴在桌上，所以盖置要有集水功能。支撑式盖置是筒状物，只能支撑住盖子的中心部位，因此盖子也要设计成有集水功能的，使盖上的水集到中心再滴到筒内蓄积，高度以略高于杯为宜，亦可用直筒杯代之；托垫式盖置可用各种盘子或用各式茶托。

2. 辅助用品

泡茶、饮茶时所需的各种器具，以增加美感，方便操作。

(1)桌布。铺在桌面并向四周下垂的饰物，可用各种纤维织物制成。

(2)泡茶巾。铺于个人泡茶席上的织物或覆盖于洁具、干燥后的壶杯等茶具上。常用棉、丝织物制成。

(3)茶盘。摆置茶具，用以泡茶的基座。用竹、木、金属、陶瓷、石等制成，有规则形、自然形、排水形等多种。

(4)茶巾。用以擦洗、抹拭茶具的棉织物；或用作抹干泡茶、分茶时溅出的水滴；托垫壶底；吸干壶底、杯底之残水。

(5)茶巾盘。放置茶巾的用具。竹、木、金属、搪瓷等均可制作。

(6)奉茶盘。以之盛放茶杯、茶碗、茶具、茶食等，恭敬端送给品茶者，显得洁净而高雅。

(7)茶匙。从储茶器中取干茶之工具，或在饮用添加茶叶时作搅拌用，常与茶荷搭配使用。

(8)茶荷。古时称茶则，是控制置茶量的器皿，用竹、木、陶、瓷、锡等制成。同时可作观看干茶样和置茶分样用。

(9)茶针。由壶嘴伸入壶中防止茶叶阻塞，使出水流畅的工具，以竹、木制成。

(10)茶箸。泡头一道茶时，刮去壶口泡沫之具，形同筷子，也用于夹出茶渣，在配合泡茶时亦可用于搅拌茶汤。

(11)渣匙。从泡茶器具中取出茶渣的用具，常与茶针相连，即一端为茶针，另一端为渣匙，用竹、木制成。

(12)箸匙筒。插放箸、匙、茶针等用的有底筒状物。

(13)茶拂。用以刷除茶荷上所沾茶末之具。

(14)计时器。用以计算泡茶时间的工具，有定时钟和电子秒表，可以计秒的为佳。

(15)茶食盘。置放茶食的用具，用瓷、竹、金属等制成。

(16)茶叉。取食茶食用具，金属、竹、木制。

(17)餐巾纸。垫取茶具、擦手、拭杯沿用。

(18)消毒柜。用以烘干茶具和消毒灭菌。

3. 备水器

(1)净水器。安装在取水管道口用于纯净水质，应按泡茶用水量和水质要求选择相应的净水器，可配备一至数只。

(2)储水缸。利用天然水源或无净水设备时，储放泡茶用水，起澄清和挥发氯气作用，应特别注意保持清洁。

(3)煮水器。由烧水壶和热源两部分组成，热源可用电炉、酒精炉、炭炉等。

(4)保温瓶。储放开水用。一般用居家使用的热水瓶即可，如去野外郊游或举行无我茶会时，需配备热水瓶，以不锈钢双层胆者为佳。

(5)水方。置于泡茶席上储放清洁的包茶用水的器皿。

(6)水注。将水注入煮水器内加热，或将开水注入壶(杯)中温器、调节冲泡水温的用具。形状近似壶，口较一般壶小，而流特别细长。

(7)水盂。盛放弃水、茶渣等物的器皿，亦称“滓盂”。

4. 备茶器

(1)茶样罐。泡茶时用于盛放茶样的容器，体积较小，装干茶30～50克即可。

(2)储茶罐(瓶)。储藏茶叶用，可储茶250～500克。为密封起见，应用双层盖或防潮盖，金属或瓷质均可。

(3)茶瓮(箱)。涂釉陶瓷容器，小口鼓腹，储藏防潮用具，也可用马口铁制成双层箱，下层放干燥剂(通常用生石灰)，上层用于储藏，双层间以带孔搁板隔开。

5. 盛运器

(1)提柜。用以存储泡茶用具及茶样罐的木柜，门为抽屉式，内分格或安放小抽屉，可携带外出泡茶用。

(2)都篮。竹编的有盖提篮，放置泡茶用具及茶样罐等，可携带外出泡茶。

(3)提袋。携带泡茶用具及茶样罐、泡茶巾、坐垫等物的多用袋，用人造革、帆布等制成的背带式袋子。

(4)包壶巾。用以保护壶、盅、杯等的包装布，以厚实而柔软的织物制成，四角缝有雌雄搭扣。

(5)杯套。用柔软的织物制成，套于杯外。

6. 泡茶席

(1)茶车可以移动的泡茶桌子，不泡茶时可将两侧台面放下，搁架向对关闭，桌身即成一柜，柜内分格，放置必备泡茶器具及用品。

(2)茶桌。用于泡茶的桌子。长约120~150厘米，宽约60~80厘米。

(3)茶席。用以泡茶的地面，常常用泡茶巾垫之。

(4)茶凳。泡茶时的坐凳，高低应与茶车或茶桌相配。

(5)坐垫。在炕桌上或地上泡茶时，用于坐、跪的柔软垫物。大都为60厘米×60厘米的方形物，或60厘米×45厘米的长方形物，为方便携带，可制成折叠式。

7. 茶室用品

(1)屏风。遮挡非泡茶区域或作装饰用。

(2)茶挂。挂在墙上营造气氛的书画艺术作品。

(3)花器。插花用的瓶、篓、篮、盆等物。

三. 茶具的选择与使用

(一) 茶具的组合美

将茶具进行搭配组合，是茶人在茶艺活动中对美的创造。在茶具的选用与搭配时，一般要注意两个方面的问题：一是茶具的选用要与所要泡的茶叶相适应。如果饮用高档的绿茶、花茶、白茶、黄茶等，这些茶叶茶质细嫩，特别是茶芽多为一芽一叶，或一芽二叶，身披白毫，其形纤细，宛若少女，这类茶，一般选用晶莹剔透的玻璃杯来冲泡，才能在冲泡的过程中欣赏到细嫩的茶芽在温水的浸泡下，慢慢舒展开来的有趣情景。充分领悟茶形美、味醇、色翠、香郁的四绝盛誉。而对于乌龙茶来说，则要用小巧的紫砂壶，因为紫砂壶能使乌龙茶保持真味，壶小则宜于趁热饮尽壶中之茶，品味乌龙茶的神韵。对于质量一般的花茶，特别是碎叶多的花茶、普洱茶散茶则适宜用瓷壶冲泡，瓷壶密度大，适合冲泡香气高的茶品。而黑茶、砖茶等则需要煮后饮用。其次，茶具的搭配应注意各件茶具外形、质地、色泽等方面的协调与对比，注意对称美与不均齐美的结合应用。对于初学茶艺的人来讲，最常见的问题是只喜欢选用质地相同的、清一色的整套茶具，而不敢打破原有的配套，进行一些大胆的对比强烈的组合。比如用古朴的紫砂壶配精巧细致的白瓷杯;用石质茶盘配白瓷小盖碗等等。

(二)茶具的使用

茶具在使用时需要时时清洁，只有清洁的茶具才能保证茶的本色、原味、真香。因为"茶性淫"，极易吸收其他物质的味道，所以，泡茶前一定要洁具，泡茶后，也一定要洁具。过去有一种说法，认为紫砂壶不能刷洗，陈年茶垢能够养壶。甚至有人认为，好的紫砂壶经年使用后，倒入白水也能冲出茶香来，其原因就是因为有陈年的茶垢。这是不正确的看法。紫砂茶具具有很强的吸附性，使用的时间越久，泡茶时茶汤的香与味渗入壶中越多，所以会产生白水冲入有茶水流出的现象。如果茶在与空气发生氧化后，在壶内变质，其变质的异味同样会被茶壶所吸收，从而使以后泡的茶也相应产生异味。另外，不同品类的茶尽量固定一种茶具，特别是茶壶，以使各种茶品之间的香与味不会互相影响，不使壶中的茶香过于复杂。这一点尤其是对紫砂壶更为重要。再次，茶具的摆放要布局合理，实用、美观，注重层次感，有线条的变化。摆放茶具的过程要有序，左右要平衡，尽量不要有遮挡。如果有遮挡，则要按由低到高的顺序摆放，将低矮的茶具放在客人视线的最前方。为了表达对客人的尊重，壶嘴不能对着客人，而茶具上的图案要正向客人，摆放整齐。

第二节　茶艺

一、茶艺

"茶艺"一词源于 20 世纪 70 年代的台湾。当时为了区别于日本"茶道"，在台湾使用"茶艺"一词。茶艺是在茶道精神的指导下的茶事实践，它包括茶艺的技能，品茶的艺术，以及茶人在茶事过程中以茶为媒体去沟通自然、内省自性、完善自我的心理体验。

(一)茶艺的分类

1. 以人为主体分类，即以参与茶事活动的茶人的身份不同进行分类。

(1)宫廷茶艺

宫廷茶艺是我国古代帝王为敬神祭祖或宴赐群臣进行的茶艺，比较有名的有唐代的清明茶宴，唐玄宗与梅妃斗茶，宋代皇帝游观赐茶等，均可视为宫廷茶艺。宫廷茶艺的特点是场面宏大，礼仪繁琐，气氛庄严，茶具奢华，等级森严且带有政治教化、政治导向等政治色彩。

(2)文士茶艺

文士茶艺是在历代儒士们品茗斗茶的基础上发展起来的茶艺。比较有名的有唐代吕温写的三月三茶宴，白居易写的湖州茶山境会等。文士茶艺的特点是文化内涵厚重，品茗时注重意境，茶具精巧典雅，表现形式多样，气氛轻松愉悦，常和赏花、清谈、玩月、抚琴、吟诗、联句等相结合，深得怡情悦心，修身养性之真趣。

(3)民俗茶艺

我国是一个有56个民族组成的大家庭，各民族对茶虽有共同的爱好，但却有不同的品茶习俗。在长期的茶事实践中，不少地方的老百姓都创造出了有独特韵味的民俗茶艺。如藏族的酥油茶，蒙古族的奶茶，白族的三道茶，土家族的擂茶，傣族的竹筒香茶等。民俗茶艺的特点是表现形式多姿多彩，清饮混饮不拘一格，具有极广泛的群众基础。

(4)宗教茶艺

我国的佛教和道家与茶结有深缘，僧人羽士们常以茶礼佛、以茶祭神、以茶助道、以茶待客、以茶修身，所以形成了多种茶艺形式。目前流传较广的有禅茶茶艺和太极茶艺等。宗教茶艺的特点是特别讲究礼仪，气氛庄严肃穆，茶具古朴典雅，情调修身养性或以茶释道。

2. 以茶为主体分类

以茶为主体来分类，实质上是茶艺顺茶性的表现。我国的自然茶分为绿茶、红茶、乌龙茶、黄茶、白茶、黑茶、花茶和紧压茶虽然属于再制茶，但在茶艺中也常用。所以以茶为主体来分类，茶艺至少可分为八类。

3. 以表现形式分类

(1)表演型茶艺

表演型茶艺是指由一个或几个茶艺表演者在舞台上演示茶艺技巧，众多的观众在台下欣赏。因为绝大多数观众无法鉴赏到茶的色、香、味、形，更品不到茶的韵，这种舞台式的表演称不上完整的茶艺。只能称为茶舞、茶技或泡茶技能的演示。但是这种表演使用于大型聚会，在推广茶文化，普及和提高泡茶技艺等方面都有良好的作用，同时比较适合表现历史性题材或进行专题艺术化表演，所以仍具有存在的价值。

(2)待客型茶艺

待客型茶艺是由一个主人与几位嘉宾围桌而坐，一同赏茶、鉴水、闻香、品茗。在场的每一个人都是茶事活动的直接参与者，而非旁观者。每一个人都可以自由地交流情感、切磋茶艺、探讨茶道奥义。所以，在以艺示道方面，待客型茶艺比表演型茶艺更具优势。适用于茶艺馆、企事业单位、行政机关及普通家庭。但是，待客型茶艺比较难用于大规模的聚会。

(二)茶艺六要素

茶艺六要素是人、茶、水、器、境、艺。要达到茶艺美，就必须人、茶、水、器、境、艺六要素俱美。六美荟萃，相得益彰，才能使茶艺达到尽善尽美的完美境界。

1. 人之美

在茶艺诸要素中茶由人制、境由人创、水由人鉴、茶具器皿由人选择组合、茶艺程序由人编排，人是茶艺最根本的要素，同时也是最美的要素。人的美主要有两个方面：一是作为自然人所表现的外在的形体美；另一方面是作为社会人所表现出的内在的心灵美。做到这一点可以从以下几方面着手：

(1)仪表

每个人的容貌非自己可以选择，天生丽质是靠父母的遗传之福，但并不一定能做到艺美。正如俗话说："聪明面孔笨肚肠。"有的人由于动作的协调性及悟性水平很低，给人的感觉是紧张，并不觉得美。而有的人虽相貌平平，但因为有较高的文化修养、得体的行为举止，靠自己的勤奋，以神、情、技动人，显得非常自信，灵气逼人。茶艺更看重的是气质，所以表演者应适当修饰仪表。如果真正的天生丽质，则整洁大方即可。一般的女性可以淡妆，表示对客人的尊重，以恬静素雅为基调，切忌浓妆艳抹，有失分寸。来自内心世界的美才是最高境界的。

(2)姿态

姿态是身体呈现的样子。从中国传统的审美角度来看，人们推崇姿态的美高于容貌之美。古典诗词文献中形容一位绝代佳人，用"一顾倾人城，再顾倾人国"的句子，顾即顾盼，是好秋波一转的样子。或者说某一女子有林下之风，就是指她的风姿迷人，不带一丝烟火气。茶艺表演中的姿态也比容貌重要，需要从坐、立、跪、行等几种基本姿势练起。

①坐姿

坐在椅子或凳子上，必须端坐中央，使身体重心居中，否则会因坐在边沿使椅(凳)子翻倒而失态；双腿膝盖至脚踝并拢，上身挺直，双肩放松；头上顶下颌微敛，舌抵下颚，鼻尖对肚脐；女性双手搭放在双腿中间，左手放在右手上，男性双手可分搭于左右两腿侧上方。全身放松，思想安定、集中，姿态自然、美观，切忌两腿分开或翘二郎腿还不停抖动、双手搓动或交叉放于胸前、弯腰弓背、低头等。如果是作为客人，也应采取上述坐姿。若被让坐在沙发上，由于沙发离地较低，端坐使人不适，则女性可正坐，两腿并拢偏向一侧斜伸(坐一段时间累了可换另一侧)，双手仍搭在两腿中间；男性可将双手搭在扶手上，两腿可架成二郎腿但不能抖动，且双脚下垂，不能将一腿横搁在另一腿上。

②跪姿

在进行茶道表演的国际交流时，日本和韩国习惯采取席地而坐的方式，另外如举行茶会时也用此种姿势。对于中国人来说，特别是南方人极不习惯，因此特别要进行针对性训练，以免动作失误，有伤大雅。

• 跪坐。日本人称之为"正坐"。即双膝跪于座垫上，双脚背相搭着地，臀部坐在双脚上，腰挺直，双肩放松，向下微收，舌抵上颚，双手搭放于前，女性左手在下，男性反之。

• 盘腿坐。男性除正坐外，可以盘腿坐，将双腿向内屈伸相盘，双手分搭于两膝，其他姿势同跪坐。

• 单腿跪蹲。右膝与着地的脚呈直角相屈，右膝盖着地，脚尖点地，其余姿势同跪坐。客人坐的桌椅较矮或跪坐、盘腿坐时，主人奉茶则用此姿势。也可视桌椅的高度，采用单腿半蹲式，即左脚向前跨一步，膝微屈，右膝屈于左脚小腿肚上。

③站姿

在单人负责一种花色品种冲泡时，因要多次离席，让客人观看茶样、奉茶、奉点等，忽坐忽站不甚方便，或者桌子较高，下坐操作不便，均可采用站式表演。另外，无论用哪种姿态，出场后，都得先站立后再过渡到坐或跪等姿态，因此，站姿好比是舞台上的亮相，十分重要。站姿应该双脚并拢，身体挺直，头上顶下颌微收，眼平视，双肩放松。女性双手虎口交叉(右手在左手上)，置于胸前。男性双脚呈外八字微分开，身体挺直，头上顶上颌微收，眼平视，双肩放松，双手交叉(左手在右手上)，置于小腹部。

④行姿

女性为显得温文尔雅，可以将双手虎口相交叉，右手搭在左手上，提放于胸前，以站姿作为准备。行走时移动双腿，跨步脚印为一直线，上身不可扭动摇摆，保持平稳，双肩放松，头上顶下颌微收，两眼平视。男性以站姿为准备，行走时双臂随腿的移动可以身体两侧自由摆动，余同女性姿势。转弯时，向右转则右脚先行，反之亦然。出脚不对时可原地多走一步，待调整好后再直角转弯。如果到达客人面前为侧身状态，需转身，正面与客人相对，跨前两步进行各种茶道动作，当要回身走时，应面对客人先退后两步，再侧身转弯，以示对客人尊敬。

(3)风度

泛指美好的举止姿态。在茶道活动中，各种动作均要求有美好的举止，评判一位茶道表演者的风度良莠，主要看其动作的协调性。在“姿态”一节中所述的各种姿态，实际都是采用静气功和太极拳的准备姿势，目的是为人体吐纳自如，真气运行，经络贯通，气血内调，势动于外，心、眼、手、身相随，意气相合，泡茶才能进入“修身养性”的境地。茶道中的每一个动作都要圆活、柔和、连贯，而动作之间又要有起伏、虚实、节奏，使观者深深体会其中的韵味。养成自己美好的举止姿态，可参加各种形体训练、打太极拳、跳民族舞、做健美操、练静气功等等。

(4)礼节

心灵美所包含的内心、精神、思想等均可从恭敬的言语和动作中体现出来。表示尊敬的形式(礼节)和仪式即为礼仪，应当始终贯穿于整个茶道活动中。宾主之间互敬互重，美观和谐。

①鞠躬礼

茶道表演开始和结束，主客均要行鞠躬礼。有站式和跪式两种，且根据鞠躬的弯腰程度可分为真、行、草三种。“真礼”用于主客之间，“行礼”用于客人之间，“草礼”用于说话前后。

● 站式鞠躬。“真礼”以站姿为预备，然后将相搭的两手渐渐分开，贴着两大腿下滑，手指尖触至膝盖上沿为止，同时上半身由腰部起倾斜，头、背与腿呈近90°的弓形(切忌只低头不弯腰，或只弯腰不低头)，略作停顿，表示对对方真诚的敬意，然后，慢慢直起上身，表示对对方连绵不断的敬意，同时手沿脚上提，恢复原来的站姿。鞠躬要与呼吸相配合，弯腰下倾时作吐气，身直起时作吸气，使人体背中线的督脉和脑中线的任脉进行小周天的循环。行礼时的速度要尽量与别人保持一致，以免尴尬。“行礼”要领与“真礼”同，仅双手至大腿中部即行，头、背与腿约呈120°的弓形。“草礼”只需将身体向前稍作倾斜，两手搭在大腿根部即可，头、背与腿约呈150°的弓形，余同“真礼”。

● 坐式鞠躬。若主人是站立式，而客人是坐在椅(凳)上的，则客人用坐式答礼。“真礼”以坐姿为准备，行礼时，将两手沿大腿前移至膝盖，腰部顺势前倾，低头，但头、颈与背部呈平弧形，稍作停顿，慢慢将上身直起，恢复坐姿。“行礼”时将两手沿大腿移至中部，余同“真礼”。“草礼”只将两手搭在大腿根，略欠身即可。

● 跪式鞠躬。“真礼”以跪坐姿为预备，背、颈部保持平直，上半身向前倾斜，同时双手从膝上渐渐滑下，全手掌着地，两手指尖斜相对，身体倾至胸部与膝间只剩一个拳头的空档(切忌只低头不弯腰或只弯腰不低头)，身体呈45°前倾，稍作停顿，慢慢直起上身。同样行礼时动作要与呼吸相配，弯腰时吐气，直身时吸气，速度与他人保持一致。行礼方法与“真礼”相似，但两手仅前半掌着地(第二手指关节以上着地即可)，身体约呈55°前倾;行“草礼”时仅两手手指着地，身体约呈65°前倾。

②伸掌礼

这是茶道表演中用得最多的示意礼。当主泡与助泡之间协同配合时，主人向客人敬奉各种物品时都用此礼，表示的意思为:“请”和“谢谢”。当两人相对时，可伸右手掌对答表示，若侧对时，右侧方伸右掌，左侧方伸左掌对答表示。伸掌姿势就是:四指并拢，虎口分开，手掌略向内凹，侧斜之掌伸于敬奉的物品旁，同时欠身点头，动作要一气呵成。

③寓意礼

茶道活动中，自古以来在民间逐步形成了不少带有寓意的礼节。如最常见的为冲泡时的“凤凰三点头”，即手提水壶高冲低斟反复三次，寓意是向客人三鞠躬以示欢迎。茶壶放置时壶嘴不能正对客人，否则表示请客人离开;回转斟水、斟茶、烫壶等动作，右手必须逆时针方向回转，左手则以顺时针方向回转，表示招手“来！来！来!”的意思，欢迎客人来观看，若相反方向操作，则表示挥手“去！去！去!”的意思。另外，有时请客人选点茶，有“主随客愿”之敬意;有杯柄的茶杯在奉茶时要将杯柄放置在客人的右手面，所敬茶点要考虑取食方便。总之，应处处从方便别人考虑。

另外，不同民族还有不同的茶礼和忌讳。例如蒙古族敬茶时，客人应躬身双手接茶而不可单手接茶；土族人最忌讳用有裂缝或有缺口的茶碗上茶；藏族同胞最忌讳把茶具倒扣放置，因为只有死人用过的茶碗才倒扣着放；生活在西北地区的少数民族一般都忌讳高斟茶，特别是忌讳在斟茶时冲起满杯的泡沫，因为，这样会使他们联想到沙漠、草原上牲口尿尿，认为高斟茶是对他们人格的污辱。各地的茶礼、茶俗很多，我们应当尽可能多学习一些，以免犯忌。

2. 茶之美

(1)茶的名之美

我国名茶的名称大多数都很美，这些茶名大体上可分为五类：

①地名加茶树的植物学名称。从这类茶名我们一眼即可了解该茶的名种和产地。如西湖龙井、武夷肉桂、闽北水仙、安溪铁观音、永春佛手等。其中的西湖、武夷、闽北、安溪、永春是地名，龙井、肉桂、水仙、铁观音、佛手是茶树的品种名称。

②地名加茶叶的形状特征。如六安瓜片、平水珠茶、君山银针、古丈毛尖等。其中六安、平水、君山、古丈是地名，瓜片、珠茶、银针、毛尖是茶叶的外形。

③地名加上富有有想像力的名称。如庐山云雾、敬亭绿雪、舒城兰花、恩施玉露、日铸雪芽、南京雨花、顾渚紫笋等。其中庐山、敬亭、舒城、恩施、日铸、南京、顾渚是地名，而云雾、绿雪、兰花、玉露、雪芽、雨花、紫笋等都可引起人们美妙的联想。

④有着美妙动人的传说或典故。如碧螺春、文君嫩绿、大红袍、铁罗汉、水金龟、白鸡冠、绿牡丹等。例如碧螺春，原名“吓煞人香”，相传康熙三十八年，抚臣宋荦以“吓煞人香”进贡，康熙皇帝认为茶是极品，但名称不雅，便根据该茶形状卷曲如螺，色泽碧绿，采制于早春而赐名“碧螺春”。

⑤其他类型。这种类型的茶名也多能引发茶人美好的联想，如寿眉、银毫、金佛、湘波绿、翠螺、佛手、奇兰、白牡丹、龙须茶等。

(2)茶的外形美

我国的自然茶分为绿茶、红茶、乌龙茶(青茶)、黄茶、白茶、黑茶等六大类，这六类茶的外观形状虽有差别，但在茶人的眼里无论是什么茶，都有其形态之美。对于茶叶的外形美，审评师的专业术语有显毫、匀齐、细嫩、紧秀、紧结、浑圆、圆结、挺秀等。如武夷山是茶的品种王国，仅清代咸丰年间(1851~1861)记载的名茶就有830多种，武夷山的茶人们爱茶爱得至深，他们根据茶叶的外观形状和色泽，为武夷岩茶起了不少形像而生动的茶名。如：白端香、东篱菊、孔雀尾、素心兰、金丁香、金观音、醉西施、绿牡丹、瓶中梅、金蝴蝶、佛手莲、珍珠球、老君眉、瓜子金、绣花针、胭脂米、玉美人、金锁匙、岩中兰、迎春柳等等(《武夷山市志》第272页)。只要您听了这些茶名，闭上眼睛就可以想像到它们的外形有多美。

(3)茶的色之美

茶的色之美包括干茶的茶色和茶汤的汤色两个方面，在茶艺中主要是鉴赏茶的汤色之美。不同的茶类应具有不同的标准汤色。在茶叶审评中常用的术语有“清澈”，表示茶汤清净透明而有光泽。“鲜艳”，表示汤色鲜明而有活力。“鲜明”，表示汤色明亮略有光泽。“明亮”，表示茶汤清净透明。“乳凝”，表示茶汤冷却后出现的乳状浑浊现像。“混浊”，表示茶汤中有大量悬浮物，透明度差，是劣质茶的表现。

(4)茶的香之美

茶香飘渺不定，变化无穷，有的甜润馥郁，有的清幽淡雅，有的高爽持久，有的鲜灵沁心。按照评茶专业术语，仅茶香的表现性质就有清香、高香、浓香、幽香、纯香、毫香、嫩香、甜香、火香、陈香等，按照茶香的香型可分为花香型和果香型或细分为水蜜桃香、板栗香、木瓜香、兰花香、桂花香等等。

(5)茶的味之美

茶有百味，其中主要有苦、涩、甘、鲜、活。苦是指茶汤入口，舌根感到类似奎宁的一种不适味道。涩是指茶汤入口有一股不适的麻舌之感。甘是指茶汤入口回味甜美。鲜是指茶汤的滋味清爽宜人。活是指品茶时人的心理感受到舒适、美妙、有活力。在此基础上，审评师们对茶的滋味有鲜爽、浓烈、浓厚、浓醇、醇爽、鲜醇、醇厚、回甘、醇正等赞言。品鉴茶的天然之味主要靠舌头，因为味蕾在舌头的各部位分布不均，一般人的舌尖对咸味敏感，舌面对甜味敏感，舌侧对酸涩敏感，舌根对苦味敏感，所以在品茗时应小口细品，让茶汤在口腔内缓缓流动，使茶汤与舌头各部分的味蕾都充分接触，以便精细而准确地判断茶味。

3. 水之美

水之美的标准最早提出美水标准的是宋徽宗赵佶，他在《大观茶论》中写道:“水以清、轻、甘、冽为美。轻甘乃水之自然，独为难得。”这位精通百艺独不精于治国的亡国之君确是才子，他最先把“美 与自然”的理念引入到鉴水之中，升华了品茶的文化内涵。后人在他提出的“清、轻、甘、冽”的基础上，又增加了个“活”字。现代茶人认为“清、轻、甘、冽、活”五项指标俱全的水，才称得上宜茶美水。

(1)水质要清。水之清表现为:“朗也、静也、澄水貌也。”水清则无杂、无色、透明、无沉淀物，最能显出茶的本色。故清明不淆之水称为“宜茶灵水”。

(2)水体要轻。明朝末年无名氏著的《茗芨》中论证说:“各种水欲辨美恶，以一器更酌而称之，轻者为上。”现代科学也证明了这一理论是正确的。水的比重越大，说明溶解的矿物质越多。有实验结果表明，当水中的低价铁超过0.1ppm时，茶汤发暗，滋味变淡;铝含量超过0.2ppm时，茶汤便有明显的苦涩味;钙离子达到2ppm时，茶汤带涩，而达到4ppm时，茶汤变苦;铅离子达到1ppm时，茶汤味涩而苦，且有毒性，所以水以轻为美。

(3)水味要甘。田艺蘅在《煮泉小品》中写道:“甘，美也;香，芬也。”“味美者日甘泉，气氛者日香泉。泉惟甘香，故能养人。”“凡水泉不甘，能损茶味。”所谓水甘，即水一入口，舌尖顷刻便会有甜滋滋的美妙感觉。咽下去后，喉中也有甜爽的回味，用这样的水泡茶自然会增茶之美味。

(4)水温要冽。冽即冷寒之意。明代茶人认为:“泉不难于清，而难于寒。冽则茶味独全。”因为寒冽之水多出于地层深处的泉脉之中，所受污染少，泡出的茶汤滋味纯正。

(5)水源要活。“流水不腐，户枢不蠹。”现代科学证明了在流动的活水中细菌不易大量繁殖，同时活水有自然净化作用，在活水中氧气和二氧化碳等气体的含量较高，泡出的茶汤特别鲜爽可口。

4. 器之美

《易·系辞》中载:“形而上者谓之道，形而下者谓之器。”形而上是指无形的道理、法则、精神，形而下是指有形的物质。在茶艺中，我们既要重视形而上，即在茶艺中要以道驭艺，用无形的茶道去指导茶艺。又要重视形而下，即重视对器之美的研究，用有形的茶艺去反映茶道精神。

5. 境之美

中国诗学一贯主张:“一切景语皆情语，融情于景，寓景于情，情景交融，自有境界。”(《中国社会生活丛书》。李志慧著)人们普遍认为:“喝酒喝气氛，品茶品文化。”故品茶和作诗一样，也特别强调情景交融，特别重视境之美。中国茶艺要求在品茶时要做到环境、艺境、人境、心境四境俱美。

(1)环境美

所谓环境，即品茶的场所，它包括了外部环境和内部环境两个部分。对于外部环境，中国茶艺讲究野幽清寂，渴望回归自然。品茶的内部环境要求窗明几净，装修简素，格调高雅，气氛温馨，使人有亲切感和舒适感。日本专门为茶道设计的茶室讲究“美”源于“用”，强调“美”与“用”相结合，已形成了多样、精巧、谦和、淡雅的风格。

(2)艺境美

茶通六艺，在品茶时则讲究“六艺助茶”。六艺是指琴、棋、书、画、诗和金石古玩的收藏与鉴赏，以六艺助茶我们特别注重于音乐和字画。

我们在茶艺过程中重视用音乐来营造艺境，这是因为音乐、特别是我国古典名曲重情味、重自娱、重生命的享受，有助于为我们的心接活生命之源，有助于陶冶茶人的情操。目前，背景音乐在宾馆、餐厅、茶室里都早已普遍应用，但多 数只是充当陪衬，处于无足轻重的地位，一般无主题，无针对性，而是兴之所至，随意播放。而中国茶道要求在茶艺过 程中播放的音乐应是为了促进人的自然精神的再发现，人文精神的再创造而精心挑选的乐曲。

(3)人境美

品茶,需要安静和美的环境,心静才能品味茶的美妙。如果,环境吵闹,容易心烦意乱,会破坏饮茶的气氛和趣味。因此,饮茶都讲究环境的幽静,客人的彬彬有礼,是饮茶需要追求的人境美。

6. 艺之美

茶艺的艺之美，主要包括茶艺程序编排的内涵美和茶艺表演的动作美、神韵美、服装道具美等两个方面。

(1)程序编排的内涵美

一套茶艺的程序美不美要看四个方面。

一看是否“顺茶性”。通俗地说就是按照这套程序来操作，是否能把茶叶的内质发挥得淋漓尽致，泡出一壶最可口的好茶来。前边介绍过我国的茶叶可分为基本茶类(自然茶类)和再加工茶两大类。基本茶类包括了绿茶、红茶、乌龙茶(青茶)、白茶、黄茶和黑茶等六类，在再加工茶中常用于茶艺表演的有花茶和紧压茶。各类茶的茶性(如粗细程度、老嫩程度、发酵程度、火工水平等)各不相同，所以泡不同的茶时所选用的器皿、水温、投茶方式、冲泡时间等也应各不相同。茶艺是生活艺术，它重在实用，重在自娱、自享，而不是重在表演。按照某套茶艺去操作，如果不能把茶的色、香、味最充分地展示出来，如果泡不出一壶真正的好茶，那么表演得再花哨也称不得好茶艺。

二看是否“合茶道”。通俗地说,就是看这套茶艺是否符合茶道所倡导的“精行俭德”的人文精神，和“和静怡真”的基本理念。茶艺表演既要以道驭艺又要以艺示道。

有些茶艺的程序很传统、很形像、很流行，例如某些地区的功夫茶茶艺中的“关公巡城”、“韩信点兵”，但是因为这些程序刀光剑影、杀气太重，有违茶道以“和”为哲学思想核心的基本精神，所以也称不得是好的茶艺程序。

三看是否科学卫生。目前我国流传较广的茶艺多是在传统的民俗茶艺的基础上整理出来的。有个别程序按照现代的眼光去看是不科学、不卫生的。例如有的地区的茶艺要求泡出的茶要烫嘴，认为烫的茶喝着才过瘾。但从现代医学卫生理论看，过烫的食物反复刺激口腔粘膜易导致口腔病变，诱发口腔癌。有些茶艺的洗杯程序是把整个杯放在一小碗水里洗，甚至是杯套杯滚着洗，这样会使杯外的脏物粘到杯内，越洗越脏。我们这代人对于祖国传统文化继承是前提，创新和发展是责任，对于传统民俗茶艺中不够科学、不够卫生的程序，在整理时应当扬弃。

四看文化品位。这主要是指各个程序的名称和解说词应当具有较高的文学水平，解说词的内容应当生动、准确、有知识性和趣味性,应能够艺术地介绍出所冲泡的茶叶的特点及历史。

(2)茶艺表演的动作美和神韵美

茶艺首先是一门生活艺术而不是舞台艺术，其目的之一也就是使茶艺的爱好者们对茶艺的艺术特点有正确的认识，这样在表演时才能准确把握个性，掌握尺度，表现出茶艺独特的美学风格。茶艺的艺术特点是，比起其他的表演艺术来，茶艺更贴近生活，更直接地服务于生活，它的动作不强调难度，而是强调生活实用性，以及在此基础上去表现流畅的自然美。这就有点像韵律操和竞技体操的差别，茶艺像韵律操而不像竞技体操。在表演风格上茶艺注重自娱、自享和内省内修。这就有点像气功和太极拳一样，它们虽然也可以用于表演，但它根本的作用还是作为个人修身养性的手段。

“韵”是我国艺术美学的最高范畴。可以理解为传神、动心、有余意。在古典美学中常讲“气韵生动”，在茶艺表演中要达到气韵生动，要经过三个阶段的训练。第一阶段要求达到熟练，这是打基础，因为只有熟才能生巧。第二阶段要求动作规范、细腻、到位。第三阶段才是要求传神达韵。在传神达韵的练习中要特别注意“静”和“圆”。在茶艺表演中要做到气韵生动，就必须身心俱静，只有身心俱静，才能凝神专注于茶艺，才能深入细微地去体察自己的内心感受，才能达到体态庄重，动作舒展自如，轻重缓急自然有序，使平凡的泡茶过程出意境，见韵味。“圆”就是指整套动作要一气贯穿，成为一个生命的机体，让人看了觉得有一股元气在其中流转，感受到其生命力的充实与弥漫。

(三)茶的冲泡

对于冲泡艺术而言，非常重要的一点是讲究理趣并存的程序，讲究形神兼备。茶的冲泡程序可分为：备茶、置茶、润茶、冲泡、奉茶、品茶、续水、收具。

1. 备茶

以茶待客要选用好茶。所谓好茶，应注意两个方面，一方面是指茶叶的品质，应选上等的好茶待客。运用茶艺师所掌握的茶叶审评知识，通过人的视觉、嗅觉、味觉和触觉来审评茶的外形、色泽、香气、滋味、汤色和叶底，判断、选择品质最优的茶叶奉献给客人。另一方面，要根据客人的喜好来选择茶叶的品种，同时，也应根据客人的口味的浓淡来调整茶汤的浓度。一般待客时可通过事先的了解或当场的询问了解对方的喜好，同时，作为茶艺师也应根据客人情况的不同有选择地推荐茶叶。如：女士可选择有减肥、美容功能的乌龙茶，男士可推荐降血脂效果显著的普洱茶等。同时，为了迎合四季的变化，增加饮茶的情趣，也可根据季节选择茶叶，如：春季饮花茶，万物复苏，花茶香气浓郁充满春天的气息。夏天饮绿茶，消暑止渴，同时，绿茶以新为贵，也应及早饮用。秋季饮乌龙茶，乌龙茶不寒不温，介于红茶绿茶之间，香气迷人，又助消化。冲泡过程充满情趣，而且耐泡，在丰收的季节里，适于家庭团圆时饮用。冬季饮红茶，红茶味甘性温，能趋走寒气，增加营养，有暖胃的功能。同时，红茶可调饮，充满浪漫气息。茶艺师择茶后，还要将茶叶的产地、品质特色、名茶文化及冲泡要点对客人进行介绍，以便客人更好的赏茶、品茶，在得到物质享受的同时也能得到精神的熏陶。

2. 置茶

沏茶时在杯中放置茶叶有三种方法。日常沏茶习惯都为先放茶叶，后冲入沸水，此称为“下投法”；沸水冲入杯中约三分之一容量后再放入茶叶，浸泡一定时间后再冲满水，称“中投法”；在杯中先冲满沸水后再放茶叶，称为“上投法”。不同的茶叶种类，因其外形、质地、比重、品质及成分浸出率的异同，而应有不同的投茶法。对身骨重实、条索紧结、芽叶细嫩、香味成分高，并对茶汤的香气和茶汤色泽均有要求的各类名茶，可采用“上投”法；对形松展、比重轻、不易沉入茶汤中的茶叶，宜用“下投”或“中投”法沏茶。对于不同的季节，则可以“秋季中投，夏季上投，冬季下投”的方法参考应用。

3. 润茶

沏泡前最好“润茶”。一是为提高茶叶的温度，使其接近沏茶的水温，而提高茶汤的质量。二是为了有利于鉴赏茶叶之香气及鉴别茶叶品质之优劣。方法是将茶壶或茶杯温热并放入茶叶后，即用温度适宜的沏茶水，以逆时针旋转方式将水注入壶或杯中，须注意一俟茶叶湿透后即要停注，随即将盖盖上，将壶杯中的茶水立即倒掉，这时壶杯中的茶叶已吸收了热量与水分，使原来的“干茶”变成了含苞待放的“湿茶”，品茶者就可欣赏茶叶的“汤前香”了，此就是所谓沏茶方法中的“温润泡”法。温润泡法较适宜于沏焙火稍重的茶或陈茶、老茶，如对焙火轻、香气重的茶叶，则沏泡时动作要快，以保持茶叶香气的鉴赏。

4. 冲泡

在泡茶过程中，身体要保持良好的姿态，头要正、肩要平，眼神与动作要和谐自然；要沉肩、垂肘、提腕，要用手腕的起伏带动手的动作，切忌肘部高高抬起；左右手要尽量交替进行，不可总用一只手去完成所有动作，并且左右手尽量不要有交叉动作。冲泡时要掌握高冲低斟原则，即冲水时可悬壶高冲，或根据泡茶的需要采用各种手法，但如果是将茶汤倒出，就一定要压低泡茶器，使茶汤尽量减少在空气中的时间，以保持茶汤的温度和香气。

（1）水温

水温的选择因茶而异，茶越细嫩水温则低，茶越粗老水温则高。水温的控制要长时间的实践练习才能掌握。如八九十度的水温是在水开后多久才能达到，这与煮水时的茶具、室内的温度等客观因素都有关。同样，高温水的维持也要十分注意，水不能长时间煮沸，这是用水常识，但是在冲泡乌龙茶时，每一泡都对水温有要求，我们就要在用水时注意及时调整随手泡的开关或添加清水。沏茶的水温高低是影响茶叶水溶性内含物浸出和香气挥发的重要因素。水温过低，茶叶的滋味成分——香味就不易充分溢出；水温过高，特别是闷泡，则易造成茶汤的汤色和茶叶的暗黄，且香气低。但用水沸过久的水沏茶，则茶汤的新鲜风味也要受损。故沏茶究竟用水温多少，要因茶而异。

不同茶类对沏茶水温的要求也不同。一般来说，细嫩的高级绿茶，以水温 85℃左右的水冲泡为宜。如沏名茶碧螺春、明前龙井、太平猴魁、武夷大红袍、黄山毛峰、君山银针等，切勿用沸水冲泡。因芽叶细嫩，用沸水则将芽叶烫泡至过热而变黄变老，失去茶叶的香味，其营养成分也随之减少。可将沸水先冲入保温瓶内，过一段时间，待水温下降至85℃左右时再沏茶；而乌龙茶、花茶宜用95℃的开水冲泡；红茶如滇红、祁红等可用沸水冲泡；普洱茶用沸水冲泡，才能泡出其香味，且要即冲即饮，沏水后以浸泡2~3分钟为佳，勿超过5分钟，以保持茶香；一般绿茶、红茶、花茶等，也宜用刚沸的水沏茶；而原料粗老的紧压茶类，还不宜用沸水沏，需用煎煮法才能使水溶性物质较快溶解，以充分提取出茶叶内的有效成分，保持鲜爽味。

但仅从营养角度考虑，用沸水沏茶可使茶水中的水溶性物质较快较多地溢出。经研究，同样的沏茶时间，用沸水冲茶，茶叶中的有效成分的浸出量为用低温水冲泡的2倍。随着沏茶水温的提高，茶叶中的茶多酚、氨基酸、糖类、咖啡碱等成分的浸出率相应增大，除糖类外，都以水温90℃升至100℃时，其浸出率的增幅最大。说明沏茶水温的提高有利于茶叶有效成分的浸出，对人体健康有益，同时也有利于茶汤浓度的提高。

(2)掌握沏茶的“茶水比”

沏茶时，茶与水的比例称为茶水比。不同的茶水比，沏出的茶汤香气高低、滋味浓淡各异。茶水比过小(沏茶的用水量多)，茶叶在水中的浸出物绝对量则大，由于用水量大，茶汤就味淡香低；如茶水比过大(沏茶的用水量少)，因用水量少，茶汤则过浓，而滋味苦涩，同时又不能充分利用茶叶浸出物的有效成分。故沏茶的茶水比应适当。由于茶叶的香味、成分含量及其溶出比例不同，以及各人饮茶习惯的不同，对香味、浓度的要求不同等因素，对茶水比的要求也不同。而不同的茶类也有不同的沏茶方法。一般认为，冲泡绿茶、红茶、花茶的茶水比约可采用1:50为宜(即用普通玻璃杯、瓷杯沏茶，每杯约置3克茶叶，可冲入不低于150毫升的沸水)。品饮铁观音、武夷岩茶等乌龙茶类，因对茶汤的香味、浓度要求高，茶水比可适当放大，以1:20为宜(3克茶叶，冲入60毫升以上的水)。

再从个人嗜好、饮茶时间来讲，喜饮浓茶者，茶水比可大些，喜饮淡茶者，茶水比可小些；饭后或酒后适度饮茶，茶水比可大些，临睡前因宜饮淡茶，茶水比则应小些。用茶壶沏茶的用水量：用茶壶沏茶，用水量不宜过大。若一次冲泡水量过多，则壶内热量增大，易使茶汤味变淡，甚而将茶叶烫熟，减少香味，同时还易破坏茶中的维生素C。若水量过少，会使水中氨基酸与儿茶素的比例失调，使茶叶苦涩不爽。更影响口腔内用以品味的粘膜和味蕾的感觉。一般用紫砂壶泡较名贵的茶叶，使用容量150~200毫升的中型壶为宜。壶内放置的茶叶也应适中，过多过少也影响茶味。在中型壶内放置壶内容积三分之一的茶叶较合适，也可以每1克茶叶冲入50毫升的水为限(细嫩茶叶的用水量适当减少，粗茶叶的用水量再适当增大)。

(3)掌握沏茶浸泡的时间

当茶水比和水温一定时，溶入茶汤的滋味成分则随着时间的延长而增加。因此沏茶的冲泡时间和茶汤的色泽、滋味的浓淡爽涩密切相关。另外，茶汤冲泡时间过久，茶叶中的茶多酚、芳香物质等会自动氧化，降低茶汤的色、香、味；茶中的维生素C、P、氨基酸等也会因氧化而减少，而降低茶汤的营养价值。而且茶汤搁置时间过久，还易受环境的污染。如茶叶的浸泡时间特别长，则茶叶中的碳水化合物与蛋白质易滋生细菌而引起霉变，更对人体健康造成危害。故日常家庭沏茶也要掌握沏泡的时间。沏茶时间短，茶汁没有泡出；沏茶时间长，茶汤会有闷浊滋味。日常沏茶提倡边泡边饮为佳。一般红绿茶以冲泡五分钟为宜；红碎茶、绿碎茶因经揉切作用，颗粒细小，茶叶中的成分易浸出，冲泡三四分钟即可（如在茶中加糖或加奶后再冲泡也以五分钟为宜）；乌龙茶因沏茶时先要用沸水浇淋壶身以预热，且茶水比重大，故冲泡时间可缩短为：第一次冲泡时间为一分钟，第二次冲泡时间为一分半，第三次为二分，第四次为二分半，依次递增，以使茶汤不会先浓而淡；紧压茶为获得较高浓度的茶汤，用煎煮法煮沸茶叶的时间应控制在十分钟以上。

5. 奉茶

由于中国南北待客礼俗各有不同，因此可不拘一格。常用奉茶的方法一般在客人左边用左手端茶奉上，而客人则用右手伸掌姿势进行对答礼仪，或从客人正面双手奉上，用手势表示请用，客人同样用手势进行对答（宾主都用右手伸掌作请的姿势）。奉茶时要注意先后顺序，先长后幼、先客后主。斟茶时也应注意不宜太满。"茶满欺客，酒满心实。"这是中国谚语。俗话说"茶倒七分满，留下三分是情分。"这既表明了宾主之间的良好感情，又出于安全的考虑，七分满的茶杯非常好端，不易烫手。同时，在奉有柄茶杯时，一定要注意茶杯柄的方向是客人的顺手面，即有利于客人右手拿茶杯的柄。

6. 品茶

品茶包括四方面内容：一审茶名，二观茶形色泽（干茶、茶汤），三闻茶香（干茶、茶汤），四尝滋味。

茶叶的名称是茶文化的一部分，俗话说"茶叶学到老，茶名记不了。"茶叶名称的由来有的是出自产地、有的源于传说，很值得细细品味。欣赏干茶，即在选茶后对茶的欣赏，包括茶的产地、传说故事、诗词等名茶文化的内容，也包括茶的外形、色泽、香气等品质特征的鉴赏。品尝茶汤的过程：先闻茶香，无盖茶杯是直接闻茶汤飘逸出的香气，如用盖杯、盖碗，则可取盖闻香。温嗅主要评比香气的高低、类型、清浊；冷嗅主要看其香的持久程度。然后再观看茶汤色泽。茶汤色泽因茶而异，即使是同一种茶类茶汤色泽也有一点不同，大体上说，绿茶茶汤翠绿清澈；红茶茶汤红艳明亮；乌龙茶茶汤黄亮浓艳各有特色。最后尝味：小口喝茶，细品其味。使茶汤从舌尖到舌两侧再到舌根，可辨绿茶的鲜爽、红茶的浓甘，同时也可在尝味时再体会一下茶的茶气。茶叶中鲜味物质主要是氨基酸类物质，苦味物质是咖啡碱，涩味物质是多酚类，甜味物质是可溶性糖。红茶制造过程中多酚类的氧化产物有茶黄素和茶红素，其中茶黄素是汤味刺激性和鲜爽的重要成分，茶红素是汤味中甜醇的主要因素。当然，品茶时也要注重精神的享受。品茶不光是品尝茶的滋味，在了解茶的知识和文化的同时，提高品茶者的自身修养，并增进茶友之间的感情。

7. 续水

一杯茶，其冲泡次数也宜掌握一定的"度"。一般茶叶在冲泡三次后就基本无茶汁。根据测定，头泡茶汤含水浸出物总量的50%；二开茶汤含水浸之物总量的30%；三开茶汤含水浸出物总量的10%；而四开则仅为1%~3%了。另外，茶叶中的微量元素往往最后才被泡出。故茶叶经过反复冲泡，会使茶叶中的有害成分(茶叶中的微量元素镉、铬等有害因素；茶中的铜、锌含量过多，对人体也有毒副作用；茶中的草酸或钙的含量过多，也易累积在体内，形成草酸钙结石等)也被浸出而有害人体健康。日常沏茶，无论绿茶、红茶、乌龙茶、花茶，均采用多次冲泡法，一般以冲泡三次为宜，以充分利用茶叶中的有效成分。但沏茶次数过多，则茶汤色淡，也无营养成分，甚而有害人体健康。

8. 收具

做事要有始有终，茶艺过程的最后一项工作就是整理、清洁茶具。这一过程可在客人离开后进行。收具要及时，过程要有序，清洗要干净，不能留有茶渍。特别注意的是茶具要及时进行消毒处理。

(四)现代茶艺撷英

1. 武夷功夫茶艺

武夷茶艺的程序有二十七道，合三九之道。二十七道茶艺如下：

(1)恭请上座。客在上位，主人或侍茶者沏茶、把壶斟茶待客。

(2)焚香静气。焚点檀香，造就幽静、平和的气氛。

(3)丝竹和鸣。轻播古典民乐，使品茶者进入品茶的精神境界。

(4)叶嘉酬宾。出示武夷岩茶让客人观赏。"叶嘉"即宋苏东坡用拟人笔法称呼武夷茶之名，意为茶叶嘉美。

(5)活煮山泉。泡茶用山溪泉水为上，用活火煮到初沸为宜。

(6)孟臣沐霖。即烫洗茶壶。孟臣是明代紫砂壶制作家，后人把名茶壶喻为孟臣。

(7)乌龙入宫。把乌龙茶放入紫砂壶内。

(8)悬壶高冲。把盛开水的长嘴壶提高冲水，高冲可使茶叶翻动。

(9)春风拂面。用壶盖轻轻刮去表面白泡沫，使茶叶清新洁净。

(10)重洗仙颜。用开水浇淋茶壶，既洗净壶外表，又提高壶温。"重洗仙颜"为武夷山一石刻。

(11)若琛出浴。即烫洗茶杯。若琛为清初人，以善制茶杯而出名，后人把名贵茶杯喻为若琛。

(12)玉液回壶。即把已泡出的茶水倒出，又转倒入壶，使茶水更为均匀。

(13)关公巡城。依次来回往各杯斟茶水。

(14)韩信点兵。壶中茶水剩下少许时，则往各杯点斟茶水。

(15)三龙护鼎。即用拇指、食指扶杯，中指顶杯，此法既稳当又雅观。

(16)鉴赏三色。认真观看茶水在杯里的上中下的三种颜色。

(17)喜闻幽香。即嗅闻岩茶的香味。

(18)初品奇茗。观色、闻香后，开始品茶味。

(19)再斟兰芷。即斟第二道茶，“兰芷”泛指岩茶。宋范仲淹诗有“斗茶香兮薄兰芷”之句。

(20)品啜甘露。细致地品尝岩茶，“甘露”指岩茶。

(21)三斟石乳。即斟三道茶。“石乳”，元代岩茶之名。

(22)领略岩韵。即慢慢地领悟岩茶的韵味。

(23)敬献茶点。奉上品茶之点心，一般以咸味为佳，因其不易掩盖茶味。

(24)自斟漫饮。即任客人自斟自饮，尝用茶点，进一步领略情趣。

(25)欣赏歌舞。茶歌舞大多取材于武夷茶民的活动。三五朋友品茶则吟诗唱和。

(26)游龙戏水。选一条索紧致的干茶放入杯中，斟满茶水，恍若乌龙在戏水。

(27)尽杯谢茶。起身喝尽杯中之茶，以谢山人栽制佳茗的恩典。

2. 潮汕功夫茶艺

(1)治器

治器包括:起火、掏火、扇炉、洁器、候汤、淋杯等六个动作。好比打太极拳中的“太极起势”，是一个预备阶段。前面四件事不必多说，这“候汤”、“淋杯”都是初试功夫。大约起火后十几分钟，砂铫中就有声飕飕作响，当它的声音突然将小时，那就是鱼眼水将成了，应立即将砂铫提起，淋罐淋杯，再将砂铫置炉上。这时就是第二件事开始了。

(2)纳茶

打开茶叶，把它倒在一张洁白的纸上，分别粗细，把最粗的放在罐底和滴嘴处，再将细末放在中层，又再将粗叶放在上面，纳茶的功夫就完成了。所以要这样做，因为细末是最浓的，多了茶味容易发苦，同时也容易塞住滴嘴，分别粗细放好，就可以使出茶均匀，茶味逐渐发挥。

纳茶，每一泡茶，大约以茶壶为准，放有七成茶叶在里面就很够了。如果太多，不但泡出的茶太浓，味带苦涩，而且好茶叶多是嫩芽紧卷，一泡以开水之后，舒展开来，变得很大，纳茶太多，连水也冲不进去了。但太少也不行，没有味道。

纳茶是冲功夫茶的第一步功夫。神明变幻，由此起矣。

(3)候汤

苏东坡煎茶诗云:"蟹眼已过鱼眼生",这就是指用这样沸度的水冲茶最好了。《茶说》云:"汤者茶之司命,见其沸如鱼目,微微有声,是为一沸。铫缘涌如连珠,是为二沸。腾波鼓浪,是为三沸。一沸太稚,谓之婴儿沸;三沸太老,谓之百寿汤;若水面浮珠,声若松涛,是为二沸,正好之候也。"《大观茶论》也说:"凡用汤以鱼目蟹眼连锋迸跃为度。"

(4)冲茶

当水二沸,就可以提铫冲茶了。火炉与茶壶的放置处大约刚好走七步。提铫后走了七步,揭开茶壶盖,将滚汤环壶口,沿壶边冲入,切忌直冲壶心(如用盖瓯,只冲一角,然后再冲各角,可同样忌直冲壶心)。提铫宜高,所谓"高冲低斟"是也。高冲使开水有力地冲击茶叶,使茶的香味更快挥发,由于茶精迅速挥发,单宁则来不及溶解,所以茶叶才不会有涩滞。至于走七步再冲,目的在于使滚水稍凉一点,以免破坏维他命 C 也。

(5)刮沫

冲水一定要满,茶壶是否"三山齐",水平面如何,这时要见功效了,好茶壶水满后茶沫浮起,决不溢出(冲水过猛过多,溢出壶面是另一回事),提壶盖,从壶口轻轻刮去茶沫,然后盖定。

(6)淋罐

盖好壶盖,再以滚水淋于壶上。谓之淋罐。淋罐有个作用:一是使热气内外夹攻,逼使茶香精迅速挥发,追加热气;二是小停片刻,罐身水分全干,即是茶熟;三是冲去壶外茶沫。

(7)烫杯

潮州土话说是"烧盅热罐",乃是冲功夫茶中的功夫要点。有一位喝茶专家,此老走遍东西南北,到处总结喝茶的经验,在他喝了功夫茶后说,功夫茶的特点就是一个"热"字。从煮汤到冲茶、饮茶都离不开这一个字,这可谓得其三昧矣。

烫杯,在淋罐之后,用开水淋杯,淋杯时要注意,开水要直冲杯心。烫杯完了,添冷水于砂铫形态的动作,老手者可以同时两手洗两个杯,动作迅速,声调铿锵,姿态美妙。有一位外国朋友,也是一位茶迷,久闻功夫茶之名,不远万里,千方百计,到了中国一定要喝一次功夫茶。在他看到洗茶杯的动作时,不禁赞叹再三,说是比杂技团的功夫还要高明呢。确实,不会洗杯的人,一碰到杯便会给烫得要命,不打破杯子已是幸事,更不必说到"姿态美妙"了。

杯洗完了,把杯中、盘中之水倾倒到茶洗里去,这时,茶壶外面的水分也刚刚好被蒸发完了,正是茶熟之时。老手于此,丝毫不差,便可洒茶敬客了。

(8)洒茶

几经数度功夫,最后一手就是洒茶。洒茶也有四字诀:低、快、匀、尽。

"低"就是前面说过的,"高冲低斟"的"低"。洒茶切不可高,高则香味散失,泡沫四起,对客人极不尊敬。

“快”也是为了使香味不散失，且可保持茶的热度。

“匀”是洒茶时必须像车轮转动一样，杯杯轮流洒匀，不可洒了一杯再洒一杯，因为茶初出，色淡，后出，色浓。“匀”字是很重要的。

“尽”就是不要让余水留在壶中。第一冲还可以留一点，二、三冲切切不可。洒完以后，还要把茶壶倒过来，覆放在茶垫上，使壶里之水分完全滴出，这是因为只要没有水在，单宁就不能溶解，茶就不会苦涩。

洒茶既毕，乘热而饮，杯缘接唇，杯面迎鼻，香味齐到，一啜而尽，三味杯底。据说是“味云腴，餐秀美，芳香溢齿颊，甘泽润喉吻，神明凌霄汉，思想驰古今。”神明变幻，功夫茶之三味于此尽得矣。

3. 绿茶茶艺

(1)用具

玻璃茶杯、香一支、白瓷茶壶一把、香炉一个、脱胎漆器茶盘一个、开水壶两个、锡茶叶罐一个、茶巾一条、茶道器一套、绿茶每人2~3克。

(2)绿茶程序解说

第一道:点香,焚香除妄念。俗话说:“泡茶可修身养性，品茶如品味人生。”古今品茶都讲究要平心静气。“焚香除妄念”就是通过点燃这支香，来营造一个祥和肃穆的气氛。

第二道:洗杯,冰心去凡尘。茶，至清至洁，是天涵地育的灵物，泡茶要求所用的器皿也必须至清至洁。“冰心去凡尘”就是用开水再烫一遍本来就干净的玻璃杯，做到茶杯冰清玉洁，一尘不染。

第三道:凉汤,玉壶养太和。绿茶属于芽茶类，因为茶叶细嫩，若用滚烫的开水直接冲泡，会破坏茶芽中的维生素并造成熟汤失味。只宜用80℃的开水。“玉壶养太和”是把开水壶中的水预先倒入瓷壶中养一会儿，使水温降至80℃左右。

第四道:投茶,清宫迎佳人。苏东坡有诗云:“戏作小诗君勿笑，从来佳茗似佳人。”“清宫迎佳人”就是用茶匙把茶叶投放到冰清玉洁的玻璃杯中。

第五道:润茶,甘露润莲心。好的绿茶外观如莲心，乾隆皇帝把茶叶称为“润心莲”。“甘露润莲心”就是在开泡前先向杯中注入少许热水，起到润茶的作用。

第六道:冲水,凤凰三点头。冲泡绿茶时也讲究高冲水，在冲水时水壶有节奏地三起三落，好比是凤凰向客人点头致意。

第七道:泡茶,碧玉沉清江。冲入热水后，茶先是浮在水面上，而后慢慢沉入杯底，我们称之为“碧玉沉清江”。

第八道:奉茶 观音捧玉瓶。佛教传说中,观音菩萨常捧着一个白玉净瓶，净瓶中的甘露可消灾祛病，救苦救难。茶艺小姐把泡好的茶敬奉给客人，我们称之为“观音捧玉瓶”，意在祝福好人们一生平安。

第九道:赏茶 春波展旗枪。这道程序是绿茶茶艺的特色程序。杯中的热水如春波荡漾，在热水的浸泡下，茶芽慢慢地舒展开来，尖尖的叶芽如枪，展开的叶片如旗。一芽一叶的称为旗枪，一芽两叶的称为“雀舌”。在品绿茶之前,先观赏在清碧澄净的茶水中，千姿百态的茶芽在玻璃杯中随波晃动，好像生命的绿精灵在舞蹈,十分生动有趣。

第十道:闻茶 慧心悟茶香。品绿茶要一看、二闻、三品味，在欣赏“春波展旗枪”之后，要闻一闻茶香。绿茶与花茶、乌龙茶不同，它的茶香更加清幽淡雅，必须用心灵去感悟，才能够闻到那春天的气息，以及清醇悠远、难以言传的生命之香。

第十一道:品茶，淡中品至味。绿茶的茶汤清纯甘鲜，淡而有味，它虽然不像红茶那样浓艳醇厚，也不像乌龙茶那样岩韵醉人，但是只要你用心去品，就一定能从淡淡的绿茶香中品出天地间至清、至醇、至真、至美的韵味来。

第十二道:谢茶，自斟乐无穷。品茶有三乐，一曰:独品得神。一个人面对青山绿水或高雅的茶室，通过品茗，心驰宏宇，神交自然，物我两忘，此一乐也。二曰:对品得趣。两个知心朋友相对品茗，或无须多言即心有灵犀一点通，或推心置腹述衷肠，此亦一乐也。三曰:众品得慧。孔子曰:“三人行必有我师焉”众人相聚品茶，互相沟通，相互启迪，可以学到许多书本上学不到的知识，这同样是一大乐事。在品了头道茶后，请嘉宾自己泡茶，以便通过实践，从茶事活动中去感受修身养性、品味人生的无穷乐趣。

4. 花茶茶艺

北方人喜爱的花茶，属于绿茶的再加工茶，又称香片。花茶是集茶叶与花香于一体，茶引花香，花增茶味，相得益彰。既保持了浓郁爽口的茶味，又有鲜灵芬芳的花香。冲泡品啜，花香袭人，满口甘芳，令人心旷神怡。

(1)恭请上座。主泡以伸掌礼请客人入座，以表示对客人的尊重。

(2)焚香静气 。燃香，营造良好的品茗氛围。

(3)活火煮泉。“活水还需活火煎”，这里是指用活火煎煮泡茶所选的山泉。

(4)雅乐怡情。播放或演奏优雅的乐曲，从而来愉悦宾主的身心。

(5)佳叶共赏。赏茶的过程。在这里介绍茉莉花茶的特点。

(6)烫具净心。泡茶前给茶碗升温，有利于茶汁的迅速浸出。水要柔和地倒入杯中，水量为盖碗的四分之一到三分之一。

(7)飞瀑叠荡。将杯中的水倒出，像瀑布叠荡而下。

(8)群芳入宫。投茶的过程。将花茶誉为群芳，步入她们的宫殿。

(9)温润心扉。先注水少许温润茶芽，水与茶的融合将使茶香更高、滋味更醇。用细细的水流浸润茶叶，似轻轻叩开少女的心扉。此时的水量应为总量的四分之一到三分之一。

(10)旋香沁碧 。合上杯盖，轻轻旋转杯身，茶叶渐渐舒展，香气渐渐溢出。飞泉溅珠悬壶冲水，似飞泉落入杯中，即使溅起的水珠都像珍珠般晶莹。此时的水量应为七分满。

(11)天人合一。冲泡花茶选用瓷制盖碗，盖为天、托为地、杯身为人。天人合一就是通过将杯盖盖好的动作表明人与自然是融为一体的。

(12)敬奉香茶。奉茶的过程。花茶馨香味美，不仅有茶的功效，而且花香也具有良好的药理作用，裨益人的健康。在此也带去茶人的美好祝福。

(13)星空推移。右手持杯盖，轻轻拨动茶汤，促进茶汤均匀。因盖为天，此举似星空推移，日月穿梭，给人以遐想。

(14)天穹凝露。借用杯盖闻香，似天穹将茶香凝结，带给人一种飘渺幽香的感觉。

(15)一啜鲜爽。品茶的过程。小口品啜，鲜爽怡人。

(16)再冲芳华。当茶汤还剩三分之一时，进行第二次冲泡。

(17)敬献茶点。在此时敬献茶点。

(18)再品甘醇。继续品饮花茶，体味甘鲜醇雅的感觉。

(19)论茶颂德。在此浅释中国茶德精神的内涵，共求茶人思想的共鸣与升华。

(20)反盏归元。将茶具收回如初，意在周而复始，期待下次相聚。

5. 祝福茶茶艺(红茶茶艺)

(1)用具

水晶碗一只，脱胎漆器托盘一个，白瓷茶壶一把，大银勺一把，小银勺4把，三才杯4只，正山小种红茶6克(其他优质红茶亦可)，糖、桂花、小金橘少许。

(2)基本程序

①预泡红茶——玉壶春潮连海平。

②投入配料——丹桂金橘报福音。

③冲茶搅拌——红雨随心翻作浪。

④分茶敬茶——一点一滴总关情。

(3)解说词

在冲泡“祝福茶”时，我们要用白瓷壶预先泡出一壶上好的正山小种红茶，我国有民谣曰:“桂花开放幸福来”。桂花代表着幸福，金橘的橘和吉谐音，所以金橘代表着吉祥如意。把糖、桂花和小金橘等配料投放到水晶玻璃碗中，称之为“丹桂金橘报福音”。当我们把预泡好的红茶汤冲入水晶玻璃碗时，清亮艳红的茶水和丹桂、金橘一齐在水晶碗中翻腾，这道程序称之为“红雨随心翻作浪”。把调制好的茶汤用大银勺分别舀到三才杯中并敬奉给客人，称之为“一点一滴总关情”。在客人接过茶杯后，应请客人在品茶之前先数一数杯中的小金橘有几粒。小金橘只有黄豆粒那么大，在水晶碗里浮动在茶汤中，舀的时候每一杯中的小金橘可能不一样多，所以我们编了一套说法：

舀到一粒，代表一定高升或一生平安；

二粒为双喜临门；

三粒为三星高照；

四粒为四季发财或事事如意；

五粒为五福齐享；

六粒为六六大顺；

七粒为七耀当头，即金、木、水、火、土五颗星再加上日、月，前程一片光明；

八粒为逢八大发；

九粒为鸿运长久；

十粒为十全十美。

万一有的客人杯中一粒小金橘都没有，茶艺小姐也有个说法，说是让他留点遗憾，希望他下次再来。或是说一粒都没有即是“无”，无代表无限美好。总之，无论客人杯中有没有舀到小金橘，也无论舀到几粒小金橘，都会得到一句祝福吉言，这正是我国传统民风民俗在茶艺中的表现。喝了这样的甜茶，希望客人留下甜蜜的回忆，带走主人的衷心祝福，所以称之为“祝福茶”。另外，桂花养颜顺气，小金橘生津止咳化痰，“祝福茶“还是极佳的美容茶。

6. 君山银针茶茶艺(黄茶茶艺)

(1)器皿选择

水晶玻璃杯4只，酒精炉具一套，茶道具一套，青花茶荷一个，茶盘一个，茶池一个，香炉一个，香一支，茶巾一条。

(2)基本程序

①焚香——焚香静气可通灵。

②涤器——涤尽凡尘心自清。

③鉴茶——娥皇女英展仙姿。

④投茶——帝子投湖千古情。

⑤润茶——洞庭波涌连天雪。

⑥冲水——碧涛再撼岳阳城。

⑦闻香——楚云香染楚王梦。

⑧赏茶——湘水浓溶湘女情。

⑨品茶——人生三味一杯里。

⑩谢茶——品罢寸心逐白云。

本章小结

国人爱喝茶，茶饮不离茶具，饮茶之道，注重茶具艺术。茶具因此也成了我们日常生活中须臾不可离开的好伙伴。茶具种类繁多，品质优良，既有实用价值，又富有艺术之美。本章从茶具的演变发展、茶具的种类、鉴赏等各方面进行了详尽阐述，让读者更为清楚地了解所谓“器美”不仅包括造型的巧夺天工和独到的审美情趣，更重要的是要宜茶，只有能发茶香、不夺茶味的茶具才能不愧精美二字。佳茗、清泉、茶具、美境、知音，相聚品饮，雅俗共赏。本章的另一重要内容是介绍茶艺的组成要素及冲泡技艺。对择器、择水、选茶、品茗与环境、茶礼等知识的叙述以及对现代茶艺精华的撷取，既有传统的风韵，又有新潮的意趣。

复习思考题

1. 茶壶的质量鉴赏主要从哪几个方面着手？

2. 瓷器茶具有哪些分类并各具有哪些特点？

3. 有人认为好的紫砂壶经年使用后，倒入白水也能冲出茶香来，其原因就是因为有陈年的茶垢。因此紫砂壶在使用过程中无须过多冲洗。你认为这种做法正确吗？为什么？

4. 现代茶人认为泡茶的水要达到“清、轻、甘、洌、活”五项指标俱全，才称得上宜茶美水。这五项指标的具体内容是什么？

5. 什么是茶艺编排时的“顺茶性”的原则？

6. 品茶是茶艺当中的重要内容之一，请问品茶包括哪些内容？

第四章　咖啡调制

● **课前导读**

咖啡是世界三大饮料之一，具有提神、解乏之功效。随着咖啡饮品在世界范围内的流行，我们有必要了解咖啡的制作工艺和流行的咖啡饮品。

● **本章要点**

1. 常用咖啡用具
2. 咖啡饮品的调制方法
3. 调制咖啡的术语
4. 经典咖啡饮品的配方及调制

第一节　咖啡用具

一、烘焙机

咖啡豆的烘焙是将生咖啡豆进行炒制，去除其水分，使之爆胀，从而产生咖啡独特的香味和风味。

常用的烘焙工具是生豆烘焙机，可根据需要调节不同的烘焙火力，分手摇式和电动式。此外，电动的烤箱以及手动的烤箱也可以用于咖啡豆的烘焙。

二、磨豆机

用于研磨经过烘焙的咖啡豆的机器，可根据不同的冲泡咖啡的方法将咖啡豆研磨成相应粗细程度的咖啡粉末或咖啡颗粒。常见的磨豆机有手动磨豆机和电动磨豆机两种。

三、咖啡桶

用于烘焙前、后的咖啡豆和咖啡粉贮存的密封器皿，常用的咖啡桶、咖啡罐多为木制、瓷制和玻璃制品。

四、滤器

用于咖啡粉的过滤，常见滤器有滤杯、滤布和滤纸，滤杯多为铜制或瓷制。

五、搅棒

用于咖啡萃取过程中咖啡粉的搅拌，有助于咖啡粉的充分浸润和溶解，常用搅棒多为木制搅棒。

六、咖啡壶和咖啡机

(一)滤泡式咖啡壶

用于滤泡式咖啡冲泡法，盛装开水的器皿。此壶为尖嘴或长嘴造型，多为铜制和不锈钢制，出水口至今通常为0.5厘米，适于控制水流。使用时要与滤器、滤纸、滤壶配合使用。

(二)摩卡咖啡壶(Mocha)

此壶利用高温蒸汽原理萃取咖啡，造型简单而极富个性。摩卡壶由底座水槽、咖啡槽、压盖、壶身几部分组成。多为不锈钢、可食用铝合金或陶瓷制成。使用时要与滤纸(滤布)、电磁炉配合使用。

意大利公司"BIALETTI"是世界上第一家使用该结构进行蒸煮咖啡的企业，在意大利此品牌认可率曾高达95%。

(三)虹吸壶 Siphon

又称为赛风壶，此壶利用虹吸原理萃取咖啡。多为透明玻璃壶具，由上壶、下壶、滤器、支架几部分组成。适用于纯种咖啡及杯数少的咖啡的制取，蒸煮时间只需50~60秒。使用时要与搅拌勺、炉具配合使用。

维也纳皇家咖啡壶又称为平衡式赛风壶(Balancing Siphon)，英国造船师傅James Napie发明，早在19世纪中已经是欧洲各国皇室的御用咖啡壶，并受到19世纪欧洲列国名流青睐。它不仅拥有完美浪漫的咖啡制造过程，且本身就是一件艺术品。她结合了数种自然界的力量:蒸汽、重力、压力和火为一体，有了这些使得喝咖啡成为一种兼具理性与感性的游戏，同时充满皇室贵族的浪漫情调。

(四)意大利咖啡机(Espresso Machine)

此咖啡机是利用压力使蒸汽快速通过咖啡粉而萃取咖啡。意大利咖啡机由咖啡滤盖、压棒、水槽、机身几部分组成。

(五)法式滤压壶(French Press)

用浸泡的方式，将95℃的热水与咖啡粉全面接触后焖煮，再压榨过滤出咖啡液。是最简单、快速的一种咖啡冲煮法，由于咖啡豆里的各种精华气味都已被完全萃取滤出，因此口感相当浓烈、醇厚，特别适合粗颗粒的深度烘焙咖啡粉。

(六)美式咖啡机(Brem Coffee)

用焖蒸方法萃取咖啡。美式咖啡机有保温的效果，能留住咖啡的原味。

七、炉具

用于咖啡的萃取和保温，有瓦斯炉、电子炉、酒精炉等。

八、奶油发泡机

用于制取发泡奶油，将生奶油搅拌后发泡即可。常用的有奶油枪、手动打奶器和电动打奶器。

九、咖啡杯具

用于萃取后咖啡的盛装。

（一）咖啡杯的造型

为留存咖啡的浓郁香醇并保温，咖啡杯的造型一般杯口较窄，材质较厚，且透光性低。

（二）咖啡杯的材质

常见咖啡杯多为陶杯、瓷杯和玻璃杯三种，近年开发出保温效果更好的骨瓷制杯，材质中含有动物骨灰的骨瓷制杯可以使咖啡在杯中温度降低速度较慢。一般而言，陶器杯子较适合口味浓郁的咖啡，瓷器杯子则适于口感较清淡的咖啡。

（三）咖啡杯的重量

咖啡杯的重量，以挑选重量轻的为宜，因为较轻的杯子，质地较致密，这意味着杯子的原料颗粒细微，杯面紧密而毛孔细小，不易使咖啡垢附着于杯面上。

（四）咖啡杯的颜色

由于咖啡呈琥珀色，最好是选用杯内呈白色的咖啡杯，才能体现咖啡的特色。

（五）咖啡杯的规格

咖啡杯的尺寸，一般分为三种：

1. 100 毫升以下的小型咖啡杯。多用于盛装浓烈的意式或单品咖啡，例如只有 50 毫升左右的 Espresso；而加了牛奶泡沫的 Cappuccino，容量则比 Espresso 略大，宽阔的杯口，可以展示丰盈美丽的泡沫。

2. 200 毫升左右的一般咖啡杯。最常见的咖啡杯，清淡的美式咖啡多选择这样的杯子，有足够的空间，可以自行调配，添加奶精和糖。

3. 300 毫升以上的马克杯或法式欧蕾专用牛奶咖啡杯。加了大量牛奶的咖啡，像拿铁、美式摩卡、法国欧蕾咖啡，多用马克杯。

十一、奶盅

用于盛装牛奶的器皿，多为陶瓷制品。

十二、糖缸

用于盛装咖啡用糖的器皿，多为陶瓷制品。

十三、咖啡匙

用于饮用咖啡时的搅拌，多为不锈钢制品，特殊形状的有皇家咖啡钩匙。

第二节　咖啡的调制

一、咖啡豆的选择

（一）咖啡豆的选购

选购品质优良、新鲜的咖啡豆是泡好咖啡的第一步。辨别咖啡豆的新鲜程度有四种方法：

1. 看。品质优良的咖啡豆看上去形状完整，颗粒饱满；而劣质咖啡豆的形状则残缺不全，大小不等。

2. 闻。新鲜的咖啡豆闻之有浓香；相反，如果咖啡豆的香气不浓或散发出油味则说明咖啡豆已不新鲜。

3. 压。新鲜的咖啡豆脆脆的，用手轻压就会裂开，反之则压不裂。咖啡豆裂开后可以看到咖啡豆和外皮的颜色，如果咖啡豆的内外颜色一样，说明烘焙火力均匀；反之，则说明烘焙质量不佳。

4. 嚼。新鲜的咖啡豆放入口中嚼，脆脆的，香气浓郁；陈咖啡豆不脆，而且由于脂肪渗出，味道变酸。

（二）咖啡豆的保存

1. 咖啡豆或咖啡粉应先用小袋子分装再以胶带密封，然后放入密闭的容器，使用时分小包打开使用。

2. 经过烘焙的咖啡豆在常温下可存放约一周，在冷冻室保存约二周，所以不能屯积太多。

3. 经过研磨的咖啡粉一般在常温下可以保存三天，在冷冻室可以保存一周时间。

4. 存放环境要通风，避免高温、日光直射、湿气和有异味的物品。

5. 真空包只要没有开封就可以长期保存。

二、咖啡豆的烘焙

咖啡豆的烘焙是为了提高咖啡豆的干燥程度，使其味道更佳。将生咖啡豆进行烘焙，去除水分使之爆胀，使咖啡豆呈现出独特的咖啡色、香味与口感。烘焙最重要的目的是将豆子的内、外侧都均匀地炒透而不过焦，咖啡的味道80%取决于烘焙，这是冲泡好喝咖啡最重要也是最基本的条件。通常咖啡豆的烘焙时间会因为每批生豆的水分含量不同而有差异。

一般烘焙时间短，咖啡豆的颜色会呈浅褐色，酸味强；烘焙时间越长，咖啡豆颜色越深，呈黑褐色，且苦味加强。

（一）手动烘焙咖啡豆的步骤

1. 准备适量的生咖啡豆（一般一杯咖啡的咖啡豆用量在 10～15 克左右），去除破碎的颗粒，将其放入带把手的滤网中。

2. 盖上盖子，打开炉，调至合适的火力，将滤网放于炉上方 20～30 厘米处。

3. 以划圆方式摆动滤网，让咖啡豆均匀受热、水分蒸发。

4. 观察咖啡豆的颜色变化。

5. 观察咖啡豆的爆裂。

6. 烘焙结束后，将咖啡豆放入容器中，并让其迅速降温。烘焙好的咖啡豆会大而膨胀，表面无皱纹，光泽均匀。

（二）烘焙的程度

烘焙程度	阶段特征	火力	适用范围
Light	最轻度的烘焙，无香味	微火	检验用
Cinnamon	一般烘焙程度，有强烈的酸味，呈肉桂色	小火	美西式咖啡
Medium	中度烘焙，香醇酸味适中	中火	综合式咖啡
Higt	酸中带苦	中火稍强	日式、欧式咖啡
City	苦比酸强	强火	哥伦比亚咖啡、纽约式咖啡
Full City	无酸味而苦	小强火	冰咖啡、中南美式咖啡
French	法式烘焙法，苦味强、色黑	强火	过滤循环法式咖啡
Italian	意式烘焙法，泛油色黑	大强火	意式蒸汽浓缩咖啡

三、咖啡豆的研磨

咖啡豆的研磨方法根据咖啡粉颗粒大小可以分为粗研磨（Fine grind）、中研磨（Medium grind）、细研磨（Regular grind）、中细研磨和比细研磨更细的极细研磨（粉状咖啡粉）五种。根据所使用咖啡器具的不同，选择相应粗细的咖啡粉，不同的咖啡萃取方法对咖啡粉要求由粗至细排列为：法式滤压壶、滤泡式咖啡（包括美式咖啡机）、虹吸式咖啡、摩卡壶、意大利咖啡机。

由于咖啡豆磨成粉状后，表面积增加，容易吸收湿气、氧化，使其风味受损。而且研磨完的咖啡豆经过放置后，豆内部滞留的二氧化碳和香气会一起流失，这样不论如何都无法泡出可口的咖啡。因此要冲泡美味香醇的咖啡，最好选择在冲泡咖啡前研磨咖啡豆。

通常咖啡粉需求量多时可选用电动磨豆机，量少则用手动磨豆机，将适量咖啡豆放入容器中，调节好研磨程度即可开始研磨。咖啡豆的研磨过程中应将摩擦热控制到最小的限度，因为发热会使咖啡的芳香成分散失；研磨结束后，要注意咖啡颗粒的大小是否均匀，因为颗粒不齐，会影响咖啡冲泡的效果。

四、咖啡的调制

（一）滤泡式咖啡的调制

1. 器具

尖嘴或长嘴壶、滤器、滤纸或滤布、滤壶、炉具、降温用毛巾、咖啡匙。

2. 操作步骤

(1)将滤纸或滤布折叠好后平整地放入滤器。

(2)将适量咖啡粉放入滤纸内，轻拍滤器，使咖啡粉密实。

(3)将滤器放置于滤壶上。

(4)准备适量的水，在炉上煮至沸腾。

(5)用少量开水温壶(滤壶)。

(6)用毛巾给长嘴壶降温至92℃，以极细的水流将咖啡粉淋湿，水量以刚好淋湿为宜，称为焖蒸。

(7)将滤壶放在炉上保温。

(8)再次给长嘴壶降温至85℃，从滤器的中心开始注水，向外旋转划圈，控制适量的水量。

(9)用滤壶斟倒咖啡。

3. 注意事项

(1)把握合适的水温。

(2)注意控制焖蒸的水量。

(3)冲泡式控制水流的均匀、稳定。

（二）摩卡壶咖啡的调制

1. 器具

摩卡壶、滤纸或滤布、炉具、咖啡匙。

2. 操作步骤

(1)将适量的水倒入摩卡壶的水槽。

(2)将咖啡粉放入咖啡槽，用压盖轻轻压一下，放上滤纸或滤布。

(3)将盛好咖啡粉的盛器放入水槽，再拧上壶身，开始加热。

(4)看见蒸汽孔停止冒气，即可停止加热。

(5)用摩卡壶斟倒咖啡。

3. 注意事项

(1)滤纸或滤布应裁剪成盛器的大小。

(2)水槽中的水量不能超过出水孔的水平面高度。

(3)咖啡粉不能洒落在咖啡槽的边缘，否则影响密封垫圈的使用寿命。

（三）虹吸壶咖啡的调制

1. 器具

虹吸式咖啡壶、滤纸或滤布、搅棒、炉具、降温用毛巾、咖啡匙。

2. 操作步骤

(1)取适量水放入下壶。

(2)将滤纸或滤布放入上壶，固定位置。

(3)取适量咖啡粉放入上壶。

(4)对下壶加温至水沸腾，将上壶插入下壶中。

(5)当下壶的水进入上壶，用搅棒搅动咖啡粉。

(6)咖啡粉基本溶解后，再搅拌一次，并停止加热。

(7)用降温用毛巾包住或擦拭下壶，使咖啡迅速流回下壶。

(8)用下壶斟倒咖啡。

3. 注意事项

(1)萃取过程中注意火力的控制。

(2)用搅棒在上壶划圈有助于咖啡流向下壶。

(3)搅棒只在下壶的水刚上升入上壶和熄火前时使用。

(四)滤压壶咖啡的调制

1. 器具

法式滤压壶、搅棒、咖啡匙。

2. 操作步骤

(1)将滤压壶、咖啡杯温热。

(2)拔出壶内滤器，放适量咖啡粉入壶内。

(3)将92℃ ~96℃的水注入壶内，静置3分钟。

(4)用搅棒搅拌。

(5)将滤器放入壶内，轻轻下压到底。

(6)用滤压壶斟倒咖啡。

3. 注意事项

(1)注入热水时可将壶身倾斜。

(2)滤器下压时要垂直向下匀速用力。

五、咖啡调制注意事项

(一)水温

过高的水温会把咖啡的油质变坏，使咖啡变苦，过低的水温煮不出咖啡的味道,咖啡会又酸又涩。所以正常水温在92℃ ~96℃。

(二)水质

刚取的水煮沸最为适当。装活性炭的过滤器与使用净水器也是好方法。然而刚研磨好的咖啡的粉，像活性炭一般，有过滤作用,也就是可以吸取恶水的臭味的效果。

(三)温杯

刚出炉的咖啡，一旦倒入冰凉的杯里，温度骤然降低，香味也会大打折扣。要保存咖啡的香醇，最简单的方式是直接将热水冲入咖啡杯中或将杯放入烘碗机预先温热。

第三节　常见咖啡饮品

一、咖啡术语

1. Acidity(酸度)。是所有生长在高原的咖啡所具有的酸辛、强烈的特质。此处所指的酸辛是促使咖啡发挥提振心神与涤清味觉等功能的一种清新、活泼的特质。

2. Aroma(气味)。是指调理完成后，咖啡所散发出来的气息与香味。Aroma 通常具有特异性，并且是综合性。用来形容气(Aroma)的词包括:焦糖味、碳烤味、巧克力味、果香味、草味、麦芽味、浓郁、丰富、香辛等。

3. Bitter(苦味)。苦是一种基本味觉，感觉区分布在舌根部分。深色烘焙法的苦味是刻意营造出来的，但最常见的苦味发生原因，是咖啡粉用量过多，而水太少。

4. Body(醇度)。是调理完成的咖啡饮用后的，在舌头对咖啡留有的口感。醇度的变化可分为清淡如水到淡薄、中等、高等、脂状，甚至某些印尼的咖啡如糖浆般浓稠。

5. Bouquet。专指研磨咖啡粉的味道。

6. Briny(咸味)。咖啡冲泡后，若是加热过度，将会产生一种含盐的味道。

7. Earthy(泥土的芳香)。通常用来形容辛香而具有泥土气息的印尼咖啡。

8. Exotic(独特性)。形容咖啡具有独树一格的芳香与特殊气息，如花卉、水果、香料般的甜美特质。东非与印尼所产的咖啡，通常具有这种特性。

9. Flavor(风味)。是香气、酸度与醇度的整体印象，可以用来形容对此咖啡的整体感觉。

10. Mellow(芳醇)。是对低至中酸度、平衡性佳的咖啡所用的形容词。

11. Mild(温和)。表示某种咖啡具有调和、细致的风味。生长于高原的拉丁美洲高级咖啡，通常被形容为质地温和。此外，它也是一种咖啡界的术语，用来指所有除了巴西生产的高原咖啡。

12. Soft(柔润)。形容如印尼咖啡般的低酸度咖啡;亦可形容为芳醇或香甜。

13. Sour(发酸)。一种感觉区主要位于舌头后侧的味觉，是浅色烘焙咖啡的特点。

14. Spicy(香辛)。指一种令人联想到某种特定香料的风味或气味。某些印尼所产的高原咖啡(尤其是陈年咖啡)，蕴含小豆蔻般香甜的气味。

15. Strong(浓烈)。就技术上而言，形容的是各种味觉优缺的多寡，或指特定的调理成品中，咖啡与水的相对比例。就通俗的用法而言，浓烈形容的是深色烘焙咖啡强烈的风味。

16. Sweet（香甜）。是一种普遍使用的形容词，形容没有瑕疵、无尖酸风味、润口的咖啡。

17. Tangy（辛烈）。类似发酵过的酸味，本质上几乎像是水果味，与酒味也有关。生长于哥斯达黎加高原的咖啡通常具有辛烈的风味。

18. Winy（葡萄酒味）。形容一种令人联想到葡萄酒般的迷人风味。水果般的酸度与滑润的醇度，所营造出来的对比特殊风味。肯尼亚咖啡便是含有葡萄酒风味的最佳典范。

19. Wild（狂野）。形容咖啡具有极端的口味特性。

二、喝咖啡的礼节

1. 咖啡杯的正确拿法，应是拇指和食指捏住杯把儿将杯子端起。

2. 给咖啡加糖时，砂糖可用咖啡匙舀取，直接加入杯内；也可先用糖夹子把方糖夹在咖啡碟的近身一侧，再用咖啡匙把方糖加在杯子里。如果直接用糖夹子或手把方糖放入杯内，有时可能会使咖啡溅出，从而弄脏衣服或台布。

3. 咖啡匙是专门用来搅咖啡的，饮用咖啡时应当把它取出来。不再用咖啡匙舀着咖啡一匙一匙地慢慢喝，也不要用咖啡匙来捣碎杯中的方糖。

4. 刚刚煮好的咖啡太热，可以用咖啡匙在杯中轻轻搅拌使之冷却，或者等待其自然冷却，然后再饮用。用嘴试图去把咖啡吹凉，是很不文雅的动作。

5. 饮咖啡时，可以用右手拿着咖啡的杯耳，左手轻轻托着咖啡碟，慢慢地移向嘴边轻啜。不宜满把握杯、大口吞咽，也不宜俯首去就咖啡杯。喝咖啡时，不要发出声响。添加咖啡时，不要把咖啡杯从咖啡碟中拿起来。

6. 饮咖啡可以吃一些点心，但不要一手端着咖啡杯，一手拿着点心，吃一口喝一口地交替进行。饮咖啡时应当放下点心，吃点心时则放下咖啡杯。

三、常见咖啡饮品

（一）爱尔兰咖啡（Irish Coffee）

此款咖啡香浓醇烈，较适合男性饮用，适合饮用时间为夜晚。

1. 材料

爱尔兰威士忌（Jameson）0.5～1盎司、方糖或砂糖二汤匙、热咖啡适量、肉桂粉适量、鲜奶油适量、爱尔兰咖啡专用杯、专用架、酒精灯。

2. 调制步骤

（1）将威士忌倒入爱尔兰咖啡杯中，加入方糖或二汤匙的砂糖。

(2)将咖啡杯置于专用架上，用酒精灯对咖啡杯外壁。

(3)旋转咖啡杯，糖溶解于威士忌后停止加热。

(4)将冲调好的热咖啡倒入杯中。

(5)注入适量的鲜奶油。

(6)加入适量的肉桂粉于鲜奶油上。

(二)罗马咖啡(Roma coffee)

此款咖啡的口味为香、苦、醇，烈性的兰姆酒可加快血液循环，具有提神的作用，适合于餐后或夜晚饮用。

1. 材料

热咖啡一杯、鲜奶油适量、兰姆酒1/4盎司、糖包。

2. 调制步骤

(1)将冲调好的咖啡倒于杯中。

(2)将1/4盎司的棕兰姆酒加入咖啡杯中。

(3)注入适量鲜奶油。

(4)附糖包即可上桌。

(三)维也纳咖啡(Vienna coffee)

此款咖啡是奥地利最著名的咖啡，源于奥地利的欧风咖啡，适合于喜好甜食的人，适合饮用时间为早晨或下午。

1. 材料

热咖啡一杯、鲜奶油适量、巧克糖浆适量、七彩米少许、糖包。

2. 调制步骤

(1)将冲调好的咖啡倒于杯中。

(2)将鲜奶油加在咖啡面上。

(3)淋上适量的巧克力糖浆。

(4)撒上七彩米。

(5)附糖包即可上桌。

(四)卡布基诺(Cappuccino)

此款咖啡是意大利最享有盛名的花式咖啡，口味香、甜、浓、苦，洋溢着南欧风情，适合饮用时间为下午。可加少许白兰地(Brandy)或加利安诺香甜酒(Galliano)以增加香味。

1. 材料

意大利热咖啡一杯、鲜奶油适量、柠檬皮、肉桂粉、糖包。

2. 调制步骤

(1)将冲调好的意大利咖啡倒于杯中。

(2)将鲜奶油加在咖啡面上。

(3)将柠檬皮切成细丁，连同肉桂粉撒在杯面上。

(4)附糖包即可上桌。

(五)皇家咖啡(Royal)

据说这是一代英雄——法国皇帝拿破仑最喜欢的咖啡，具有高贵而浪漫的情调，上桌时在方糖上淋上白兰地，再点上一朵火苗，优雅华丽，酒香四溢，确有皇家风范。口味甘、醇，适合饮用时间为夜晚。

1. 材料

综合热咖啡（蓝山咖啡）一杯、白兰地 1/3 盎司、方糖、皇家钩匙。

2. 调制步骤

（1）将冲调好的综合热咖啡（蓝山咖啡）倒于杯中。

（2）把方糖放在皇家钩匙上，将皇家钩匙横置于杯口。

（3）将 1/3 盎司白兰地淋在方糖上。

（4）点燃方糖即可上桌。

（六）贵妇人咖啡（Café Au Lait）

“Cafe Au Lait”源于法国，也称成“欧蕾咖啡”，是法国贵妇人最喜欢的早餐饮料。口味香醇、清淡，号称能使人“晨起一杯，快乐一整天”，是营养与美味兼而有之的饮料，适合饮用时间为早晨。

1. 材料

热咖啡半杯、鲜奶半杯、鲜奶油适量、糖包。

2. 调制步骤

（1）将半杯温鲜奶倒入咖啡。

（2）将鲜奶油加在咖啡面上。

（3）附糖包即可上桌。

本章小结

通过本章的学习可以了解调制咖啡的用具、咖啡调制步骤和调制方法。学生在观看教师演示的基础上，自己动手操作，学会咖啡豆的烘焙、咖啡豆的研磨到咖啡的调制以掌握本章内容。

复习思考题

1. 常见的咖啡壶（咖啡机）有哪些种类？
2. 挑选咖啡豆的方法有哪些？
3. 掌握三款知名咖啡饮品的调制。

第五章　酒吧服务

● **课前导读**

酒吧是饭店和餐饮业中的重要组成部分，是为了方便经营酒水和酒水服务而设计的。因此酒吧在对于经营场所的设计、酒水服务的提供及满足客人享受气氛和心理方面的享受等都应有自己的独特性。从而达到满足客人和增加经济收入的目的。

● **本章要点**

1. 酒吧的种类
2. 酒吧常用器具的配置
3. 酒吧服务标准
4. 酒吧日常营业程序

第一节 酒吧概述

"酒吧"一词来自于英文的"Bar"，原意是指一种出售酒的长条柜台，最初出现在路边小店、小客栈、小餐馆中，即在为客人提供基本的食物及住宿外，也提供使客人兴奋的额外休闲消费。根据历史记载，酒吧大约兴起于19世纪中期，首先是在欧洲和美国。它可以附属经营，也可以独立经营。随着餐饮业和饭店业的发展，酒吧作为一项服务设施也随之进入饭店业和餐饮业。目前几乎所有饭店都设有酒吧，根据需要，有的饭店还设有数个不同类型的酒吧，如大堂酒吧、餐厅酒吧等。由于酒的独特魅力及酿酒业的发展，人们消费水平不断提高，酒吧正朝着多功能、多样化的方向发展，酒吧的设备和设施越来越专业化，如目前在欧美各国流行的快餐酒吧及公路、商店和学校内的无人售饮料设施及我国流行的啤酒屋、网吧和VCD吧等。此外，酒水的配制和装饰水平也有了很大的发展。

一、酒吧的种类

酒吧的种类繁多，分类的方法也不尽相同。对酒吧进行分类研究可使经营者了解不同酒吧的类型及经营管理模式上的不同特点，以使我们掌握酒吧在设计和经营时的规律，明确经营的方向，更好地使经营方向适应目标客人的需求。

(一)酒吧(Open bar 或 Main bar)

1. 主酒吧(Main Bar)

主酒吧也称作正式酒吧，或鸡尾酒吧。它是饭店中最常见、最普通的酒吧，以提供标准的饮料为主。多数主酒吧设有柜台座席，也配备适当数量的餐桌坐席。装潢高雅，但又不使人感到约束，使客人能够轻松愉快地品尝各种饮料。

2. 服务酒吧(Service Bar)

服务酒吧是设置在中、西餐厅中的酒吧，因此，也称作餐厅酒吧(Restaurant Bar)。这种酒吧的调酒师不需直接与客人打交道，只要按酒水单供应酒水就行了。但在西餐厅中的服务酒吧，对吧台设施和设备，调酒师的外语、专业知识与技能都有较高的要求。其原因是该酒吧中进口酒水较多，包括各种葡萄酒、烈性酒和甜酒。这些酒水标签中的商标、级别、产地和储存年限都与酒的质量和服务方法有密切联系，因此，调酒师和服务员要经过严格的培训，才能识别这些内容并能熟练地根据不同类别的酒水特点为客人提供服务。

3. 宴会酒吧(Banquet Bar)

宴会酒吧又称为临时性酒吧(The Set - Up Bar)，宴会酒吧是根据宴会形式和人数而设置的酒吧，通常是按鸡尾酒会、贵宾厅房、婚宴等不同形式而做相应的设计，但只是临时性的。宴会酒吧的营业时间灵活、服务员工作集中、服务速度快。通常，宴会酒吧的工作人员在宴会前要做大量的准备工作，如布置酒台，准备酒水、工具和酒杯等。此外，营业结束后还要做好整理工作和结账工作。外卖酒吧(Catering bar)是宴会酒吧中的一种特殊形式，在有外卖时临时设立。例如有的公司举办开业酒会，场地设在本公司内，这时酒吧的服务人员需将酒水和各种器具准备好带到公司指定的场地内设置酒吧，提供酒水服务。

4. 绅士酒吧(Gentleman Bar)

它是男子专用的酒吧，顾客大多是饭店非住宿的客人。因是男子专用的社交场所，所以，有的还设有掷骰场。

5. 会员制酒吧(Club Bar)

原则上，是只有取得了会员资格的人及其家属才能享用的酒吧。但是，有的饭店为了照顾住宿客人，也对本饭店的住宿客人开放。这种酒吧实行限量饮酒制度，正式的招待会等社交活动都在这里举行。

以上五种酒吧是最常见的形式。一些饭店还根据本饭店的特点设置各种酒吧及经营酒水的设施，如游泳池酒吧(P001side Bar)，为游泳的客人提供酒水服务。保龄球馆酒吧(Bowling All. Y B.)，为打保龄球的客人提供酒水服务。客房小酒吧(Mini Bar)，则是在房间内的小酒柜和小冷藏箱里，存放各种酒水和小食品，以方便住店客人随时使用。在欧美国家还出现一种将酒吧和快餐结合的综合经营式酒吧，即吧台的里边装有简单的烹调设备，如电扒炉、比萨饼烤炉、微波炉等，客人在饮酒水的同时可以点一些简单的快餐。此外，经营自己制作的鲜啤酒的啤酒屋等都属于不同种类的酒吧。

(二)鸡尾酒廊(或称鸡尾酒座)(Cocktail Lounge)

酒廊通常带有咖啡厅的形式特征，格调及其装饰布局也近似，但只供应饮料和小吃，不供应主食，也有一些座位设在吧台前面，但客人一般不喜欢坐上去。这种酒吧有两种形式：一是大堂酒吧(Lobbvy lunge)，设在饭店的大堂内，主要为大堂的客人提供服务；二是音乐厅酒吧(Music Room)，其中也包括歌舞厅和卡拉OK厅。现在饭店里多数是综合音乐厅，里面有乐队演奏，设有舞池供客人跳舞。

(三)很多饭店设有酒馆

酒馆是酒吧的另一种形式，是饭店营业状况最佳的一种酒吧。以年轻人为对象的酒馆很受欢迎，所有酒吧实行限量饮酒，同时提供方便菜肴，有的酒馆还设舞池和音乐伴奏。

二、酒吧的组织机构与岗位职责

成功经营的酒吧都有一个科学的、合理的经营组织，这种组织主要表现在两个方面：工作效率和满足客人的需求。因此，酒吧常常根据自己的规模、经营项目等安排各种工作人员。通常有些四星级或五星级大饭店，一般设立酒水部(Beverage Department)，管辖范围包括舞厅、咖啡厅和大堂酒吧等。在国外或中国香港地区，酒吧经理通常也兼管咖啡厅。酒吧的人员构成通常由饭店中酒吧的数量决定。在一般情况下，每个服务酒吧配备调酒师和实习生4~5人，主酒吧配备领班、调酒师、实习生5~6人。酒廊可根据座位数来配备人员，通常10~15个座位配备1人。以上配备为两班制需要人数，一班制时人数可减少。

(一)酒吧的组织机构

1. 小型酒吧组织

小型饭店通常仅有一个酒吧，而且它的规模属于中小型，其组织人员安排如下：酒吧主管1人、调酒员1~2人，服务员2~3人。有些小型饭店，其酒吧调酒师兼任酒吧主管。

2. 中型酒吧组织

中型饭店常有两个以上酒吧，其组织结构是：设酒吧经理1人，根据业务需要可另设助理经理1人，经理负责各酒吧业务工作。根据各酒吧的规模和业务量的具体情况，每个酒吧可设主管或领班1人，负责其日常经营工作。

3. 大型酒吧组织

大型饭店酒吧种类较多，通常有大堂酒吧、歌舞厅酒吧、餐厅酒吧、宴会酒吧、保龄球酒吧及其他类型酒吧等。因此，大型饭店常设立酒水部，负责该饭店全部酒吧的经营管理。酒水部经理接受餐饮部经理的指导，属饭店的二级部门。根据需要，酒水部设助理经理1人，协助酒水部经理管理酒吧的日常业务工作，如酒水的成本控制、日常的工作安排等。酒水部管辖内的每个酒吧，将根据其经营特点和情况，各自设主管或领班1人，负责其本身的每日经营和管理工作。

（二）酒吧的岗位职责

1. 酒吧经理的职责

酒吧经理负责酒吧的全部经营与管理工作。饭店中的酒吧经理在餐饮部经理的领导下，负责饭店内的各种酒吧的经营和管理。通常，较大型饭店酒吧经理负责大堂酒吧、中西餐厅酒吧、娱乐场所酒吧及客房小酒吧的经营管理业务。小型饭店不设酒吧经理而设酒吧主管负责酒吧业务，其具体职责是：

（1）根据各酒吧的特点和要求，制定各酒吧销售的酒和饮料，制定销售价格、销售计划。

（2）制定各种鸡尾酒的配方及调制方法。

（3）制定各种酒水的服务方法、程序。

（4）制定各酒吧经营与服务的特色及每日的工作程序与工作标准。

（5）熟悉酒水的供应渠道、商标及规格，为酒水采购提出建议，控制酒水的验收、保管、发放及销售。

（6）控制酒水产品的份额和数量，检查产品的质量，减少损耗，控制成本。

（7）检查和督促本部门职工严格履行职责，提高工作效率，按标准质量和规定的操作程序完成工作任务。

（8）培训本部门职工的管理意识、服务意识、服务技能、专业外语、调酒技术并制定培训计划，安排培训内容。

（9）合理安排人力，检查各项工作的落实情况，对重要宴会、酒会要亲自指挥和管理。

（10）定期举办和策划酒水促销活动。

（11）掌握各酒吧的设备、用具情况。与工程部一起制定维修保养计划，保证各酒吧处于良好的工作状态和营业状态。

（12）负责所属范围内的消防安全及治安工作，确保客人与职工的安全。

（13）安排与调动本部门职工工作，按时做好职工的工作评估。

（14）与其他各部门的人员保持良好合作，互相协调并处理好客人的投诉。

（15）监督每月酒水盘点工作，签批各种领料单、调拨单和维修单。

2. 酒吧领班的职责

酒吧领班在酒吧经理或主管的直接领导下，负责所属范围内的酒水经营和管理工作，确保酒水产品和服务的规范化。

（1）贯彻执行部门领导布置的工作任务和指示，做好沟通工作。

(2)组织并带领员工实施酒吧服务标准与程序，督促员工始终保持酒吧的服务水准。

(3)负责酒水统计以及调制酒品的规格检查工作，确保酒水出品质量。

(4)督促员工按正确程序结账，杜绝浪费和作弊行为。

(5)协助经理制定酒水推销计划，并认真组织实施。

(6)负责酒吧酒水的申领、补充等日常管理工作。

(7)保持并检查酒吧内的清洁卫生及员工个人卫生。

(8)负责检查酒水的盘点和酒吧物品管理工作。

(9)负责下属员工的业务培训工作，提高员工业务水平。

(10)根据营业情况，合理安排员工工作，并监督员工认真执行饭店的各项规章制度。

(11)完成酒吧经理布置的其他工作。

3. 调酒师的职责和应具备的条件

调酒师是酒吧中专门从事酒水配制和酒水销售的工作人员，小型酒吧的调酒师还要兼做管理工作。

(1)按正确程序和方法为客人提供各类酒水服务。

(2)按正确配方负责酒水调制工作，确保酒水质量。

(3)负责酒吧酒水申领、补充和保管工作。

(4)负责酒吧日常盘点工作并填写每日销售盘点表。

(5)负责酒吧日用品和设备的清洁、保养工作。

(6)做好酒吧日常清洁卫生工作。

(7)虚心学习新的鸡尾酒配方，并不断创新，推出新的鸡尾酒品种。

(8)完成酒吧领班布置的其他任务。

一个素质高、工作认真的调酒师不仅为酒吧带来经济效益，更重要的是为饭店赢得声誉，因此，调酒师应有严格的任职标准。一个合格的调酒师应当具备以下条件：

(1)五官端正，身体健康，体形匀称，男士身高应在1.7米以上，女士身高应在1.65米以上。

(2)具有勤奋好学、虚心向客人请教的品质，掌握各种酒水的名称、商标和特点。

(3)掌握广泛的旅游知识和宗教知识，熟悉本地旅游资源，以便随时回答客人的询问。

(4)具有良好的语言表达能力，能详细地介绍各种酒水，并能根据酒水特点适时地推销酒水。

(5)具有一定的外语听说和阅读能力，能够用英语推销酒水，能阅读进口的各种酒水的商标、年限、产地及特点。

(6)熟练地掌握调酒技巧，有一定的调酒表演能力，可以在客人面前轻松、自然、潇洒和准确配制各种鸡尾酒。

(7)具有酒水产品的设计和开发能力，能够根据市场变化和客人口味的需求设计出新型的鸡尾酒和饮品。

(8)重视仪表仪容和礼节礼貌，讲究个人修养，尊敬客人，使用礼貌语言并具备主动服务意识。

4. 酒吧服务员的职责

酒吧服务员在酒吧领班的指导下，为客人提供酒水服务，并保持服务区域的整洁。

(1)客人进入酒吧时，有礼貌地问候客人。

(2)根据客人的要求填写酒水单并到吧台取酒水。

(3)按照酒水单为客人提供酒水服务。

(4)保持酒吧的整齐和清洁，包括营业前、营业中和营业后的清洁工作。

(5)做好营业前的准备工作，如准备咖啡具、茶具、点心叉、餐盘，擦亮酒杯等。

(6)协助调酒师摆放陈列的酒水。

(7)营业中，用干净的烟灰缸换下用过的烟灰缸。

(8)清理餐桌及客人用过的杯、碟等，以托盘方法送到清洗间。

(9)熟悉各类酒水名称与特点、各种杯子类型及酒水的价格。

(10)熟悉服务程序和标准。

(11)营业繁忙时，协助调酒师斟倒和制作各种酒水产品。

(12)协助调酒师清点存货，做好销售记录。

5. 酒吧实习生的职责

(1)每天按照提货单到食品仓库提货、取冰块、更换棉织品、补充器具。

(2)清理酒吧的设施(冰柜、制冰机、工作台)，清洗盘、冰车和酒吧的工具(搅拌机、量杯等)。

(3)经常清洁酒吧内的地板及所有用具。

(4)做好营业前的准备工作，如:兑橙汁、将冰块装到冰盒里、切好柠檬片和橙角等。

(5)协助调酒师放好陈列的酒水。

(6)根据酒吧领班和调酒师的要求补充酒水。

(7)用干净的烟灰缸换下用过的烟灰缸并清洗干净。

(8)补充酒杯，空闲时用干布擦亮酒杯。补充应冷冻的酒水到冰柜中，如啤酒、白葡萄酒、香槟。

(9)保持酒吧的整洁干净，清理垃圾并将客人用过的杯、碟送到清洗间。

(10)帮助调酒师清点存货。

(11)熟悉各类酒水、各种杯子特点及酒水价格。

(12)酒水入仓时，用干布或湿布抹干净所有的瓶子。摆好货架上的瓶装酒，并分类存放整齐。

(13)在酒吧领班或调酒师的指导下制作一些简单的饮品或鸡尾酒。

(14)在营业繁忙时，帮助调酒师招呼客人。

第二节　酒吧设备

一、酒吧台区主要设备及其配置

1. 冷藏箱(Refrigeratd storage)

冷藏箱是酒吧中用于冷藏酒水和饮料的设备，它的大小和式样可根据酒吧的需求和环境进行选用。冷藏箱内的温度通常在6℃～12℃之间，箱内常分为几层，以便存放不同种类的酒品和饮料。根据酒水饮用温度，香槟酒、白葡萄酒、玫瑰红葡萄酒和啤酒及果汁等需入箱中冷藏。

2. 制冰机(Ice cube machine)

制冰机是酒吧常用的设备，它有不同的尺寸和类型，制出的冰块形状也分为正方体、圆体、扁圆体和长方体及较小的颗粒。酒吧可以根据自己的需要选用各种制冰机。

3. 生啤机(Draft beer system)

生啤机属于急冷型设备。整桶的生啤酒无需冷藏，只要将桶装的生啤酒连接在该设备后，输出的便是冷藏的生啤酒，泡沫厚度可根据需要控制。

4. 电动搅拌机(Electronic blender)

某些鸡尾酒需要小型电动搅拌机将冰块和水果等原料搅碎，并混合成一个整体。因此，多功能的电动搅拌机是酒吧中必要的设备。

5. 咖啡保温炉(Coffee warmer)

咖啡保温炉是保持咖啡温度的设备。该设备有2～4个电热盘，每个电热盘下面有恒温器。将煮好的咖啡装入容器后，放在电热盘上保持温度。

6. 果汁机(Juice machine)

果汁机有多种型号，主要作用有两个：一是冷冻果汁；二是自动稀释果汁。

7. 洗杯机(washing machine)

近来，许多酒吧都设有小型单箱洗杯机，用这种机器的优点是节省人力并卫生。许多酒吧管理人员认为，传统上的酒吧洗涤槽既洗酒杯、餐具，又洗烟灰缸和布巾等，很不卫生。使用洗杯机后可以将酒杯、餐具和其他物品分开洗涤。洗杯机不仅有洗涤功能，还有消毒的功能。小型洗杯机既不占太多的面积，又灵活方便，自动化强，很适合酒吧使用。

8. 压力冲水器(Espresso machine)

压力冲水器是酒吧中冲泡咖啡和茶的理想设备。由于该机器内装有热交换器，因此，从该机器内流出的开水可直接冲泡咖啡和茶。压力冲水器的最大优点是方便、卫生、占地面积小、自动性能好。

9. 苏打枪(Handgun For soda system)

苏打枪是用来分配含汽饮料的系统。这个装置包括1个喷嘴和7个按钮，可分配7种饮料，即：soda(苏打水)，Tonic(汤力水)，cola(可乐)，7-up(七喜)，Collin Mix(哥连士调料)，Giger Al(姜汁汽水)，Peppermi water(薄荷水)。它可以保证饮品供应的一致性，避免浪费。

10. 葡萄酒储藏柜(Liquor storage)

葡萄酒储藏柜是存放香槟酒和葡萄酒的设备。在某些大型饭店中需用这种设备。这种储藏柜；内部材料是木制的，里面分横竖成行的格子。香槟酒、葡萄酒等横放入格内存放，温度可以根据葡萄酒的种类进行调节，这样可以保持酒的木塞湿润，从而保证瓶中酒的芳香和味道。

11. 收款机(收银机)(Cash register)

收款控制除了必须制定完善的收款制度和手续外，还必须借助于一定的工具。饭店酒吧一般都使用收款机。收款机有简单、复杂之分。简单的收款机仅能起计算及存放钱款的作用，并无多少控制作用。复杂的收款机则能印制原料库存日报、周报和月报表。酒吧和餐厅中适用的收款机一般应具有记录每一次交易及自动打印收据的功能，并有多个存款屉，以防止差错和作弊。另一种收款机还能将各种饮料的价格预先编入程序，服务员只要按动代表某一饮料的键钮，收款机自动记录这一次交易的金额，这种功能有效地减少了人为的输入错误。

如果使用电子收款机，并与电子配出器联接，就能起到更完善的控制作用。例如，一定得先把账单插入收款机记录交易金额后，电子配出器才能工作，而当一份饮料如1盎司的威士忌配出后，电脑储存器的威士忌库存量数字立即自动减少1盎司。因此，这种设备不仅具有量度精确、服务迅速的优点，而且还具备控制收款、提供原料库存信息的功能。

12. 酒吧展示柜(Tiered liquor display)

即后吧上层的橱柜，镶嵌有玻璃镜，这样可以增加房间深度，同时也可使坐在吧台前喝酒的顾客通过镜子的反射，观赏酒吧内的一切，调酒师也可借此间接地观察顾客。酒品展示柜通常陈列酒具、酒杯及各种名品酒瓶。

13. 酒杯储藏柜(cup storage)

有些酒吧将客人使用的酒杯都吊在吧台上方，用一个取一个，洗完再吊上去，这是不正确的。吧台上方的吊挂酒杯只是做装饰用。而供客人使用的、大量的酒杯应放在酒杯储藏柜中，这样一则操作起来方便，让客人感到干净卫生。

14. 干品储藏柜(Dry storage)

用于存放干果品、小食品等。根据需要，一些酒吧还可设置奶昔机(Blender milk shaker)、冰淇淋机（Ice cream machine)、酒杯上霜机(Glass chiller)等一些其他的设备。

二、酒吧设施设备配备原则

设备的配置是酒吧经营及管理的一个重要问题，应由酒吧经理负责此项工作，并组织有关人员进行综合评估。选择设备时不仅要考虑技术上的先进，经济上的合理，而且在布局时要考虑最后组合原则。

下面是酒吧设备配置应考虑的几个原则。

1. 适用性

酒吧所购置的设备其各项性能指标都能达到酒吧经营的要求，这一点是最基本的。同时要看这种性能可维持多长时间。对设备性能的考察，一是在可能情况下了解机械设备实际工作的情况；二是争取试用后再购买；三是多方了解用过此种设备的客户的体会。

2. 美观性

这是由酒吧经营自身的特点决定的。设备设施的外观应与酒吧的风格、档次、气氛布置相协调，并要以高雅、做工精细、容易保洁为标准。

3. 方便性

由于酒吧在其运营的组织机构中不可能有较多的专业技术人员，同时，酒吧行业也有人员流动性较大的特点，所以，酒吧的设备设施应尽可能地体现操作及使用方便、修理及保养方便的原则。

4. 节能性

能源危机是个全球性的问题。酒吧在购置设备时同样应考虑这个问题。节能性好的设备，不但能避免有关部门及公众的投诉，而且能降低酒吧成本，提高经济效益。节能性好的设备，表现为效率高，能源利用率高，而能源消耗量低。

5. 低噪音

噪音问题直接关系到酒吧经营环境及经营气氛，因而也直接影响顾客的消费情绪。所以，设备噪音的大小应是酒吧经营者关注的问题。

第三节 酒吧服务

服务质量在饭店业和餐饮业中有着举足轻重的作用，酒吧服务更是如此。酒吧服务是酒吧经营中的重要产品，客人为什么到酒吧或餐厅而不在家中或客房中饮酒？归根结底，是他们不仅需要饮酒，还需要欣赏酒吧的环境，享受酒吧的气氛及良好的服务。因此，服务是酒吧的无形产品，也是酒水推销的过程。调酒师和服务员通过与客人沟通、交谈，展示熟练的服务技巧，使客人乐于在酒吧和餐厅中饮酒。

一、酒吧服务标准

（一）酒吧基本服务

酒吧基本的服务技巧包括点酒水（即推销酒水）、开瓶、示瓶、斟酒、托盘及换烟缸。

1. 点酒水（帮助客人选择酒水）

（1）先问候客人。如“晚上好，先生（小姐）”，“欢迎光临”等。

（2）从客人的右侧递送酒单，按先女士后男士的顺序递送。离开客人3～5分钟，待客人看过酒单后，再为客人点酒水。

（3）为客人点酒水时应具体地介绍酒的名称、商标及特点。留意客人的反映，如果客人不喜欢某个种类，立即介绍其他类别。

（4）在餐厅中，根据客人的酒水搭配习惯为客人点酒，如：

①白葡萄酒、开胃鸡尾酒、味美思酒及苦味酒、茴香酒常作为餐前酒。根据市场统计，目前白葡萄酒作为餐前酒较为流行。

②白葡萄酒、玫瑰红葡萄酒、红葡萄酒和香槟酒习惯上作为佐餐酒。白葡萄酒习惯上配海鲜和白色肉类菜肴，如鸡肉、火鸡肉、鱼肉等。红葡萄酒习惯上配牛肉、羊肉、猪肉和意大利面条等红色菜肴，玫瑰红葡萄酒和香槟酒可配任何菜肴。

③干型雪莉酒习惯上作为餐前酒及佐餐开胃酒。

④甜型雪莉酒、波特酒、马德拉酒、玛萨拉酒习惯上作为佐点心和甜菜用酒。

⑤利口酒、烈性酒及餐后鸡尾酒习惯上在餐后饮用。

⑥清淡的葡萄酒习惯上配清淡的菜肴。

⑦浓味的葡萄酒习惯上配浓味的菜肴。

⑧啤酒可根据客人的需求搭配任何菜肴。

⑨客人永远是对的。根据客人饮用习惯和需求为客人点酒水，酒水与菜肴搭配只是一般人的习惯，不是惟一的标准，因此不要强迫客人点某种酒水。

(5)记录客人所点的(购买的)酒水并重复一遍。将一式三联酒水单的第一联交收银员作为结账凭证。第二联经收银员盖章后交调酒师，凭此单取酒。第三联作为服务员的服务指南。

(6)客人点酒后，服务员应在离开餐桌前感谢客人。应当说“谢谢您，先生(小姐)，我尽快把酒(饮料)给您送来。”如果知道客人的姓，应当说出，以示对客人的尊敬和关心。

2. 开瓶

当客人点了整瓶或整罐的饮料、啤酒、葡萄酒、香槟酒后，通常，服务员可在餐厅的餐桌上、服务桌上或吧台上，在客人面前将酒水开瓶。开瓶的方法一般有四种：

(1)用手直接拉开罐装酒水的封口

打开罐装酒水，首先应将酒罐表面冲洗干净后擦干，左手固定酒水罐，用右手拉酒水罐上面的钥匙，从而打开其封口。

(2)用瓶起子打开瓶装啤酒和饮料

首先将酒水瓶擦干净，将啤酒瓶或饮料瓶放在桌子的平面上，左手固定酒水瓶，右手持开瓶起子，轻轻地将瓶盖打开。开瓶后，不要将瓶盖放在餐桌或吧台上，可放在一个小盘中，待开瓶后，将小盘撤走。

(3)用酒钻打开葡萄酒瓶塞

①当客人点了整瓶的葡萄酒后，先将葡萄酒瓶擦干净，将干净的餐巾包住酒瓶，商标朝外，拿到客人的面前。

②让客人鉴定酒的标签，在客人认定酒的名称、产地、葡萄品种及级别等符合所点的品种与质量后，再在客人面前开葡萄酒瓶。

③用小刀将酒瓶口的封口上部割掉，然后用干净的餐巾把瓶口擦干净。

④用酒钻从木塞的中间钻入，转动酒钻上面的把手，随着酒钻深入木塞，酒钻两边的杠杆会往上仰起，待酒钻刚刚钻透木塞时，两手各持一个杠杆同时往下压，木塞便会慢慢地从瓶中升出来。

⑤将葡萄酒的木塞递给主人，请主人通过嗅觉鉴定该酒(该程序适用于较高级别的葡萄酒)，再用餐巾把刚开启的瓶口擦干净。

⑥斟倒少许酒给主人品尝，注意手握酒瓶时不要覆盖标签。

⑦待主人品尝后，从女士开始斟酒。

⑷打开香槟酒和葡萄汽酒

①当客人点了香槟酒或葡萄汽酒时，首先将瓶子擦干净，然后放入冰桶中，连冰桶一起运送主人右边方便的地方。

②将香槟酒或葡萄酒从桶内取出，用餐巾将瓶子擦干，用餐巾包住瓶子，商标朝外，请主人鉴定。

③当主人认可后，将酒瓶放在餐桌上并准备好酒杯，左手持瓶，右手撕掉瓶口上的锡纸。

④左手食指牢牢地按住瓶塞，右手除掉瓶盖上的铁丝及铁盖。

⑤瓶口倾斜约45度角，用右手持一干净布巾紧紧包住瓶口，这时由于酒瓶倾斜，瓶中会产生压力，酒瓶的木塞开始向上移动，这时用右手轻轻地将木塞拔出。注意瓶口不要朝向客人，以防木塞冲出。

⑥用干净布巾将瓶口擦干净。

⑦先为主人斟倒少量的香槟酒或葡萄酒，请主人品尝，得到主人的认可后，从女士开始斟倒。

3. 示瓶

在餐厅酒吧中，客人常常点用整瓶的葡萄酒、香槟酒。由于葡萄酒的品种和产地非常多，通常酒吧的调酒师兼任收银员。在开瓶之前，都应让客人鉴定一下酒的名称、商标、产地和等级等内容，这种服务程序和方法的目的是让客人鉴定该酒吧的产品质量，同时也表示对客人的尊重。实际上，示瓶只是开瓶服务的一部分，其工作方法和程序是：

⑴服务员站在主人(点酒水的人)的右侧，左手托瓶底，右手持瓶，酒的标签朝向客人并距客人面部距离约0.5米，以方便客人查看与鉴定。

⑵左手与瓶底之间垫一块干净的布巾，叠成整齐形状；右手持不带标签的那一面靠近瓶颈的部位，以方便握瓶和显示标签。

⑶示香槟酒时，左手托瓶底，右手的大拇指和食指夹住瓶口，这时瓶颈正好在右手虎口处。这是因为一些香槟酒瓶的上部较粗，不容易握住，因此采用这一方法可以握牢。同时，也是为了更好地显示香槟酒的全部标签。

4. 斟酒

一些餐厅中，常常有侍酒员为客人斟酒。如果不设侍酒员这一职务，则由餐厅服务员为客人斟酒和服务。斟酒方法如下：

(1)在客人的右边，侧身，左手拿一块干净布巾，用右手为客人斟酒。服务员每斟一杯酒应换一个位置，移至下一个客人的右边，再继续斟酒。女士优先，顺时针方向移动。

(2)斟酒水时，瓶口与杯沿保持一定距离，约1~2厘米，瓶口不要接触杯子。

(3)右手握酒瓶中部，标签朝向客人。

(4)以瓶为销售单位的酒水，通常在餐桌上为客人斟倒。饮料和啤酒斟至杯中的八成满。中国烈性白酒斟至杯中的八成满。香槟酒斟至杯中的2/3，先斟倒1/3，待泡沫稍去后，再斟倒1/3。白葡萄酒和玫瑰红葡萄酒斟至杯中的2/3。红葡萄酒斟至杯中的1/2或2/3。

(5)零点的烈性酒、餐后甜酒，通常以盎司(OZ)为单位销售(每盎司是28毫升)，在吧台上斟倒好，用托盘送至餐桌，放在客人的右手边。

(6)鸡尾酒通常在吧台配制好，用托盘送至餐桌，放在客人的右边。

(7)红葡萄酒应放在酒篮或酒架中，使酒瓶倾斜片刻后，再为客人斟倒，以利于酒的沉淀。斟酒时，酒瓶颈下应衬垫一块布巾以防酒液滴落。

(8)白葡萄酒、玫瑰红葡萄酒、香槟酒和葡萄汽酒应冷藏后再斟倒。通常，将白葡萄酒、玫瑰红葡萄酒或香槟酒等放在冰桶内，靠近主人右边方便的地方，然后用一块布巾包住瓶身，露出标签，再为客人斟倒，以免酒液滴在餐桌或客人的衣服上。

(9)服务员每斟一杯酒后，持瓶的手要顺时针方向旋转一下。收回酒瓶时，左手用干净布巾擦拭一下瓶口，防止最后一滴酒落在餐台或客人的衣服上。

(10)斟倒啤酒时，应顺着瓶口对着的杯壁慢慢斟倒，瓶口不要接触酒杯。

(11)斟倒酒水时，动作应优雅大方，脚不要踏在椅子上，手不可搭在椅背上。

(12)掌握酒水的最佳饮用温度。白葡萄酒、玫瑰红葡萄酒、香槟酒和葡萄汽酒的最佳饮用温度是10℃～12℃。红葡萄酒的最佳饮用温度是20℃，如果能在饮用前打开瓶塞，让酒液与空气接触片刻，红葡萄酒会更香醇。酒精度较高的加强葡萄酒，如波特酒(Port)和雪莉酒(Sherrv)的最佳饮用温度为室内温度(20℃)。白兰地酒、威士忌酒的饮用温度通常为室内温度，也可根据客人的需要加入冰块。中国烈性白酒及黄酒的最佳饮用温度是室内温度或稍加热度。啤酒的最佳饮用温度为4℃～8℃，酒精度较高的啤酒的饮用温度可适当提高，有的品种可高达12℃。

(13)斟倒后，除了红葡萄酒外，白葡萄酒、玫瑰红葡萄酒、香槟酒及葡萄汽酒均应放回冰桶内保持冷藏，并用一块干净的布巾盖在冰桶上，而红葡萄酒则连同酒架或酒篮一起斟倒，斟倒后放至餐桌上，靠近主人的右手处。

(14)斟酒完毕后，服务员感谢客人，说声“谢谢小姐！（先生！）”后离开餐桌。

5. 托盘

(1)把托盘擦洗干净放在吧台上，摆上要用运送的酒杯、酒水等。

(2)左脚超前，将左手放在与托盘同样高的位置上，掌心向上，五指分开。

(3)用右手帮助，将托盘送至左手，使托盘中较重的一边落在左手的中心部位。将托盘全部托在左手上，用手指和掌心托住盘底，掌心不与盘底接触，平托胸前，并随时掌握盘的重量中心。行走时，盘要平，肩要平，两眼平视前方并常用余光看地面和两侧，脚步要轻快，手腕应轻松灵活，使托盘随走路节奏轻轻摆动，摆动幅度不要过大。不摆动或摆动幅度过大都容易使酒水外溢。

6. 换烟灰缸

根据酒吧的服务标准，应将带有烟灰或1～2个烟头的烟灰缸撤掉并换上干净的烟灰缸。

(1)换吧台上的烟灰缸时，调酒师用右手拿一个干净的烟灰缸，盖在有烟头或烟灰的烟灰缸上，然后用右手将两个烟灰缸一起撤掉，再将一个干净的烟灰缸放在吧台原来的位置。

(2)撤换餐桌上的烟灰缸时，服务员应用托盘的方法，将干净的烟灰缸送至客人的面前，用右手将干净的烟灰缸盖在有烟头的烟灰缸上，并用右手将它们一起撤掉，放在左手的托盘内，再用右手将一个干净的烟灰缸放在餐桌原来的位置上。

(二)调酒服务标准

1. 姿势、动作

调酒时要注意姿势端正、轻松、大方，不要弯腰或蹲下调制。任何不雅的姿势都直接影响到客人的情绪。动作要潇洒、自然、准确，不要紧张。用手拿杯时注意拿杯子的底部，不要握杯子的上部。特别不能用手指接触杯口。调制过程中尽可能使用各种工具，不要用手。特别是不准用手抓冰块放进杯中来代替冰夹，不要做摸头发、揉眼、擦脸等小动作，也不准在酒吧中梳头、照镜子、化妆等。

2. 先后顺序与时间

调制出品时要注意客人到来的先后顺序，要先为早到的客人调制酒水。同来的客人要为女士们和老人、小孩先配制饮料。调制任何酒水的时间都不能太长，以免使客人不耐烦。这就要求调酒师平时多练习。调制时动作快捷熟练。一般的果汁、汽水、矿泉水、啤酒可在 1 分钟时间内完成；混合饮料可用 1 分钟至 2 分钟完成；鸡尾酒包括装饰品可用 2 分钟至 4 分钟完成。有时五六个客人同时点酒水，也不必慌张忙乱，可先一一答应下来，再按次序调制。一定要答应客人，不能不理睬客人只顾自己做。

3. 卫生标准

在酒吧调酒一定要注意卫生标准，稀释果汁和调制饮料用的水都要用冷开水，无冷开水时可用容器盛满冰块倒入开水也可使用。不能直接用自来水。调酒师要经常洗手，保持手部清洁。配制酒水时有时允许用手，例如拿柠檬片、做装饰物。凡是过期、变质的酒水不准使用。腐烂变质的水果及食品也禁止使用。要特别留意新鲜果汁、鲜牛奶和稀释后果汁的保鲜期，天气热更容易变质。其他卫生标准可参看《中华人民共和国食品卫生法》。

4. 观察、询问与良好服务

要注意观察酒吧台面，看到客人的酒水快喝完时要询问客人是否再加一杯；客人使用的烟灰缸是否需要更换；酒吧台表面有无酒水残迹，经常用干净湿毛巾擦抹；要经常为客人斟酒水；客人抽烟时要为他点火。让客人在不知不觉中获得各项服务。总而言之，优良的服务在于留心观察加上必要而及时的行动。在调酒服务中，因各国客人的口味、饮用方法不尽相同，有时客人会提出一些特别要求与特别配方，调酒员甚至酒吧经理也不一定会做，这时可以询问、请教客人怎样配制，也许会从中得到满意的结果。

5. 清理工作台

工作台是配制供应酒水的地方，位置很小，要注意经常性的清洁与整理。每次调制完酒水后，一定要把用完的酒水放回原来位置，不要堆放在工作台上，以免影响操作。斟酒时，滴下或不小心倒在工作台上的酒水要及时抹掉。专用于清洁、抹手的湿毛巾要叠成整齐的方形，不要随手抓成一团。

(三)酒吧常见酒水的服务标准

1. 葡萄酒与香槟酒服务标准

(1)白葡萄酒的服务标准

白葡萄酒应该冷藏后饮用，其最佳饮用温度是10℃～12℃，因此，当客人点了整瓶的白葡萄酒后当按照以下程序和方法为客人服务：

①将冷藏过的白葡萄酒放在冰桶内，冰桶内放入六成满的冰块和少量的水。

②将一块干净的布巾盖在冰桶上(叠成三折，盖在冰桶上面，露出瓶颈)。

③将冰桶运送到餐厅，靠近主人(点酒水的客人)右侧方便的地方(1米内)。

④示瓶。

⑤开瓶。

⑥斟倒(斟倒在白葡萄酒杯或多用杯中)。

⑦斟倒后，将酒放回冰桶内，将干净的布巾盖在冰桶上，感谢客人，说声“谢谢”后离开现场。

⑧当客人杯中的酒几乎喝完时，应为客人重新斟酒，不要让客人的酒杯空着，直至将瓶中的酒全部斟完或客人表示不需要时为止。同时，为了保持杯中的酒是低温，为客人斟倒白葡萄酒时，如果杯中的酒多于1/3时不要斟倒，否则会影响杯中酒的温度和味道。

(2)香槟酒和葡萄汽酒服务方法

在酒吧中，香槟酒和葡萄汽酒全部是整瓶出售的，如上所述，香槟酒的最佳饮酒温度是10℃～12℃。

①同白葡萄酒服务方法一样，将冷藏后的香槟酒或葡萄汽酒放入冰桶中，然后用双手将冰桶送至餐桌主人右侧方便的地方。

②按照香槟酒示瓶方法示瓶。

③按照香槟酒开瓶方法开瓶。

④斟倒(斟倒在各种香槟酒杯中)。

⑤斟倒完毕，将酒放回冰桶内，用干净布巾盖在冰桶上，感谢客人，离开餐桌。待客人杯中的酒约少于1/3时，继续为客人斟倒，直至斟倒完毕或客人不需要时为止。

(3)红葡萄酒服务方法

当客人点了整瓶的红葡萄酒时，将该酒用托盘送至餐厅。红葡萄酒的最佳饮用温度是20℃左右，因此，它既不需要冷藏也不需要升温。服务员将托盘放在服务桌上后，按以下程序和方法进行服务：

①示瓶。

②开瓶，按照葡萄酒开瓶程序操作。

③将酒放在酒架或酒篮内，使酒瓶倾斜，让酒中的沉淀物静止在瓶底，稍等片刻后再斟倒酒水。

④右手持酒篮或酒架为客人斟酒，也可双手持酒篮为客人斟酒。

⑤斟酒后将酒篮或酒架放在主人右手处方便的地方，感谢客人，离开餐桌。待酒杯中的酒不足1/3时，再为客人斟酒。

⑥一些餐厅将开瓶后的红葡萄酒经过客人的鉴定后，滤入另一容器内，再将该容器放入主人的右边。这种方法的优点是容器占餐桌面积小，并且酒中的沉淀物已被滤净，同时方便斟倒。

(4)啤酒服务方法

当客人点了整瓶或整罐啤酒后，应按以下程序和方法为客人服务：

①清洗并擦净酒瓶或酒罐，用托盘将酒送至餐桌上。

②开瓶(按照啤酒的开瓶方法开瓶)。

③按啤酒的斟倒方法斟倒在啤酒杯中(参照斟酒)，酒杯必须清洁，不能有油迹，否则影响啤酒泡沫的产生。注意酒杯不能与餐具同洗，手指不能接触杯内。

④除宴会外，通常在零点中，服务员只为客人斟倒第一杯啤酒，斟倒后，将啤酒放至餐桌上主人右边。

(5)利口酒服务方法

利口酒(Liqueur)是芳香的甜酒，欧美人习惯于餐后饮用，因此利口酒也常被称为餐后酒。在酒吧中，利口酒是以杯为单位进行销售的，每杯的标准容量常为28毫升(1盎司)。利口酒以利口酒杯盛装。利口酒服务程序与方法如下：

①当客人需要饮纯利口酒时，根据利口酒的种类，询问客人是否以降温或室温服务。通常，水果类利口酒服务时，先将2～3块冰块放入利口酒杯中，旋转几周扔掉，作降温处理后，再倒入客人选用的利口酒。而香草类利口酒宜冷藏后纯饮。咖啡利口酒和可可利口酒以室温为最佳纯饮温度。服务方法是把利口酒送至吧台上的客人右手处，先放杯垫，再放杯子，或用托盘送至餐桌上客人的右手处。

②许多客人习惯饮用加冰块的利口酒。这种服务方法是使用古典杯或香槟杯加入4块冰块，再倒入利口酒，送至吧台上客人的右手处，或用托盘方法送至餐桌上客人的右手处。

③一些客人习惯饮用汽水、苏打水或果汁混合的利口酒。这种服务方法是将4块冰块放入海波杯或高杯中，倒入客人选用的利口酒，再倒入汽水或苏打水或果汁至八成满。用吧匙轻轻搅拌，然后送至吧台上客人的右手处，或用托盘送至餐桌上客人的右手处。

(6)鸡尾酒服务方法

鸡尾酒都是以杯为单位进行销售的，其服务程序与方法是：

①服务员为每个客人递送一份酒单。

②帮助客人选用鸡尾酒时，应当根据饮酒时间、男女客人的习惯及他们的爱好推销鸡尾酒。推销时应当涉及到鸡尾酒的名称及特点，愈具体客人愈满意，而推销效果也愈佳。

③上酒时间应掌握在5分钟内，不要让客人久等。鸡尾酒制好后，应立即上桌，否则影响其温度和质量。

④除调酒师直接将鸡尾酒送至吧台客人面前外，服务员一律用托盘将鸡尾酒送至餐桌上。注意手指只能接触杯柄，不能接触酒杯，以免影响其温度。

⑤服务员服务时，应放个酒杯垫，再放鸡尾酒，然后说出鸡尾酒名称，并说“请您慢慢饮用”。

二、酒吧日常工作程序

（一）酒吧清洁工作

1. 清洁吧台与工作台，用湿毛巾清洁吧台，用清洁剂喷在吧台表面，擦抹至污迹完全消失为止，使吧台表面干净光亮。

2. 清洁冰箱。定期定时（三天左右）对冰箱彻底清洁一次，从底部、箱壁到隔层，仔细地擦抹，先用湿布和清洁剂将污迹擦洗干净，再用清水擦干净。每天清洁冰箱表面一次。

3. 清洁地面。吧台内地面多用大理石或瓷砖铺砌，每日应经常用拖把擦洗地面以保持干净。

4. 清洁酒瓶与罐装饮料。每日开吧前用湿毛巾将瓶装酒及罐装饮品表面擦干净，确保无尘土，以符合食品卫生标准。

5. 清洁酒具与用具。每日清洁酒杯与用具，即使没有使用过的酒杯每天也要重新洗刷、消毒，然后用干净布巾擦亮。

6. 清洁酒吧环境。主要是窗户、镜面、桌椅、墙面、灯饰、宣传品等，使酒吧有良好和舒适的环境，以吸引客人饮酒。

（二）领取酒水和用品

1. 领酒水。定时或每天按酒吧需用的酒水标准数量，填写酒水领料单，经酒吧经理签字后方可去仓库领取酒水。注意核对酒水的数量、名称及种类，以免造成误差。领取时，领取人要在领料单上签字以便核实查对。

2. 领用具。是指领取各种表格（酒水供应单、领料单、调拨单等）、笔、记录本、棉织品、酒杯垫、餐巾纸等，可定期或根据需要领用。

3. 领取鸡尾酒的调料和水果。

（三）存放酒水

将领来的酒水分类存放，需要冷藏的酒水，如啤酒、白葡萄酒、果汁等放进冷藏箱内。存放酒水一定要遵循先进先出的原则，即先领取的酒水先使用，先存放的酒水先销售给客人，以免因酒水存放过期而造成浪费。

果汁及鲜牛奶更是如此，纸包的鲜牛奶的存放期只有几天，应及时使用。

(四)记录酒水

为了便于成本控制、防止酒水失窃，每个酒吧需要设立酒水记录簿，记录酒吧每日的存货、领用，售出及结存的数量。值班的调酒师要准确地清点酒水数目并详细记录，以便控制好酒水的成本。

(五)酒吧摆设

酒吧摆设应美观大方有吸引力，以方便工作。酒吧的气氛和吸引力往往集中在瓶装酒和酒杯的摆设上。瓶装酒要分类摆放，如开胃酒、烈性酒和利口酒等。瓶与瓶之间要有间隙，以杯为销售单位的各种酒要放在工作台前伸手可及的位置，以方便工作。不常用的酒放在酒架的高处，以减少从高处取酒的麻烦。酒杯的摆放形式有悬挂式与摆放式两种，悬挂式的酒杯常悬挂在吧台上方的架子上，主要是用来装饰酒吧，一般不使用，因为拿取不方便，必要时，取下后洗净擦干再使用；摆放式的酒杯常摆放在展示柜中和工作台上，有些摆在冰柜内以方便使用。海波杯、高杯、古典杯和水杯应放在靠近冰桶的地方，啤酒杯和鸡尾酒杯可放在冷柜中，以方便操作。

(六)准备调酒的原料与装饰物

1. 准备新鲜冰块。用冰桶从制冰机中取出当天制成的冰块放进工作台上的冰块池中，把冰块放满；没有冰块池时，可用冰桶装满冰块盖上盖子放在工作台上。较大型的酒吧，应设有一台制冰机。

2. 准备调味品。辣椒油、胡椒粉、盐、糖、豆蔻粉等调味品准备好后放在工作台前面，以备调制鸡尾酒时取用。准备鲜牛奶、菠萝汁、番茄汁及罐装奎宁水、汽水、苏打水等，将它们放在冷藏箱内容易拿取的地方。

3. 准备水果装饰物。准备好柠檬、橙子并根据营业情况切成角或片。将柠檬角或柠檬片与樱桃串联在一起备用，从罐头中取出红樱桃备用。装饰物都应放在工作台的冷藏箱中。

4. 准备酒杯。把酒杯洗净、消毒、擦干净后，按需要摆放在酒杯架和工作台上。调酒工具可放在盘内，放在工作台方便操作的地方。量杯、酒吧匙和冰夹除了放在工具盘内，有时要分放在干净的水中浸泡。吸管、调酒棒和鸡尾酒签可放在工作台上的杯子中。杯垫放在工作台上易于拿取的位置。

(七)准备餐巾和擦酒杯与擦吧台的各种布巾(略)

(八)检查电器与设施

在营业前要仔细检查各类电器、灯光、空调、音响、冰箱、制冰机、咖啡机等的工作情况，检查所有家具、酒吧台、吧椅及墙纸是否完美，有无破损情况。发现任何工作不正常的设备或不符合质量标准的地方，要立即填写工程维修单交酒吧经理签字后送工程部，由工程部及时派人维修。

二、酒吧营业中的服务

(一)迎接客人

客人来到酒吧时，服务员应主动地招呼客人，面带微笑地向客人问好，如"您好！""晚上好！""欢迎您！"等等。先问候女士，再问候男士。若是熟悉的客人，可以直接称呼客人××小姐、××先生。如客人存放衣物，应提醒客人将贵重物品和现金拿出，然后给客人存衣牌。

(二)引座

带领客人到他们喜爱的座位入坐。单个客人常喜欢到吧台前的吧椅就坐，两个以上的客人常喜爱到餐桌或小台就坐。先帮助客人拉椅子，请客人入坐，女士要优先。

(三)递酒水单

客人入坐后递上酒水单，先递给女士，再递给男士。如果几批客人同时到达，要先请客人入坐后再递酒水单。酒水单要直接送到客人手中，不要放在台面或餐台上。如果客人在相互谈话，可以稍等几秒钟，或者说"打扰您了，先生！(小姐！)给您酒水单。"然后将酒水单递给客人。酒水单必须干净平整，千万不要把肮脏的或模糊不清的酒水单递给客人，每个客人都应当有酒水单。

(四)请客人点酒水

服务员或调酒师递上酒水单后应稍等一会儿，或离开客人几分钟后再请客人点酒水。当服务员或调酒师为客人点酒水时应询问客人："请问先生(小姐)，您喜欢喝点什么？"如果客人还没有作出决定，服务员或调酒师可以为客人提建议或解释酒水单，但是要清楚酒吧酒水的品种和特点。如果客人在谈话或还在仔细地看酒水单时，服务员应稍等一会儿再为客人点酒水。有时客人请调酒师或服务员介绍酒水时，调酒师或服务员应先询问客人的爱好，然后再根据客人的爱好、酒水的特点及本酒吧的酒水品种选择各类酒水。许多酒吧由服务员填写酒水单，填单时服务员要左手持单，右手持笔，认真记录各种酒水。当客人点了酒水后，服务员要重复酒水名称，客人确认后才算完成酒水单。为了避免差错，酒单上要填写清楚座号或台号、服务员姓名、酒水品种、数量、价格及特别要求等。注意"女士优先"。酒水单一式三份，一份交收银员，一份经收银员盖章后交调酒师，一份为服务员保存，作为服务指南。在一些小型酒吧，调酒师帮助吧台客人选择酒水后，由收款机打印出账单，直接由调酒师收款。

(五)酒水服务

将斟倒好的酒水或调制好的鸡尾酒、口纸杯垫和小食品放在托盘中，以左手胸托方式，送至客人面前。用右手服务，从客人右边将酒水和小食品摆在餐台上。为吧台前的客人服务时不用托盘，调酒师可直接将酒水和小食品放在客人面前，酒水应放在客人的右手边。放酒水时应先放杯垫。

（六）随时更换烟灰缸

按照换烟灰缸的标准程序服务（参照酒吧服务技巧六）。即使在吧台上换烟灰缸，也绝不可直接拿起有烟灰的烟灰缸，这种操作会使烟灰飞扬起来并可能掉进客人的酒杯中，或者落到客人的身上，严重影响服务质量。有时客人把没抽完的香烟放在烟灰缸上，这时可以先摆上一个干净的烟灰缸并将它放在原来的烟灰缸旁边，把原烟灰缸上的香烟移到干净的烟灰缸上，然后再取另一个干净的烟灰缸盖在用过的烟灰缸上，一齐取走。

（七）为客人斟酒水

客人点了整瓶的酒水后，而杯中的酒水已不足1/3的情况下，服务员要为客人斟酒水，直至将瓶中的酒斟完或客人提出不需要时为止。此外，只要台面上有空瓶或空罐都要立即撤走。

（八）推销第二杯酒水

服务员和调酒师要经常观察客人的饮料是否快要喝尽。如在杯子中只剩一点酒水，而餐台上也没有酒水瓶罐的情况下，应当建议客人是否再来一杯酒水。如果客人点的下一杯酒水与上杯酒水不同时，应该重新为客人摆上一个新杯子。

（九）结账

客人要求结账时，服务员应立即到收款处取账单，拿到账单后要认真检查一遍，台号、酒水的品种、数量及金额是否准确，再将账单放在账单夹中，用托盘送至客人面前，并有礼貌地说："这是您的账单。"如果客人认为账单有误，服务员不要与客人争辩，应立即与收款员重新核对账单，及时纠正错误，并向客人致歉。没有错误时，服务员应向客人解释清楚每一项酒水的价格，取得客人的谅解。

（十）送客

客人结账后，帮助客人拉开椅子让客人容易站起来。如客人存放了衣物，根据客人交回的存衣牌，帮助客人取衣物并帮助客人确认自己的衣物，然后送客人到门口并说："谢谢您的光临！""再见！""晚安！"等。注意说话时应目视客人，面带微笑，以示尊敬。

（十一）清理台面

客人离开后，用托盘将台面上所有的杯、瓶、烟灰缸等全部撤掉，再用湿布巾将台面擦干净，重新摆上干净的烟灰缸和用具。

三、酒吧营业后的工作

营业后的工作程序包括清理酒吧、填写当日各种记录和报表、清点酒水、安全检查、关闭电器等。

（一）清理酒吧

1. 营业后要等客人全部离开后，才能收拾酒吧。

2. 把用过的酒杯全部清洗干净并摆放好。

3. 将垃圾包好送至垃圾间。

4. 根据酒吧的工作标准，把所有陈列的酒水放入柜中存放好，散酒和调酒用过的酒也要放入柜中锁好。

5. 将水果装饰物放入冰箱中并用保鲜纸封好。

6. 将酒水储存柜上锁。

7. 擦洗吧台、工作台、水池。吧台、工作台用湿毛巾擦抹干净。各种单据表格应整理好，放在柜中。

(二) 填写报表

填写当日营业额、当日客人人数、平均消费额、特别事件和客人投诉记录。

(三) 清点酒水

把当天销售出的酒水及酒吧现存的酒水经过清点后，按实际数字填写在酒水记录簿上。

(四) 安全检查

检查酒吧是否存有火灾隐患，特别是对烟头的检查。

(五) 关闭电器

除冰箱外所有的电器都要关闭，包括照明、空调和音响。

(六) 锁好门窗(略)

第四节　鸡尾酒会的承办

一、鸡尾酒会的类型

鸡尾酒会最大的特点是打破了传统聚餐或宴会那种僵化的格局，与会者无论地位高低、身份贵贱、年龄长幼都可以在席间随意走动，轻松而不受任何约束。尤其是不胜酒力的宾客，完全可以用一杯混合饮料或不含酒精的鸡尾酒去应酬来自各方面的敬酒，既落落大方，又不失礼节，可谓一举两得。而对于那些喜爱杯中之物的人士来说，又可以取其所好，尽情享用。而且，鸡尾酒会十分适宜制造热烈、融洽、和谐的气氛，为各种庆典活动所采用。另外，举办鸡尾酒会规模大小、时间长短等都可以因人、因事而有所不同，比起正式宴会来，既经济实惠，又可节省大量人力、物力，而且不失隆重、热烈的气氛。

酒会的分类有很多种，如根据主题分类、根据组织形式分类、根据收费方式分类等。

(一) 根据主题分类

鸡尾酒会一般都有较明确的主题，如婚礼酒会、开张酒会、招待酒会、庆祝庆典酒会、产品介绍、签字仪式、乔迁祝寿等。这种分类对组织者很有意义，对于服务部门来说，只要针对各种不同的主题，配以不同的装饰、品种就够了。

（二）根据组织形式分类

从组织形式上可分为两大类，即专门酒会和正式宴会前的酒会。专门酒会单独举行，包括签到、组织者和来宾致词等，有的甚至是表演酒会，比如时装表演、歌舞表演等。专门酒会可分自助餐酒会和小食酒会，自助餐酒会一般在午餐或晚餐的时候进行，而小食酒会则多在下午的时候进行。宴会前的酒会则比较简单，它的功能只是作为宴会前召集客人，在较盛大的宴会召开前不致使等候着的客人受冷落的一种形式；也有把这种酒会作为宴会点题、致词欢迎的机会，还有的是为了给客人提供一个自由交流联络感情的场所。

（三）根据收费方式分类

从经营者的角度来看，比较注重以收费方式来划分。因为这牵涉到酒会的安排、组织和费用的计算。按付费方式鸡尾酒会可分为四类，即：定时消费酒会、计量消费酒会、定额消费酒会和现付消费酒会。

1. 定时消费酒会。也称为包时酒会，通常只需将客人的人数、时间定下后就可以安排了，消费多少则在酒会结束后结算。包时酒会的特点是"时间"，通常有一小时、一个半小时、两小时几种。定下时间后，客人只能在固定的时间内参加酒会喝酒水，时间一到将不再供应酒水。例如有一包时酒会是下午5点至6点，人数为250人；酒吧提供一小时饮用的酒水，即在5点前不供应酒水，5点开始供应，任客人随意饮用，但一到6点整就不再供应任何酒水了。目前，这种定时消费酒会比较流行，主要是方便客人掌握时间。

2. 计量消费酒会。是根据酒会中客人所饮用的酒水数量进行结算的。这种酒会是不限时间、不限品种、不限数量地为客人提供酒水服务的一种酒会形式，一般有豪华型与普通型两种。普通型的计量消费酒会是由客人提出要求，通常酒水品种只限于流行牌子；而豪华型的酒会可以摆出些较名牌的酒水，供客人选择饮用。在酒会中，酒水实际用量多少就计算多少，全部费用待酒会结束后再进行核算。

3. 定额消费酒会

是按人均消费额提供酒水服务的酒会形式，如果客人的消费超过标准便不再提供酒水。这种酒会经常与自助餐连在一起。客人在预定酒会时，先确定每位来宾所消费的金额，然后确定酒水与食物各占的比例，食物部分由厨师长负责，酒水部分由酒吧负责。酒吧则按照客人确认的消费额合理地安排酒水的品种、牌子和数量。因此，举办这种形式的酒会，既要最大限度地满足客人的需求，又必须有效地控制酒会酒水的成本。

4. 现付消费酒会

多用于表演晚会，主人只提供入场券和表演节目，参加酒会的客人必须现点现付，客人喜欢什么饮料、饮用多少由自己决定，但必须自己结账。这种酒会酒吧只预备一般牌子的公司或者家里举行酒会，以显示自己的身份和排场。酒吧就要按收费的标准类型准备酒水、器皿和酒吧工具，运到客人指定的地方。这种类型的酒会要注意的是准备工作要做得充分，因为它不像在饭店里，缺什么临时可以补充。冰块和玻璃杯要准备得十分充足，要做好客人的住地不能提供冰块和清洗玻璃杯设备的准备工作。各种类型的酒水也要准备足够。除了“定额消费”酒会可以按定额运去酒水外，其他消费形式的酒会宁可多运一些品种、数量的酒水去，也不要等到酒水不够再回来取。

二、酒会前的工作程序

(一)工作人员安排

是在接到宴会部所发出的宴会编排表后，根据酒会的形式、规模和人数，决定使用多少个调酒师及实习生；再按照酒会的时间来确定工作人员上班工作时间。在中、大型酒会中(200 人以上)，每个酒吧需设置调酒师 2 人，实习生 1 人；在小型酒会中，每个酒吧需设置调酒师 1 人，实习生 1 人。

(二)准备酒水

在酒会前一天要按酒会的来宾数、消费额来准备酒水的品种和数量，可按每人每小时准备 3.5 杯饮料计算，晚餐酒会可按每人 3 杯饮料计算，每杯饮料约 220 毫升至 280 毫升。所有酒水应在酒会前两小时从仓库运到酒吧放好，以便有充足的时间来设置酒吧。

(三)预备酒杯

酒杯的数量要预备充足，可按酒会的人数乘以 3.5。例如有一个 300 人的酒会，所需酒杯数量应是 1050 只。酒会酒杯的品种多用果汁杯、高球杯、柯林杯、啤酒杯等，其他杯用量很少，有少量备用即可。酒杯要在酒会前一小时全部洗干净，放入杯筛中，运到酒会场地。

(四)酒吧设置

按照宴会编排表的布置平面图设置酒吧。酒吧设置的方式有多种，要注重美观和方便工作两个要点。酒吧要在酒会前 30 分钟设置完毕，并且反复仔细检查。酒吧摆设时使用宴会酒水销售表，宴会销售表应将酒会中所使用的酒水品种、数量一一列出，调酒师可对照销售表选取酒水、检查摆设好的酒吧。

(五)调果汁和什锦水果宾治

酒会中用量最大的就是果汁与什锦水果宾治，这两种饮料要在酒会前半小时根据人数调好，通常可按每人 2 杯计算，调好后拿到酒会场地。

(六)提前倒饮料入杯

一般小型酒会可以在客人到来以后，按客人的要求为客人斟酒水。若是中、大型的酒会人数多，调酒员在数分钟内不可能同时供应 100 杯饮料；大多数的饮料要在客人到来前倒入杯中。中型酒会可提前 10 分钟开始将饮料倒入杯中，大型酒会可提前 20 分钟开始将饮料倒入杯中。宴会一开始，由宴会服务员将饮料端在托盘上送给客人，以免造成酒吧前拥挤。

（七）各就各位

所有工作人员在酒会开始前20分钟，必须整齐地穿好制服，站在自己的工作位置上。特别是大、中型酒会，由于酒吧摆设多，调酒师如不按编排位置站立岗位，场面就很难控制了。

三、酒会中的工作程序

（一）酒会开始时的操作

所有酒会在开始10分钟内是最拥挤的。到会的人员一下子拥入会场，如果饮料供应不及时的话，酒吧就有被挤垮的危险。第一轮的饮料，要按酒会的人数，在10分钟内全部完成，送到客人手中。大、中型的酒会，调酒师要在酒吧里，将酒水不断地传递给客人和服务员。负责酒会指挥工作的酒吧经理、酒吧领班等还要巡视各酒吧摆设，看看是否有的酒吧超负荷操作。特别是靠近门口右边，因人的习惯比较偏向右边取东西。如果有的话，应立即抽调人员支援。

（二）放置第二轮酒杯

酒会开始10分钟后，酒吧的压力会渐渐减轻，这时到会的人手中都有饮料了，酒吧主管要督促调酒员和实习生将空酒杯迅速放上酒吧台，排列好，数量与第一轮相同。

（三）倒第二轮酒水

第二轮酒杯放好后，调酒师要马上将饮料倒入酒杯中备用；大约15分钟后客人就会饮用第二杯酒水。倒入杯后，酒杯及饮料必须排列好，按四方形或长方形。不能东一杯、西一杯，让客人看了以为是喝过或用剩的酒水。

（四）到清洗间取杯

两轮酒水斟完后，酒吧主管就要分派实习生到洗杯处将洗干净的酒杯不断地拿到酒吧补充，既要注意到酒杯的清洁，又要使酒杯得到源源不断的供应。

（五）补充酒水

在酒会中经常会因为人们饮用时的偏爱而使某种酒水很快用完，特别是大、中型酒会中的果汁、什锦水果宾治和干邑白兰地。因此，调酒师要经常观察和留意酒水的消耗量，在有的酒水快用完时就要分派人员到酒吧调制什锦水果宾治和其他饮料，以保证供应。

（六）酒会高潮

酒会高潮是指饮用酒水比较多的时刻，也就是酒吧供应最繁忙的时间。通常是酒会开始后10分钟和酒会结束前10分钟以及宣读完祝酒词的时候。如果是自助餐酒会，在用餐前和用餐完毕也是高潮，这些时间要求调酒师动作快，出品多，尽可能在短时间内将酒水送到客人手中。

(七)应付特别事项

有时客人会需要酒吧设置中没有准备的品种,如果是一般牌子的酒水,可以立即回仓库(酒吧仓库)去取,尽量满足客人的需要;如果是名贵的酒水,要先征求主人的同意后才能取用。当发生打碎酒杯或翻倒饮料的情况时,要求临场的调酒师立即处理,决不可以袖手旁观。在人多的地方,碎玻璃杯及倒在地上的饮料很容易造成人身受伤,最好在数分钟内清理完毕,也可以立即用餐巾盖上再处理。其他的突发事件也要马上处理,如果自己处理不了,要立即上报经理。

(八)清点酒水用量

在酒会结束前10分钟,要对照宴会酒水销售表清点酒水,确切点清所有酒水的实际用量,在酒会结束时能立即统计出数字,交给收款员开单结账。

四、酒会后的工作程序

(一)填写酒水销售表

酒会一结束,所有酒吧设置的酒水用量应立即清点,并由调酒师开好消耗单,交到收款员处结账。这项工作要求数字准确、实事求是,不能乱填。许多客人对饮品的用量都很熟悉,用计算器一按即可知道数量是否合理,如果数字不合理会引起许多麻烦,调酒员一定要按照实际用量填写,不能报虚数。即便是实际用量很大,也要给客人以合理的解释。否则在账单问题上会纠缠不清。

(二)收吧工作

客人结账后,调酒师要清理酒吧,将所有剩下的饮料运回仓库,用剩的果汁和什锦水果宾治,要立即放入冰箱存放,或调拨到其他酒吧使用。酒杯要全部送到洗杯机处清洗,洗完后再装箱,并清点数量,记录消耗数字,将完好的酒杯装箱后退回给管事部。

(三)完成宴会销售表

宴会(酒会)结束后,调酒师需做一份(一式两联)宴会销售表(banquet retum list),将酒会名称、时间、参加人数、酒水用量、调酒员签名等内容填写好。第一联送交成本会计计算成本,第二联交酒吧经理保存。

本章小结

酒吧是现代人社交、休闲、娱乐的场所,也是餐饮业的重要组成部分。酒吧有多种分类方法,通常将其分为酒吧、鸡尾酒廊和酒馆三类。酒吧的有效管理首先在于设置合理的组织机构及人员的配备。具体的配置可根据各酒店星级及餐饮规模等实际需要设置,各岗位分工明确,责任清楚,从而实现服务迅速准确,信息沟通顺畅、服务质量优质的目标。酒吧必须具备各种必要的设备设施,如冷藏箱、制冰机、生啤机、电动搅拌机、咖啡保温炉、洗杯机、压力冲水器、葡萄酒储藏柜、收款机、酒吧展示柜等等。酒吧设施设备在配置时应遵循适用、美观、方便、节能、低噪音的原则。酒杯和调酒工具也是酒吧在经营时不可缺少的器具。这些物品在配置时通常是根据酒吧的经营规模、档次来配置的。酒吧服务标准涵盖内容较多，在本章主要阐述了包括了酒吧基本服务标准(点酒水、开瓶、示瓶、斟酒、托盘及换烟灰缸)、主要酒水服务标准及调酒服务标准。酒吧营业前的准备工作俗称“开吧”，主要包括酒吧清洁工作、领取酒水和用品、存放酒水、记录酒水、酒吧摆设、准备调酒的原料与装饰物、准备餐巾和擦酒杯与擦吧台的各种布巾、检查电器与设施等内容。营业中的服务工作包括迎客、引座、递酒单、给客人点酒水、为客人服务酒水等内容。营业后的程序包括清理酒吧、填写报表及检查安全状况、关闭电器、锁门等日常工作。

复习思考题

1. 酒吧的种类通常有哪几种？各自具有什么特点？
2. 熟记调酒师的岗位职责和任职条件。
3. 阐述酒吧设施设备配置的原则。
4. 酒吧常用的酒杯有哪些(10 种以上)？
5. 酒吧常用的调酒用具有哪些(8 种以上)？
6. 请简述葡萄酒的开瓶方法。
7. 调酒时要注意遵循哪些标准？
8. 简述酒吧日常营业结束后的工作内容。

第六章　酒吧日常管理

● **课前导读**

要使酒吧运行正常，经营有效益，必须在酒吧日常管理中把好三关：酒水验收关，酒水储存关，酒水领发关。只有这样，才能发挥酒吧日常管理的监控作用，控制好酒水成本和酒水质量，减少作弊行为，保证酒吧的经营利益。

● **本章要点**

1. 酒水验收程序控制
2. 酒水存货的质量管理
3. 酒水发放的原则和程序

第一节　酒吧的人员配备与工作安排

一、酒吧的人员配备

酒吧的人员配备根据两项原则：一是酒吧工作时间，二是营业状况。酒吧的营业时间多为上午 11 点至凌晨 1 点，上午客人是很少到酒吧去喝酒的，下午客人也不多，从傍晚直至午夜是营业高峰时间。营业状况主要看每天的营业额及供应酒水的杯数。一般的主酒吧（座位在 30 个左右）每天可配备调酒师 4～5 人。酒廊或服务酒吧可按每 50 个座位每天配备调酒员 2 人；如果营业时间短，可相应减少人员配备。餐厅或咖啡厅每 30 个座位每天配备调酒师 1 人。营业状况繁忙时，可按每日供应 100 杯饮料配备调酒师 1 人的比例配备；如某酒吧每日供应饮料 450 杯，可配备调酒师 5 人，以此类推。

二、酒吧工作安排

酒吧的工作安排是指按酒吧日常工作量的多少来安排人员。通常上午时间只是开吧和领货，可以少安排人员；晚上营业繁忙，可以多安排人员。在交接班时，上、下班的人员必须有半小时至一小时的交接时间，以清点酒水和办理交接班手续。酒吧采取轮休制，节假日可取消休息，在生意清闲时补休。工作量特别大或营业超计划时，可安排调酒员加班加点，同时给予足够的补偿。

(一)每日工作检查表(Cheek List)

此表用以检查酒吧每日工作状况及完成情况，其内容按酒吧每日工作项目列成表格，见表6—1。

表6—1 每日工作检查表

项 目	完成情况	备 注	签 名
领 货			
酒吧清洁			
补充酒杯			
更换桌布			
冰冻酒水			
早班清点酒水			
酒杯摆设			
准备装饰物和配料			
稀释果汁			
领配酒小食			
摆台(酒水单、花瓶、烟灰缸)			
电器设备工作状态			
取冰块			

日期 年 月 日

还可根据酒吧实际情况列入维修设备、服务质量、每日例会、晚上收吧工作等项目，由每日值班的调酒师根据工作完成情况填写、签名。

(二)酒吧的服务、供应

酒吧经营是否成功，除了本身的装修格调外，主要取决于调酒师的服务质量和酒水的供应质量。首先服务要礼貌周到，面带微笑，微笑的作用很大，不但能给客人以亲切感，而且能解决许多麻烦事情；其次要求调酒师训练有素，对酒吧的工作、酒水牌的内容都要熟悉，操作熟练，能回答客人提出的有关酒吧及酒水牌的问题。高质量的酒吧服务既要热情主动，又要按服务程序去做。供应质量是一个关键，所有酒水都要严格按照配方要求，绝不可以任意取代或减少分量，更不能使用过期或变质的酒水。特别要留意果汁的保鲜时间，保鲜期一过便不能使用；所有汽水类饮料在开瓶(罐)两小时后都不能用以调制饮料；凡是不合格的饮品不能出售给客人。例如调制彩虹鸡尾酒，任何两层有相混情形时，都不能出售，要重新做一杯。这样做虽然有损失，但却是为客人负责，并能为酒吧树立良好的声誉。

(三)工作报告

调酒员要完成每日工作报告。每日工作报告可登记在一本记录簿上，每日一页。内容有四项:营业额、客人人数，平均消费、操作情况及特殊事件。根据“营业额”可以看出酒吧当天的经营情况及盈亏情况;根据“客人人数”可看出酒吧座位的使用率与客人来源;根据“平均消费”可看出酒吧成本同营业额的关系。酒吧里经常有许多意想不到的情况及特殊事件，要处理妥当，登记在册，有些则要及时上报。

第二节　酒水验收管理

一、酒水验收管理

(一)酒水验收部门

验收部门的设立以及验收部门与其他部门之间的关系因饭店规模大小而异。大型饭店有专门的验收部，而中、小型饭店或独立的餐饮企业则不必设验收部，只设一个酒水验收员就可以了。无论如何，餐饮企业应根据自身特点，设计和建立自己的验收体系，只要能发挥验收的作用，控制好成本和酒水质量，减少作弊行为,就不失为一种较好的验收体系。

从验收工作岗位的隶属关系来看，目前许多餐饮企业都不一样。严格来说，收货验收工作应由总会计师指导，独立于餐饮部门之外。酒水验收员应该是财会部门的正式职工，在验收时，仓储部经理应给予必要的协助。有很多餐饮企业的验收工作是由仓储部负责的，验收员隶属于仓储部经理指导，有些餐饮企业，包括规模较大的独立餐饮企业，甚至不设专职酒水验收员，验收工作是由仓储部经理和库管员来兼职的。应该注意的是，酒水验收员绝不应该设在采购部。

餐饮企业的总经理应给予验收部或验收员一定的自主权，在企业组织结构图或岗位职责中应明确规定验收员与采购员以及对外交往中所享有的特权，使之处于相对独立的位置，这样才能排除干扰，严格按规定检查。

(二)酒水验收员

酒水验收员的选择不可忽视，作为一名合格的验收员，应具备以下素质:

(1)酒水验收员必须有很强的责任心，能够严格把关、不徇私情、认真负责，并对验收工作感兴趣。

(2)酒水验收员必须诚实、可靠、细心、热爱集体，具有高尚的职业道德。

(3)酒水验收员应具备较丰富的酒水知识，了解酒水的采购规格。所以最好从储藏室员工、酒水成本控制人员中选择。

(4)酒水验收员还应该熟悉财务制度。餐饮企业应制订培训计划，对酒水验收人员进行培训，以提高他们的业务素质和品德修养。同时，也应使酒水验收员懂得，未经上级主管同意，任何人都无权改变采购规格，遇有特殊情况应及时向上级主管汇报请示，不得擅自行事。

酒水验收员应经常和仓储人员、餐饮企业经理及采购人员接触，虚心学习，以丰富自己的知识和经验。

另外，酒水验收员在工作时不应受调酒师和采购人员的干扰，酒水验收员的相对独立,可以对整个采购进行有效的监督和控制。

(三)酒水验收设备与工具

有些大型餐饮企业设有酒水验收办公室，该办公室应接近餐饮企业的后门，并接近储存酒水的库房。酒水验收办公室的位置和朝向应确保验收员能方便地看到每一样酒水的进出。酒水验收处应有一块宽敞的装卸货物以及汽车掉头的空间，并且设一块高度与卡车相等(约为一米左右)的卸货台，这样能使货物移动通畅。重货物应少搬动，酒水验收员可在车上验货。

酒水验收部门应备有足够的验收工具。要有称重的磅秤，各种秤应定期校准，以保持精确度。此外，酒水验收办公室还应有起钉器、纸板箱切割工具、榔头、刀等工具以及验收单、验收标签、购货发票收货单、验收工作手册、酒水的质量标准等单据、材料。

二、酒水验收的管理内容

尽管不同的餐饮企业在对酒水验收的具体程序和方法上不太相同，但对收货控制的程序有三点是相同的，即:盘点数量、检查质量、核实价格。

(一)酒水数量验收控制

酒水验收员在酒水运到后，应该根据订单核对发货票上的数量、价格和牌号。

酒水验收人员对进货数量进行控制时，要检查发送酒水的实物数量与订购单和账单上的数量是否相符。带外包装及商标的酒水，在包装上已注明重量，要仔细点数。必须仔细清点各种酒水的瓶数、桶数或箱数。对于以“箱”包装的酒水要开箱检查，检查箱子中特别是下层是否装满。有些发货人会私开原箱酒水，窃取一部分后，重新将箱子钉好，仍作整箱送货。为此酒水验收员一定要仔细、耐心。如果酒水验收员了解整箱酒水的重量，也可通过称重量检查。

订购单上有采购酒水的品名和数量，要检查发送酒水的品种和数量是否与订购单上的一致。有的供应商为设法多销售，将没有订购的酒水也送来，或将订购的酒水多送一部分。酒水供应商送来的账单也有酒水的名称和数量，要检查账单上列出的品名是否都收到，数量是否正确，重量是否充足。

（二）酒水质量验收控制

酒水验收人员在控制质量时，要检查实物酒水的质量和规格是否与标准采购规格和订购单相符，账单上的规格是否与订购单上的一致。为防止酒水供应商和酒水采购员以次充好，验货时必须对照标准采购规格。验收员应该通过检查酒水的度数、商标、酿酒年份、酒水色泽、外包装是否完好、是否超过保存期等因素来检查酒水的质量是否符合要求。必要时，特别是大批量采购时，对瓶装酒水要抽样检验质量是否合格。有的酒水加工处理不好，刚打开里面的酒水已经变质。

（三）酒水价格验收控制

在进行价格验收时，要认真检查账单上的价格与订货单上的是否一致。有些酒水供应商在订购时答应了某价格，但在开账单时又偷偷向上提价。验收人员若不注意对照订购单认真检查往往会被蒙混过关，使餐饮企业吃亏。

三、酒水验收程序控制

除了要确定酒水验收体系、严格酒水验收内容之外，餐饮企业若想更好地搞好酒水验收工作，还必须对酒水验收程序加以严格的控制。

（一）酒水验收操作规程

具体讲，酒水进货验收规程如下：

1. 核对发票与“定购单”

当供货商送来酒水时，验收员首先将供货商的送货发票与事先拿到的相应的“定购单”核对。验收员首先核对送货发票上的供货单位的名称与地址，避免错收货和接受本饭店未定购的酒水。其次是核对送货发票上的价格。若发票上的价格高于“定购单”上的价格，验收员要询问送货员提价的原因，并将情况反映给采购部经理、成本控制员，无论退货还是不予退货，都要有采购部经理和成本控制员在“货物验收单”上签字，以明确责任。若供货商送货时的价格低于“定购单”上的价格，验收员应该仔细检查酒水的质量，若质量合格，验收员方可按此价接受这批酒水。

2. 检查酒水质量

酒水验收员检验的依据是“酒水采购规格标准”和“请购单”、“订购单”。因为在这些表中均有对所采购的酒水质量要求的描述。一套完整的“采购规格表”应贴在墙上或特别的大块指示牌上，以便核对到货时参考。酒水验收员应该抽样检查箱装、盒装或罐装酒水，检查酒水是否足量或符合质量要求。若发现质量问题，如酒水有变色、气味怪异、浑浊，超过有效日期等现象，验收员有权当即退货。

3. 检验酒水数量

酒水验收员根据“定购单”对照送货单，通过点数、称量等方法，对所有到货的数量进行核对。酒水数量检查核对应注意：凡以件数或瓶数、罐数计量的酒水应逐一清点，并正确记录瓶数、罐数或箱数等。

4. 在发货票上签名

所有送货都应有送货发票。送货员给酒水验收员的送货发票有两联，送货员要求验收员在送货发票上签名，将第二联还给送货员以示购货单位收到了货物。上联交给付款人员。发票上面不应该没有价格，验收员要检查发票上的价格，否则就会发生采购价格错误的机会，无论是有意还是无意的。

5. 填写验收单

酒水验收员确定他所验收的这批酒水的价格、质量、数量全部符合“订购单”或“酒水采购规格书”后，可填写“验收单”。验收单一式四联:第一联，验收处;第二联，储藏室;第三联，成本控制室;第四联，财会部。

6. 退货处理

若送货员送来的酒水不符合采购要求，应请示餐饮部经理或使用部门主管，若因生产需要决定不退货时，应由有关决策人员在“验收单”上签名;若决定退货的话，应填写“退货单”。在退货单上填写所退酒水名称、退货原因及其他信息，要求送货员签名。“退货单”一式三联:一联留验收部;一联交送货员带回供货单位;一联交财会部。设法通知供货单位，本饭店已使用“退货单”，如果供货单位补发或重发，新送来的货物按常规处理。

7. 加盖“验收章”

酒水验收员检查完酒水的价格、数量、质量及处理完必要的退货情况之后，可在获准接受的酒水的送货发票上盖“酒水验收章”，并把盖了“酒水验收章”的送货发票贴在“验收单”上，以便送往财会部。验收章内容有:餐饮企业名称;验收员签名;验收日期;成本入账部门。

8. 在酒水包装上注明发票上的信息

注在酒水包装上的信息主要有:

(1)收货日期，有助于“先进先出”原则的贯彻;

(2)购进价格，在存货计价时就不必再查看验收日报表或发货票。

9. 对所收到的酒水加上酒水标牌(详见第5章)

10. 将到货酒水送到酒水仓库

出于质量和安全方面的原因，酒水验收员应负责保证把酒水送到酒水仓库。由供应商的送货员把酒水送入酒水仓库置放的做法是不可取的。当送货员离去后，酒水验收人员或本单位其他工作人员应把酒水迅速搬到安全可靠的酒水仓库。酒水验收员把“验收单”中规定的一联交给酒水仓库管理员，后者根据“验收单”再次验收，最后入库储存。为了便于进行酒水成本核算，验收完毕之后，大多数大型餐饮企业要求酒水验收员完成一张列明所有收货项目的表格，这张表格通常以供应商分类，以验收的顺序排列。表格之一是“酒水验收日报表”。

11. 做好各种酒水验收记录

酒水验收员在所有发票上盖章签字，并把发票贴在“酒水验收单”上，然后将贴着发票的“酒水验收单”送交管理人员，管理员在发票上签字后送至成本控制员；由成本控制员核对发票数字的正确性。成本控制员检查完毕后，送交财会部，财会部会将有关数字填进采购日志内。

除此之外，酒水验收过程中还应该注意的是，一切酒水的验收要迅速。尤其是易坏性酒水要迅速送到储存处或使用处，以免日晒雨淋，酒水变质或质量下降。在常温下容易变质的酒水和冷冻酒水应首先验收送走。酒水验收后不宜在验收处多停放，因为在验收和储存的间隔时间，酒水不易控制，容易被盗，会给餐饮企业造成不必要的损失。

另外，酒水验收工作虽然是由酒水验收员来完成的，但作为饭店或餐厅的正、副总经理，应不定期对验收工作进行检查和监督。总会计师或财会部经理、仓储部主管等也应抽时间到验收处巡视，一方面表示他们对验收工作的重视，另一方面也使酒水验收员知道他自己的工作随时都会受到有关人员的检查。

由此我们不难看出，建立酒水验收程序的目的，是为了保证餐饮企业收到的酒水是已定购的数量，且是已说明了质量和已报过的价格。这不论是对大型企业来说还是对小企业来讲，这些步骤是最基本的，也是通用的。控制体系越是完备，越需要更多的人力和设备，当然这样做也会增加成本。但是，就是小型的个人业主制的餐饮企业也必须采用基本的步骤，以防止在验收过程中由于数量、质量和价格方面的问题而引起成本过高。

（二）酒水验收所需表格

小型餐饮企业几乎没有验收表格，只要有张发货票就行，有些个体餐饮企业甚至连发货票也可以不要。但大中型餐饮企业若要做好酒水的验收工作，必须有相应的一套表格，以反映收发情况和成本变化。不同餐饮企业在表格的设计上不完全一样，下面介绍的几种表格可供使用单位或有关人员参考。

1. 验收章

前面提到发货票一式两联随货到达验收部门，第二联由验收员签字后交送货人带回，而第一联应盖验收章，国内许多餐饮企业通常使用的验收章只有“收讫”两字，但国外很多餐饮企业验收时加盖的验收章不仅能反映出酒水已经验收，而且还包括更多的内容。验收章的内容如下：

（1）收货日期。

（2）确认酒水数量、质量和价格，验收合格的验收员签字，使验收员对自己验的货负责。

（3）酒水采购员签字，让酒水采购员知道订购的货已经收到。

（4）酒水成本控制员核对账单金额正确无误后签字。

（5）主管人员同意对账单的金额付款的签字，这样采购的酒水和资金的支出由三个人控制。

验收章形式见表6－2。

表6－2　　酒水验收章

验收日期：________
总计核对：________
验收员签字：________
采购员签字：________
成本核算员签字：________
同意付款签字：________
批准付款签字：________

这枚验收章看起来似乎大些，但有其用意义：

(1)日期栏有助于日后检查该种酒水是何时验收的。

(2)验收员签字表明是谁负责验收的，而且也表明他对酒水数量、质量和价格的认可。

(3)采购员签字表明他已知道收到订购的酒水。

(4)价格及总计核对表明审核人员已经认可应付款项的正确性。

(5)批准付款栏由总经理或总经理指定的负责人填写，表明他已同意付款，采购过程正式结束。

2. 酒水验收日报表

在验收酒水时，要对照账单与订货单检查酒水的数量、价格和商标。然后单独填写酒水验收日报表。验收日报表的内容应包括发货票号、供应商名称、酒水名称、酒水的数量、酒水的单价、酒水的总金额、酒水分发(接收)的部门、酒水储存的地点、合计、总计、验收人等。验收日报表的主要目的是成本控制(见表6－3)。

表6－3　　酒水验收日报表

品　名	供货商名称	发票号	箱数	瓶数	每瓶容量	每瓶单价	每箱价格	总额
人头马X.O	名酒公司	26987	5	12	700ml	200	2400	12000
占边威士忌	名酒公司	26987	5	12	750ml	80	960	4800
哥顿金酒	名酒公司	26987	5	12	750ml	70	840	4200
总计								21000
验收员：								

各餐饮企业的酒水验收报表的格式各不相同，但是无论何种格式，一

张酒水验收日报表要具有以下要求：

(1)容易查对所进酒水的品名和数量，并且要注明酒水的发送处，送入哪个库房或哪个餐厅。

(2)注明进货酒水的账单号和供应商名称。一旦有问题便于核实和查找。

(3)反映各餐厅直接采购酒水的成本金额以及酒水库房进货酒水的库存金额。酒水验收员每日将经验收合格签字的账单，连同酒水验收日报表送到财会部。酒水仓库管理员要登记各种酒水入库的数量和金额。在月末，汇总每日酒水验收日报表的酒水采购金额，得到酒水月报表上本月酒水采购额数据。

3. 发货票

所有送货都应有发货票，随货到达的发货票应一式两联，送货人将发货票交酒水验收员，验收后盖章签名，第一联由验收员留下上交财会部门，第二联由送货人带回供货单位，证明货物已经被订货单位验收。其形式见表6－4。

表6－4　　　　发货票

万胜酒店用品供应公司

发　票

客户名称______　　______年___月___日

品　名	单　位	数　量	单　价	合　计

(三)退货通知单或贷方通知单

如果酒水到货数量不足，质量不符合要求，或存在其他问题，验收员应该填写“退货通知单”或“贷方通知单”，见表6－5和表6－6。

开具贷方通知单的工作程序为：

(1)在发票上注明哪些酒水存在问题：

表6－5　　　退货通知单

(副本备存)　　　　编 号：
发 自：　　　　交 至：
发票号码：　　　　开具发票日期：

品　名	单　位	数　量	单　价	合　计

原　因：　　　　合 计：
送货人签名：　　　　制表人签名：

表6－6　　　贷方通知单

(副本备存)　　　　编 号：
发 自：　　　　交 至：
发票号码：　　　　开具发票日期：

品　名	单　位	数　量	单　价	合　计

原　因：　　　　合 计：
送货人签名：　　　　制表人签名：

(2)填写贷方通知单，要送货人签名，并把一联贷方通知单交送货人带回；

(3)将贷方通知单存根贴在发货票背面，在发货票正面注明正确的数额；

(4)打电话通知供货商，本餐饮企业已使用贷方通知单修正发货票金额；

(5)如果供货商补发或重发酒水，新送来的发货票应按常规处理；

(6)将有差错的发货票单独存档，直至问题解决。

第三节　酒水储存管理

餐饮酒水的储存管理是办好餐饮企业的一个重要环节。酒水一经验收，必须进行有效的保管，以防止腐败变质和其他可能发生的浪费现象。许多餐饮企业由于对餐饮酒水的储存管理混乱，引起酒水变质腐败，或遭偷盗、丢失，或被私自挪用。库存管理不严，使企业的餐饮成本和经营费用提高，而客人却得不到高质量的产品和服务。

在小型的餐饮企业，采购、储存一般是由一个部门负责的，而在大、中型的餐饮企业，酒水的储存和发放是由一个专门的部门——仓储部来负责的。做好酒水的储藏与控制，不仅可以为餐饮企业节约流动资金，降低成本，而且还能节省时间。

一、酒水储存仓库的选择

由于许多高级的酒类价格昂贵，为此要从数量管理上防止损耗，储存得法能提高与改善酒本身的价值。因为酒类极易被空气与细菌侵入，导致变质，所以买进的酒如果储存不妥，保存不当，可导致变质。有条件的餐饮企业应该建立酒水储存仓库，以便达到良好储存的目的。

酒水储存仓库的设计和安排应讲究科学性，这是由于酒品的特殊性质决定的。理想的酒水储存仓库应符合下述几个基本要求。

（一）有足够的储存空间和活动空间

酒水储存仓库的储存空间应与餐饮企业的规模相称，地方过小，自然会影响到酒品储存的品种和数量。况且长存酒品和暂存酒品应分别存放，储存空间要与之相适应。

（二）通气性良好

通风换气的目的在于保持酒水储存仓库中较好的空气，酒精挥发过多而空气不流畅，会使易燃气体聚积，这是很危险的。

（三）保持干燥环境

酒水储存仓库相对的干燥环境，可以防止软木塞的霉变和腐烂，防止酒瓶商标的脱落和质变；但是，过分干燥会引起酒塞干裂，造成酒液过量挥发、腐败。

（四）隔绝自然采光

自然光线，尤其是直射日光容易引起各种”酒病“的发生。自然光线还可能使酒水氧化过程加剧，造成酒味寡淡、酒液混浊、变色等现象。酒水储存仓库最好采用灯炮照明，其强度应适当控制。

（五）防振动和干扰

振动干扰容易造成酒品的早熟，有许多娇贵的酒品在长期受震后（如运输振动），常需“休息”两个星期，方可恢复原来的风格。

（六）具有恒温条件

酒品对温度的要求是苛刻的。葡萄酒的正常储存温度在10℃～14℃之间，最高不要超过24℃，否则名贵葡萄酒的风格将会遭到破坏；啤酒的最佳储存温度是5℃10℃，温度过低，酒液混浊，温度过高，则酒花香味将会逐渐消失；利口酒中的修道院酒、茴香酒等草料酒品应该低温储存；烈性酒中除伏特加、金酒、阿夸维特酒（Aquavit）需低温储存外，蒸馏酒对温度的要求相对低一些，但切不可完全暴露在温度大起大落的自然环境之下，否则酒品的色、香、味将会受到破坏。

二、酒水存货控制

（一）酒水存放位置要合理

库房内部酒水的安排应合理，要求酒水的存放有固定的位置，确保酒水循环使用方便。常用酒水要求安排在存取方便之处。

1. 存放位置固定

所有的酒水都应始终放在固定的位置。新的同类酒水到达后要注意放在同一位置，千万不要分放在两个不同的位置上。假如六箱酒水有两箱误放他处，则很容易被遗忘。这样乱放酒水也易引起采购过量、酒水变质或被偷盗，而且给每月盘点库存带来麻烦。另外，若条件许可，不同类的酒水应尽可能分类存放。例如将所有的金酒放在一起，所有的威士忌放在一起，不同商标的酒水要分开。由于许多洋酒的名字对不熟悉产地国家语言的员工和宾客来说是生疏的，所以最好将不同商标的酒水编号，以方便仓库管理和宾客订酒水。酒水箱子一经打开，应该拆空箱子，把酒水全部上架，以避免将空瓶装进箱里而与原装瓶酒相混淆。还要注意检查没有完全拆空的箱子，切勿扔掉。

酒水库房的门边最好贴一张标明各类酒水储存位置的平面图，这样便于酒水管理员查找，特别便于新的管理员熟悉酒水的存放位置。仓库的门要有里面能打开的锁紧装置，以防粗心把职工锁在里面。

2. 确保酒水循环使用

酒水库房管理员应注意确保先到的酒水比后到的先用，这种库存酒水的循环使用法叫“先进先出法”。为此酒水管理员要把新到的酒水放在老的酒水的后面，这样老的酒水能先使用。另外，酒水上要贴上或挂上酒水标牌，而且酒水标牌上要有进货日期。管理员在发料时可参照进货日期。酒水库房管理员在盘点库存酒水时发现储存时间较长的酒水应列在清单上，请各部门及时使用或加大推销力度。

3. 按使用程度确定方便的储存位置

在安排酒水的储存位置时，要注意将最常用的酒水放在尽可能接近出入口之处和方便拿取之处。重的、体积大的酒水应放在低处并接近通道和出入口。这样能减少劳动强度和节省搬运时间。

（二）酒水储存仓库的位置

酒水储存仓库的位置应尽可能接近酒吧和餐厅，以减少发料和运货的时间，节约劳动工作量。另外，又因为酒水最易被盗，故酒水储存仓库的位置要使酒水不在验收处停留时间过长。最好设在验收处和餐厅、酒吧之间，最好与两者都接近，有可以让货车自如通行的合适的通道，以确保酒水的储存和发料方便、迅速。

酒水储存区的位置还要确保储存安全，不要设在小偷容易出没的位置，酒水仓库的门要随时上锁。归纳起来，酒水储存区位置的要求是：

1. 确保储存发料迅速；

2. 减少劳动强度；

3. 确保安全。

（三）酒水的库存记录制度

在酒水储存管理中除应保持酒水质量、数量外，还应执行酒水的库存记录制度。通常情况下，当某一种酒水入库时，应当记录它的名称、规格、单价、供应商名称、进货日期、订购单编号。当某一酒水被领用后，要记录领用部门、酒水名称、领用数量、结存数量等。酒水的库存记录可方便了解存货的数量、金额，了解货架上的酒水与记录之间的差异情况，这样，将有助于贯彻“先入先出”的原则，也有利于控制采购酒水的数量和质量。

为方便对酒水的保管、盘存、补充，有必要对库房中储存的每种酒水建立酒水库存记录。酒水库存记录制度要求对每种酒水的入库和发料正确地做好数量、金额的记录，记载各种酒水的结存量。

酒水库存记录的内容（见表6－7），主要分五大部分：

1. 酒水进货信息

酒水库存记录上有酒水进货的日期、数量、单价和金额以及账单号。这种信息可保证库房采购酒水经验收后能及时入库和入账，防止丢失。一旦出现问题可通过账单号查找。

2. 酒水发货信息

酒水库存记录上登记有发料的数量、单价和金额。每发出一笔料都要有发货日期以及相对应的领料单号。这样库房的酒水都可以根据领料单查找到去向。

3. 结存量信息

酒水库存记录上记载着酒水结存的数量、单价和金额。将酒水库存记录上的结存数量核对实物数，便于控制酒水的短缺。

4. 采购信息

酒水库存记录上有各酒水的标准储量、订货点储量、订货量和订货日。一般酒水在规定的订货日定期采购，采购员根据酒水库存记录上的结存数量将酒水补充到标准储量。如果在规定的采购日以前酒水已减少到订货点储量，则可根据酒水库存记录上的订货量采购。这种信息为酒水采购管理提供方便。

表 6－7　　　　　　　　　　酒水库存记录

进货					发货					结存			存盘点日期
日期	账单号	数量	单价	金额	日期	领料单号	数量	单价	金额	数量	单价	金额	

标准储存量	订货点储存量	订货量	单位	订货日期	货架号	货位号	价格	货名
500	170	420	听	每月15日30日	P－5	011	嘉士伯啤酒	

5. 酒水位置信息

酒水库存记录标明酒水的货架号和货位号，二者结合就是该酒水的货号。这些号码标明酒水储存的位置。这样可以方便酒水管理员寻找酒水和盘点库存酒水。

酒水存货记录一般由酒水会计师保管，而不能由酒水管理员或酒吧服务员保管。酒水会计师应在每次进货或发料时做好记录，反映存货增减情况。它是酒水存货控制体系中的一个不可缺少的成分。

（四）酒水定期盘存制度

所谓酒水的定期盘存制度是饭店或餐厅根据一定的时间周期（如一个月或半个月），对各种酒水采取清点或其他计量方法来确定其存货数量的工作。

采用这种方法可定期了解餐饮企业的实际酒水成本，掌握实际酒水成本率；再将它与饭店或餐厅的标准成本率比较，从而可找出成本差异及其原因并采取措施，从而有效地控制酒水成本。酒水仓库的定期盘存工作一般由饭店或餐厅的会计师负责，具体是由会计师与酒水仓库管理人员一起完成这项工作。盘存工作的关键是真实和精确。

每月月末，酒水会计师应在酒水管理员的协助下，实地盘点存货。对实地盘存结果与酒水库存记录中的数据进行比较，以及早发现差异，如果差异不是由于盘点错误引起的，则很可能是由偷盗造成的，酒水会计师应立即报告管理人员，以便及时采取适当的措施。

(五)库存酒水的计价方法

由于酒水的采购渠道、时间及其他一些因素，某种相同酒水的购入单价(进价)不一定完全相同。这样，饭店或餐厅在计算仓库存货总额时就需要同时采用几种计价方式处理这些繁琐的数字。为了提高工作效率，通常应选用和固定一种适合自己企业的计价方法来计算库存酒水的总额，以保证酒水成本核算的精确性、一致性和可比性。通常采用的计价方法有：

1. 先进先出法

先进先出法指先购买的酒水原料先使用，由此将每一次购进的酒水单价作为酒水仓库计价的依据。这种计价方法往往需要辨别该酒水是哪一批购进的，工作比较繁琐。

2. 平均单价法

平均单价法是在盘存周期(如一个月为一个周期)内，将某一种酒水的各种不同的单价进行平均，然后，将得到的平均单价作为计价基础，再乘以它的总数量，从而计算出各类酒水的储存总额的方法。具体计算方法是：

$$某种酒水的平均单价=\frac{本期结存金额+本期收入金额}{本期结存数量+本期收入数量}$$

某类酒水的储存总额=平均单价×总库存量

3. 后进先出法

当酒水价格呈现增长趋势时，饭店或餐厅可将最后入库的酒水单价作为先发出使用的单价方法，而将前一批购进的、价格相对较低的酒水单价作为该类酒水在仓库储存总额的计价方法。当然，投入使用的实际酒水并不是最后一批购进的，仍然是最先购买的。使用这一计价方法可及时反映出酒水的价格变化，减少仓库酒水储存总额，并能够及时地避免饭店和餐厅的经济损失。

(六)酒水标牌的使用

酒水标牌是挂贴在储存酒水上的一种库房管理工具。酒水标牌上提供酒水品名、进货日期、酒水的数量或重量，酒水的单价和金额。这些信息是由验收员在酒水进货时填写，其内容见图6－8。

酒水标牌主要有三大作用：

1. 有利于迅速进行存货清点，简化酒水清点的手续。酒水管理员只要将酒水标牌上原料的重量、数量、单价、金额转抄到存货清点单上，而不必将酒水逐一点数。

2. 有利于按“先进先出”原则使用酒水。酒水标牌上的进货日期明确表示了哪一批原料应先发料，可降低储存酒水的损坏率。

3. 简便发料计价手续。为计算酒水成本额和库存金额，在发料时需要统计发出酒水的单价和金额。有了酒水标牌，酒水管理员就可直接采用标牌上的单价和金额，而不必再查找酒水的进价。特别是同样的酒水在不同时间进货往往价格不同，采用标牌上的价格既省时间又较精确。

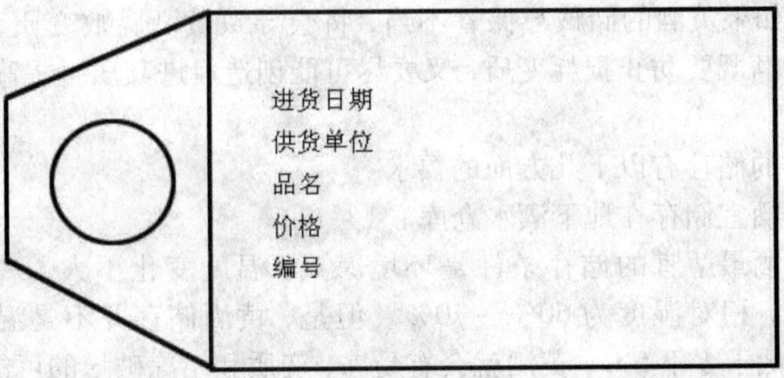

图 6－1　酒水标牌

三、酒水储存方法

由于餐饮企业在经营过程中所需要的酒水种类繁多，而且有些酒水价格又很昂贵，因此，在保证酒水数量的同时，还必须采取切实可行的方法对不同的酒水储存得当，以确保酒水的质量。酒水储存要讲究方法，注意科学，不同的酒类需要不同的储存条件，要采取不同的保存方法。

（一）啤酒

啤酒属于发酵酒类，酒精含量较低，啤酒是愈新鲜愈好的酒类，因此，如果啤酒的储藏与保管不当，将会导致啤酒的腐败变质。

啤酒储存的要求为：

1. 不宜久藏

啤酒有生熟之分，生啤酒经过加温灭菌，就成了熟啤酒。由于熟啤酒内没有杂菌，所以，买来后只要不启瓶盖，储存在阴凉干燥处，最佳保质期在 3 个月以内，最长不能超过 6 个月。生啤酒的储存期较短，一般为 7 天至 10 天。这是因为生啤酒内的杂菌在温度等条件适宜的情况下，会继续生长、繁殖，酒内的二氧化碳气体也不断散发，时间长了酒就会变质。如果将其放置在冰箱中，温度保持在 0℃ ~5℃之间，也可以存放几个月。至于散装啤酒，保存期就更短了。一般地说，散装啤酒要在当天喝完，未喝完的应放在冰箱里。如果发现啤酒已经变酸，就不能继续饮用了。

2. 储存温度要求较严

啤酒保存温度应低一些，温度若超过 16℃，长期储存会导致啤酒变质，但温度过低也不行，低于 －10℃会使酒液混浊不清。如果条件许可，最好将啤酒储存于 4℃左右的温度中，这样向宾客服务时可减少冷却时间和冰块的使用量。同时更要注意的是防止冷热剧烈的变化。

3. 避免剧烈的振动

啤酒受到剧烈振动会导致二氧化碳气体散失，口味发生变化；同时还会使酒液浑浊，引起酒液的变质。

（二）黄酒

黄酒属于发酵酒类，一般酒精含量较低，越陈越香是黄酒最显著的特点，但是如果黄酒的储藏与保管不当，将会导致黄酒腐败变质，因此，储藏保存黄酒既要防止损耗变质，又要尽可能创造促进其质量提高的有利条件。

黄酒的储存有以下几方面的要求：

1. 黄酒宜储存在地下酒水仓库。

2. 黄酒最适宜的储存条件是环境凉爽，温度变化不大，一般温度在20℃以下，相对湿度为60% ~70%。但是，黄酒储存并不是温度越低越好，如果低于零下5℃，黄酒就会有受冻、变质和结冻破坛的可能，所以黄酒不宜露天存放，尤其在北方地区。

3. 黄酒堆放平稳，酒坛、酒箱堆放高度一般不得超过4层。每年夏天应倒坛1次，以使上下层酒坛内的酒质保持一致。

4. 黄酒不宜与其他异味物品或酒水同库储存。坛头破碎或瓶口漏气的酒坛酒瓶必须立即出库，不宜继续放在库中储存。

5. 黄酒储存不宜经常受到振动，不能有强烈光线的照射。

6. 不可用金属器皿储存黄酒。

（三）葡萄酒

经过精心酿造、装瓶以后，葡萄酒的储存也大有讲究。葡萄酒的储存场所应阴凉并保持稳定的温度，使酒能继续得到良好的发展和成熟。酒瓶应卧放，使酒液浸泡瓶塞，使之隔绝空气。具体来说，葡萄酒的储存应注意以下几点：

1. 温度

温度对葡萄酒的品质影响很大，一般葡萄酒可在常温下储存。名贵的红葡萄酒最好在12℃ ~15℃的温度下储存，名贵的白葡萄酒的储存温度宜更低些，最佳温度为10℃ ~12℃。而陈年葡萄酒的存放室温不能超过16℃。红、白葡萄酒可在同一仓库中储存。这是因为储藏室温度过高，会令葡萄酒早熟以致老熟，而成为退化的葡萄酒；温度过低则会导致葡萄酒生长、成熟的停止。白葡萄酒比红葡萄酒对温度更敏感，温度高了则酒水品质会下降。降低温度特别是在夏季尤为重要，如果库内温度较高，又比较干燥，可在地面上洒适量的清水，以降低库温，增加湿度。北方地区在严寒季节，应做好酒类库房防冻保温工作。

2. 湿度

湿度是影响葡萄酒质量的另一重要因素。世界上所有高级葡萄酒都使用软木塞封口，湿度过低，软木塞会变得干燥，无法隔绝空气；湿度过大，又会因潮湿而损坏标签。因此，一般应将相对湿度保持在75%左右。这样可使软木塞长期浸泡在酒液中而不至于干缩，而瓶塞干缩会使空气进入酒瓶，从而与里面的酒液发生化学反应，导致酒液变色，或产生危害酒质的细菌，致使酒液变质。

3. 光照

光照也会对葡萄酒质量产生影响，因此储存时应避免长时间的光照。平时无需照明时，应该将灯光熄灭，一些刺目的灯光如日光灯，极易使酒变质。白葡萄酒被阳光直射后，往往会变成棕色。

4. 环境

葡萄酒在储存中，可以和黄酒、啤酒、露酒放在一起，但不能和白酒、蔬菜、食物放在一起，更不能和油漆、燃油、煤气、化工等易挥发物品一起存放，也不能接触、靠近有腐蚀或易发霉、发潮的物品，这些东西会污染损坏葡萄酒。即使葡萄酒瓶外只有微量污染残迹，到开瓶时也容易败坏酒的风味。至于葡萄酒为何不能与蒸馏酒(如白酒、白兰地)一起存放，主要原因是蒸馏酒的酒度高，易挥发，其香气易感染葡萄酒。而这种香气是葡萄酒所不允许的。除此之外，葡萄酒在存放过程中还要避免振动，所以应远离马路、电梯、车库、楼梯等振动源。

(四) 香槟酒

香槟酒特别是一些名贵的香槟酒，其生产经过两次发酵并在酒厂里存放了2~5年后才出厂销售。香槟酒中含有大量的二氧化碳气体，储存期间一定要避免强烈振动。香槟酒存放时也要注意平躺或瓶口向下倾斜(近乎倒置)，使用特制的梯形的保存架子，以使软木塞保持湿润。香槟酒与葡萄酒一样要在温度较凉快的条件下储存，温度太高会使酒液老化。储存时湿度不宜太大，湿度太大会使瓶塞和酒标霉变，影响酒品质量和形象。

(五) 烈性酒

普通的烈性酒不需要特殊的储存条件，竖立即可。因为烈性酒中不含气体，酒精含量较高，所以受空气影响不大，只要密封好，放在阴凉干燥处，就可以储存很长时间。

但要注意防止金属瓶盖生锈和发生变化，因此不宜存放于湿度较高的地方。另外，如果打算长时间保存，最好选择玻璃瓶装的，因为在防渗透方面，玻璃瓶比瓷瓶效果更好。启盖后的酒不宜久放，时间长了，酒精挥发过多，将严重影响酒的质量和味道。

四、防火防盗管理

由于酒水仓库储存的大部分为酒精饮料，而且还有很多高酒精度的烈性酒，如果不加以严格管理，将给餐饮企业造成巨大的隐患。另外，由于酒水占用资金成本较多，如果餐饮企业没有严格的管理制度也容易导致酒水丢失，引起酒水成本的上升。因此餐饮企业必须高度重视酒水仓库的防火与防盗工作。

(一) 酒水仓库防火管理

要做好酒水仓库的防火管理工作，必须制定严格的防火管理制度。

(1)酒水仓库内的物品要分类储放，库内留出主通道1~1.5米。酒水与墙、灯、房顶之间保持50厘米以上的距离。

(2)仓库内的照明灯限60瓦以下白炽灯，不准用可燃物做灯罩，不准用碘钨灯、日光灯、电熨斗、电炉、电烙铁、电钟、收音机、电视机、电茶壶等电器设备，酒水仓库内保持通风。

(3)酒水仓库的总电源开关要设在门口外面，要有防雨、防潮保护，每年对电线进行一次绝缘检查，发现可能引起打火、短路、发热和绝缘不良情况，必须及时维修更换。

(4)酒水入库时要防止夹带火种，酒水入库半小时后，酒水管理员要巡查一次安全情况，发现问题及时报告，堆积时间较长(几年)的酒水要进行翻堆清仓，防止积热产生自燃。

(5)储存酒类的库房应专库专存。库房要经常保持清洁，要远离和隔绝火源(特别是白酒)，并要配备专用消防设备。仓库房顶、墙壁要有隔热层，并把向阳面的窗户涂白，以防辐射热和阳光直射。

(6)酒类堆码要牢固，高度要适当，搬运要轻拿轻放，不能倒置，并定期检查库内温湿度，发现问题及时解决。

(7)酒水仓库内禁止吸烟和使用明火，也不得堆放易燃易爆物品。

(8)酒水仓库应配备相应种类和数量的灭火器材，并定期每月检查防火设施的使用实效，接受保安部的检查、监督。

(二) 酒水仓库防盗管理

为了防止酒水的内窃与丢失，餐饮企业应该建立严格的防盗制度，并要有专人监督其执行情况，发现问题及时处理。

(1)酒水仓库是物资保管重地，除酒水仓库管理人员和因业务、工作需要的有关人员外，任何人未经批准，不得进入酒水仓库。

(2)因业务、工作需要而进入酒水仓库的人员，在进入仓库时，必须先办理入库登记手续，并要有酒水仓库人员陪同，不得独自进入。凡进入人员工作完毕，出库时应主动请酒水仓库管理人员检查。

(3)一切进入酒水仓库人员不得携带火种、背包、手提袋等物。

(4)酒水仓库范围及酒水仓库办公地点，不得会客，其他部门员工更不得围聚闲聊，不得带亲友到酒水仓库范围参观。

(5)酒水仓库不准带私人保管物品，也不得擅自答应未经领导同意的其他单位或部门的物品存仓。

(6)任何人员，除验收时所需外，不得试用、试尝酒水。

(7)酒水仓库要设有防盗门窗。进出仓库的门应该在符合工作需要的前提下越少越好。

第四节　酒水领发管理

酒水的发放是酒水储存管理中的最后一项管理工作。酒水的发放管理是指酒水仓库管理员根据酒水领料单上的各种酒水的品种、数量和规格发放给使用部门(餐厅和酒吧)的过程。酒水的发放管理关键在于工作认真，所发放的酒水一定要按照领料单中的品名和数量等各种要求执行。

酒水发放的管理是双方面的工作，对申领酒水的一方来讲，有申报、待批、领料、核查、提货、运送等作业环节;对发放酒水的一方来说，有备货、审核手续及凭证、编配、分发、送发、核定成本、复核等作业环节。

一、酒水发放管理原则与程序

为了达到酒水发放管理的要求，为了保证酒水在发放环节不产生任何意外，餐饮企业必须制定严密的酒水发放程序，严格遵守酒水发放的原则。

(一) 酒水发放的原则

为了做好酒水库存管理和餐饮成本的计算，酒水的发放要遵循以下原则。

1. 定时发放原则

规定酒水发放时间非常重要，因为这直接影响着酒水的生产与销售过程。各使用部门(餐厅和酒吧)应根据自己所需要的酒水填写酒水领料单，酒水仓库按酒水领料单准备酒水。

为使酒水仓库管理人员有充分的时间整理酒水库房，检查各种酒水的库存情况，不致因忙于发放酒水而耽误其他工作，应规定每天的领取时间。有的饭店规定每天早上两个小时(如8:00~10:00)和下午两个小时(2:00~4:00)为酒水仓库发料时间，其他时间除紧急情况外一般不予发放。也可规定各领料部门提前一天送交酒水领料单，以使酒水仓库管理员有充分的时间提前准备，避免和减少差错，并能减少领料人员的领料时间。提前送交酒水领料单还可促使餐厅或酒吧管理人员对次日的顾客流量作出预测，搞好次日的生产计划。酒水仓库定时发料也有利于仓库保管，减少库存酒水的丢失。

2. 凭单发放原则

凭单发放，即凭酒水领料单发放酒水。酒水领料单是酒水仓库发出酒水的原始凭证。酒水领料单上应正确地记录酒水仓库向各使用部门(餐厅和酒吧)发放的酒水的数量和金额，它有三大作用:

(1)控制酒水仓库的库存。酒水领料单是酒水仓库发出酒水的凭证，是计算账面库存额、控制库存短缺的工具。

(2)核算各使用部门(餐厅和酒吧)的餐饮成本。酒水领料单反映各使用部门(餐厅和酒吧)向酒水仓库领取酒水的价值,是计算各使用部门(餐厅和酒吧)餐饮成本的工具。

(3)控制领料数量。酒水领料单是员工向酒水。库领料的凭证。无酒水领料单,任何人不得从酒水仓库取走原料,并且员工只能领取领料单上规定的酒水种类和数量。

因此,酒水领料单是酒水仓库管理和餐饮成本控制的重要工具。

酒水领料单的式样见表6-9。

表6-9　　酒水领料单

领料部门:酒吧　　日期:2001年8月8日

品　名	货　号	数　量	容　量	单价(元)	小　计
红方威士忌	AA3301	6瓶	750ml	90	540
可口可乐	AA4031	1箱	1.25L	48	48
总　计					588
审批人:		发料人:		领料人:	

为便于分类统计成本,酒水领料单中最好将食品金额与酒水金额分别记录,并注意标明仓库的类别。酒水领料单必须由领料部门指定的管理者签字,酒水仓库才能发料。酒水仓库发料时,领料人和发料人都要签字。

酒水领料单上如有剩下的空白处,应当着收料人的面划掉,以免被人私自填写。酒水领料单至少一式三份,一联随发出的酒水交回领料部门留作记录,一联送财会部食品酒水成本控制员,最后一联酒水仓库留存,以汇总每日的领料总额。

3.准确计价原则

酒水从酒水仓库发出后,酒水仓库保管员有责任在酒水领料单上列出各项酒水的单价,计算出各项酒水的金额,并汇总所领取酒水的总金额。

一般情况下,由于酒水的规格和价格相对比较稳定,在发放时只需在酒水领料单上填写实发数量,再乘以每件酒水的单价,计算出领料总额。

对于酒水入库时在储存的包装容器上贴有标牌、注明数量和单价,领料时按标牌上的价格计算领料总额。这里所说的是实际购价计算法,如果酒水仓库不采用酒水标牌制度,可以根据酒水库存卡标明的单价,采用先进先出法或先进后出法等方法计价。

(二)酒水领发程序

1.每天工作结束之前,酒吧服务员将空瓶放在酒吧台上面。由于酒水在销售时毛利较大，且一些名贵酒价值很高，所以对酒水的发放应严格控制。一些零杯销售的酒水(常是名贵酒)，不仅要凭酒水领料单，还要凭酒吧和餐厅退回的空瓶。这种做法要求酒吧或餐厅对酒水保持固定的标准库存量。

2. 使用部门(餐厅和酒吧)服务员填写酒水领料单(表6－9)，分别记入需领用的酒水名称、数量及每瓶酒的容量。每天退回的空瓶数应是昨日的消耗量(零杯酒除外)，每日领取的酒水量实际上是补充昨日使用掉的酒水量，使餐厅(或酒吧)的储存量保持在标准水平。例如酒吧中的人头马V. S. O. P. 干邑酒的标准储存量是5瓶，用完2瓶的空瓶在领料时送回再领取2瓶，这样酒吧每天营业开始时该酒始终保持5瓶的标准储存量。

由于酒吧和餐厅在营业服务中常销售整瓶酒水，有的客人喝了一半连瓶将酒水带走，整瓶酒水的空瓶就难以收回。为加强控制，整瓶酒水的销售要填写整瓶销售单。客房用餐服务中的整瓶酒水销售也要填写“整瓶销售单”(表6－10)。在领料时以整瓶酒水销售单代替空瓶作领料的凭证。

表6－10　　　　　　　　**整瓶销售单**

日期：	餐桌编号：		客人账单编号：	
代 号	酒水名称	数 量	每瓶容量	成 本
	服务员：		发料人：	

酒吧或餐厅保持标准储存量便于保证酒水的供应和对酒吧、餐厅的酒水加强控制。采取凭空瓶和整瓶销售单领料，酒吧、餐厅可随时按实际结存的酒水瓶数和空瓶数(或整瓶销售单上的数量)，对照标准储存量检查酒水的短缺数。各种商标的酒水无论在何时检查都应是如下数量：

满瓶酒水数＋不满瓶数＋空瓶数(或整瓶销售数)＝标准储存量

酒吧及餐厅的储存面积较小且较难控制，故标准储存量要根据每天的平均消耗量计算，一般不多于3天的需求量。

3. 使用部门(餐厅和酒吧)经理根据酒水单核对空瓶数和牌号。如果两者相符，应在“审批人”一栏签名，表示同意领料。

4. 使用部门(餐厅和酒吧)服务员将空瓶和领料单送到酒水仓库，酒水管理员根据空瓶核对酒水领料单上的数据，并逐瓶用瓶酒替换空瓶，然后在“发料人”一栏上签名。同时服务员在“领料人”一栏上签名。

在发料之前，酒瓶上应做好标记。对于单一酒吧而言，可在瓶酒存入酒水仓库时做好标记，而对拥有许多使用部门的饭店而言，酒瓶标记是在发料时才做，每个使用部门可采用不同的标记。

通常情况下，酒瓶标记是一种背面有胶粘剂的标签或不易擦去的油墨戳记。标记上有不易仿制的标识、代号或符号，这样可以防止服务员将自己的酒带入酒吧出售，然后自留现金收入。

5. 为了防止员工用退回的空瓶再次领料，酒水管理员应按规定处理空瓶。

6. 酒水管理员在酒水领料单中填入各种酒水的单价，并求出单价和发出瓶数的乘积，填入小计栏。然后再在"总计"栏中填入各种酒水小计数之和。

(三) 酒水使用部门标准存货的建立

为了便于了解每天应领用多少酒水，每个使用部门(餐厅或酒吧)都应该备有一份标准存货表(Bar Stock)，见表6－11。假设某种牌号的金酒的标准存货为4瓶，那么，每个使用部门(餐厅或酒吧)在开业前就应有4瓶这种威士忌酒。规定使用部门(餐厅或酒吧)标准存货数量，可保证使用部门(餐厅或酒吧)各种酒水存货数量固定不变，便于控制供应量。

使用部门标准存货与酒水仓库标准存货不同。前者应列明各种酒水的精确数量和每瓶酒水的容量。各种类型的使用部门的标准存货数量相差很大，但无论是餐厅或酒吧，都应根据使用量来确定标准存货数量，并随顾客需求量的变化，改变标准存货数量。顾客饮酒习惯的变化、季节的变化，或在某一天将有特殊事件，都会引起需求量的变化。使用部门标准库存数量既要保证满足需求，又不能存货过多。

表6－11　××餐厅/酒吧标准存货表

代号:1234　每瓶容量:750ml　标准存货:5瓶

品名:芬兰伏特加　单位成本:100元

日期	剩余	收入	发出	结余
7月1日	2	2	4	1
7月2日	1	4	2	3
7月3日	3	2	3	2
7月4日	0		2	0
7月5日	0	5	1	4
7月6日	4		3	1

宴会、团体用餐等重大活动无法设立标准储存量。为宴会领取的酒水一般大于预计的需用量，在宴会结束后要将未用完的酒水退回酒水仓库。为了防止差错，在领(发)料工作中，常使用表6－12所示的宴会酒水领用单。

表 6 - 12　　　　宴会酒水领用单

宴会主办单位：　　　　日期：
宴会地点：　　　　负责人：

酒水名称	数　量	最初发料	增发事例	退回数量	耗用数量	单位成本	总成本

申请人：　　　　领料人：
发料人：

（四）酒水内部调拨及转账处理

大型餐饮企业往往拥有多处餐厅、酒吧、厨房。餐厅之间、酒吧之间、餐厅与酒吧之间等常因业务需要发生酒水的互相调拨、转让。为使各自的成本核算达到应有的准确性，餐饮企业内部酒水调拨应坚持使用调拨单，以记录所有的调拨往来。在统计各餐厅和酒吧的成本时，要减去各部门调出的酒水金额，加上调入的酒水金额。这样可使各部门的经营情况得到正确的反映。酒水调拨单应一式三份或四份，即调入与调出部门各留存一份，另一份及时送财会部。有的企业要送一份给酒水仓库记账。酒水调拨单的式样，见表 6 - 13。

表 6 - 13　　　　酒水调拨单

调入部门：多功能厅　　　　时间：2001 年 6 月 8 日
调出部门：主酒吧　　　　编号：1234

品　名	规　格	单　位	数　量		金 额(元)	
			请拨数	实拨数	单价	小计
雪　碧	355ml	箱	3	3	39.6	118.80
Soda Water	355ml	箱	1	1	45	45
总 计						

调出部门经手人(发货人)：　　　　主管：　　　　酒水管理员：
调入部门经手人(收货人)：

本章小结

本章是酒吧经营管理中不可缺少的重要环节。酒水验收是酒水进入酒店的第一关，验收工作不仅需要完善的验收体系，也需要严格的验收程序和验收方法。要确保酒水验收相对独立，对整个采购进行有效的监督和控制，这样才能保证酒水质量、数量、规格、单价和总额等质量要求符合企业的规定标准。

酒水一经验收，必须进行有效的保管，要改善储存设施和储存条件，合理搞好库存酒水的安排，加强仓库的保安和清洁卫生工作，采取有效的库存控制和管理手段，防止腐败变质和其他可能发生的浪费现象。

酒水发放是酒水储存管理中的最后一环。酒水发放管理的基本要求：一是做好准备工作，保证各使用部门（餐厅和酒吧）及时得到足够的酒水；二是严格离库审核手续，控制各种酒水的使用数量，按库存物品周转规律准确无误地发送酒水；三是科学、合理地做好相应的酒水成本登记工作，正确地统计酒水的成本和库存额。

总之，在酒吧日常管理的三个环节中，管理关键在于工作认真，严格按各种规定标准要求执行，做好各项工作，才能保证酒吧正常有效经营。

复习思考题

1. 酒吧计划包括哪些内容？如何进行酒吧的计划管理？
2. 如何进行酒水的领发控制？
3. 如何进行酒吧的人员配备？
4. 酒吧质量管理包括哪几方面内容？
5. 酒吧每日工作报告包括哪几项内容？
6. 酒水验收操作规程是什么？

第七章　酒吧成本控制

● **课前导读**

酒吧的经营与管理虽然不像餐饮经营与管理那样复杂与繁琐，但也有许多细节问题不容忽视，学习并掌握这些细节对控制酒水成本来说都是非常重要的。酒水的成本控制对经营成败起着决定性的作用，要求管理者、调酒师必须了解酒水的成本率并能从中调节指导酒吧营业。

● **本章要点**

1. 酒水经济订购数量
2. 酒水采购价格的控制方法
3. 酒水销售记录管理
4. 酒水生产的标准化管理
5. 酒水生产损耗管理

第一节　酒水采购数量管理

酒水采购数量的多少直接影响着餐饮企业的供应情况和成本费用的高低。采购数量过多，会占用过多的资金，影响资金的周转；另外，由于酒水储存时间较长，也引起酒水质量的下降，增加储备成本，同时也会增加偷盗的机会。但是，如果采购数量太少，也容易导致酒水库存的中断，无法保证向顾客提供酒单中所列的酒水，影响餐饮企业的日常经营。

一、影响酒水采购数量的因素

为了避免出现上述采购数量过多或过少引起的问题，确定一个合适的采购数量，餐饮企业的经营者必须了解有哪些因素影响着采购数量。概括来说，酒水进货数量是由以下一系列因素决定的：

(一)酒水销售量

酒水的销售量是决定酒水进货数量的首要因素。当某种酒水的销售数量增加时，就必须增加采购数量；而在某种酒水销售数量减少时，或经营不景气时，则应压缩采购数量。另外，餐饮企业在进行酒水采购时，不仅要考虑酒水整体销售量的变化，也要考虑顾客酒水消费结构的变化。

（二）酒水储存条件

餐饮企业现有仓储设施的储藏能力，限制了酒水采购的数量。若冷藏空间过小，就不能采购过多的易腐败变质的鲜啤酒、葡萄酒等，尤其是在夏季。同样，除湿问题不解决，也不能采购过多的葡萄酒、甜酒等。

（三）酒水可占用资金的数额

餐饮企业对酒水存货可占用资金数额的规定也影响着酒水的采购数量。在企业经营较好时，餐饮企业可以适当增大酒水的采购数量；而在资金紧缺时，餐饮企业则应精打细算，适当减少酒水采购数量，加速资金周转。

（四）酒水采购地点

酒水采购地点的远近对采购数量也有影响。如果酒水采购地点较远，可以增加批量，减少批次，这样可以节省采购费用，防止意外的酒水原料断档。如果采购地点较近，采购方便，则可以减少批量。

（五）酒水的特点

酒水原料的内在特点，决定了酒水采购数量的多少。各种酒水原料都有各自的特点，且储存期也各不相同。不易保藏的酒水，如各种低度发酵酒、果汁饮料等，应少批量，勤进货，否则容易导致变质浪费。相对不易变质的酒水，如各种烈性酒，保存期较长，在采购批量上可适当增加。

（六）酒水的类型

餐饮企业所使用的酒水概括来说，可分为通用牌号（Pouring Brands）和指定牌号（Call Brands）两种大的类型。通用牌号的酒水由于使用量大，用途广泛，因此采购数量较多；而指定牌号的酒水由于销售量小，使用范围很窄，则采购数量应该受到限制。

（七）市场供应情况

市场供应状况的稳定程度也是酒水采购人员应该考虑的问题。在酒水市场供应比较稳定的地区，餐饮企业在决定采购数量时，完全可以按照其消耗速度和供货天数来计算；而在市场供应不稳定的地区，有些酒水忽多忽少，甚至很长时间采购不到某些酒水，在这种情况下，可以一次购进较大批量，以防止酒水供应的不稳定情况。

（八）酒水供应商的规定

酒水供应商可能规定的最低金额、最小重量及包装等也会影响采购数量。

另外，酒水进货的难易程度、交货时间的长短等都影响到餐饮企业酒水的采购数量。采购人员必须综合考虑以上各种因素，全面考虑餐饮企业自身的特点及市场供求情况，以确定合理的采购数量。

二、确定酒水采购数量的方法

确定酒水的采购数量除了要考虑到影响购进的因素之外，还要选择正确的方法。由于大多数酒水的储存期较长，不像食品原料那么容易“腐败变质，许多餐饮企业为减少采购工作的成本，将酒水采购量规定为每周或一个月的使用量。通常使用“定期订货法”和“订货点采购法”对酒水的采购数量进行控制。

(一)定期采购法

为便于对酒水的库存管理和采购管理，有必要对各种酒水确定标准储存量。标准储存量就是一种酒水在库房中储存的最高存量。管理人员要分别估计各种酒水在规定时间内的总需要量。但由于对客源量的预测不可能十分精确，同时采购后供货单位发货也会因某些意外因素而推迟，因而在所需酒水的总量上还需加一定的保险储存量。标准储存量是最高储存量，而库存酒水原料很少保持在标准量。这是因为每发出一次酒水原料就会使库存量减少；如果马上补充，则既十分费精力也费时间，所以管理人员要注意掌握酒水原料采购的时机和采购的数量。对酒水原料目前普遍采用定期采购法进行采购。因为酒水原料的品种多，使用频繁，不易对各种原料逐项计算最佳经济订货批量。管理人员可根据库房的储存面积、酒水供应的稳定性和流动资金的多少等来确定酒水(或向同一供货商)采购的间隔天数，再根据各种酒水的预计日需要量算出各种酒水的标准储存量：

标准储存量 = 日需要量 × 定期采购间隔天数 + 保险储存量

所谓保险储存量是指餐厅为防止市场出现供货问题或采购运输问题而预留的酒水数量。当然，餐厅对某种酒水的保险储存量的确定要充分考虑市场原料的供应情况和采购运输的方便程度等因素而定。管理员或采购员应定期清点各种酒水的库存量，掌握各种酒水的库存量与标准存量之间的差额，然后计算出需要采购的数量：

酒水需购量 = 标准储存量 − 现存量 + 日需要量 × 发货天数

这种方法的优越性是同类的酒水或同一供应商供应的酒水，可定期在同一天采购，这样可以减少采购次数和人工的浪费。同时每项酒水确定标准储存量后，酒水不会过量储存，采购数量容易决策。这样可减少采购员的工作量，可将更多的精力用于选择更合适的酒水供应商。但这一方法也有缺点。有时，某些酒水的实际用量大大超过预计数，采用定期采购法不易发现酒水短缺。为避免这种缺陷，对每项酒水应该订出最低储存量(即警告储存量)，当酒水减少到最低储存量时不管是否是定期采购的日子，也要去采购。最低储存量也就是再订货点，其计算的方法如下：

最低储存量 = 日需要量 × 发货天数 + 保险储存量

下面试举一例说明定期采购的方法。若某餐厅平均每日需用 80 听可口可乐，该餐厅对罐装饮料定于每两周采购一次，即隔周星期一采购一次；可口可乐应有 200 听的保险储存量；罐装饮料的发货天数需要 3 天；在采购日前如果还剩下 500 听可口可乐，则可口可乐的标准储存量、最低储存量和需采购量计算如下：

标准储存量：80 听 × 14 + 200 听 = 1320 听

最低储存量：80 听 × 3 + 200 听 = 440 听

需采购量:1320 听 - 500 听 + 80 听 × 3 = 1060 听

（二）订货点采购法

订货点采购法是通过查阅库存卡上各种酒水的结存量，对达到或接近订货点储存量的酒水进行采购的方法。使用这种方法要求在库房中对每种酒水都建立库存卡。酒水收到后必须在卡片上登记正确的数量、单价和金额。发出的酒水也要随时登记。库房中还需要有一套检查制度，检查哪些酒水已经达到或接近订货点储存量，对这些已达到订货点储存量的酒水发出采购通知和确定采购数量。

酒水的订货点储存量也就是该酒水的最低储存量，当酒水从库房发出使库存量减少到订货点储存量时，该酒水必须采购补充。酒水订货点的库存量和前述的最低储存量的计算一样，也是酒水发货期间消耗的数量和保险储存量之和：

订货点储存量 = 酒水日需要量 × 发货天数 + 保险储存量

采用订货点采购法，酒水的采购数量比较稳定。酒水的采购数量是以酒水标准储存量减去订货点储存量再加酒水发货期的消耗量而得出：

酒水采购量 = 标准储存量 - 订货点储存量 + 酒水日需要量 × 发货天数

这里，酒水的标准储存量也是酒水的最高储存量，它主要根据酒水的平均日需要量以及计划采购的间隔天数，再加上一定的保险系数而定。在确定标准储存量时,还要考虑以下因素:能用于库存酒水的流动资金的多少;市场供应的充足程度;采购运输的方便程度等。

例如某餐厅对嘉士伯啤酒（Carlsberg）确定的标准储存量为 500 听，嘉士伯啤酒平均每日需用量为 30 听，发货需用天数为 3 天，嘉士伯啤酒的保险储存量为 80 听，则嘉士伯啤酒的订货点储存量及采购数量为：

嘉士伯啤酒订货点储存量 = 30 听 × 3 + 80 = 170 听

嘉士伯啤酒需购量 = 500 听 - 170 听 + 30 听 × 3 = 420 听

订货点采购法的优点是需要建立酒水库存卡制度和检查制度，酒水不足时能及时检查和反映出来并及时采购。由于每种酒水都有标准储存量，所以也不会过多采购。因而这种制度能有效地防止酒水储存量不足或过量储存。由于酒水库存卡上规定每种酒水的标准储存量和订货点储存量，并且记录了酒水的结存量，因此在确定采购日期和采购数量时不必逐项检查酒水的实际库存量，只要翻阅库存卡即可，这样能够节省人工，提高效率；同时以这种方法采购，采购数量比较稳定，不需要每次决策，采购管理比较方便。但是该方法需要对酒水进行不定期的采购，采购和运输的工作量比较大，而且库存卡上要正确登记库存的进货和发货量，卡片登记工作也比较费时。

实际上，许多餐饮企业将上述两种方法结合使用。他们一方面对各项库存的酒水建立库存卡，另一方面又对各种酒水规定定期采购的日期。对一般的库存酒水定期进行采购。同时，库房管理员经常查阅登记卡，随时注意对达到订货点储存量的酒水发出采购通知。采购前不用清点实物的结存量。这样既节省了采购和库存的清点时间，又能使库存酒水及时得到补足和有效的控制。酒水库存卡见表 7－1。

表 7－1　　**酒水库存卡**

进货					发货					结存			存盘点日期
日期	账单号	数量	单价	金额	日期	领料单号	数量	单价	金额	数量	单价	金额	

标准储存量	订货点储存量	订货量	单位	订货日期	货架号	货位号	价格	货名
500	170	420	听	每月 15 日 30 日	P－5	011		嘉士伯啤酒

三、酒水经济订购数量（Economic Ordedng Quantity）

餐饮企业对某些酒水的全年需求数为一个常数，考虑到餐饮企业的库存量及储存保管费用，一般不会一次将某项酒水全部采购回来，而必须分批、分次采购。那么，怎样采购才能使采购费用、储存费用等处于最低状态？其计算公式如下：

全年最低总费用 = $\sqrt{2\times\text{某酒品每件的年储存量}\times\text{每次采购费}\times\text{预计年销售量}}$

经济订购数量 = $\sqrt{(2\times\text{每次采购费}\times\text{预计年销售量})\div\text{某酒品每件的年储存费}}$

例如，某餐厅预计每年销售啤酒 36000 箱，并规定餐厅不允许缺货。每箱啤酒的进价为 25 元，每箱啤酒储存费每月为进价的 3%（含损耗）。每次采购费用 20 元。求：(1) 最佳订购批量；(2) 计算全年最低总费用；(3) 订货间隔（每年以 360 天计算）。

解：每件的年储存费 = 25 ×3% ×12 = 9（元/箱・年）

每次采购费 = 20（元/次）

啤酒的预计年销量 = 36000（箱/年）

(1) 最佳订购批量 = $\sqrt{(2\times20\times36000)\div9}=400$（箱/次）

(2) 全年最低总费用 = $\sqrt{2\times9\times20\times36000}=3600$（元/年）

(3)每年采购次数 $=\frac{3600}{400}=90$(次)

订货间隔 $=\frac{360}{90}=4$(天)

在实际工作中，需要我们灵活地使用以上这些公式，以达到支付全年总费用最低的目的。

仍然是上例中的采购问题，啤酒供应商提出，如果餐厅每次订购啤酒2700箱，可以按价格给予1%的优惠。在采购费用和单位储存费用都不变的情况下，餐厅是否应该接受优惠条件？

在该例中，由于采购数量改变后不再是最佳订货批量，必然引起总费用的增加，餐厅将为此多支付费用。但是，餐厅同时又可获得优惠价格而减少货价的支出。因此，只需将按此采购数量进行采购而多支出的费用与少支付的货价进行比较即可。

每次采购支出的总费用公式为：

$$采购总费用=\frac{1}{2}\times每次需采购的数量\times每件年储存费用+\frac{最低总费用}{每次需采购的数量}\times每次采购费$$

按该公式，每次采购2700箱总费用为：

$$采购总费用=\frac{1}{2}\times2700\times9+\frac{3600}{2700}\times20=12176.67\text{ 元}$$

与“最佳经济订购批量”发生的费用比较：

12176.67 − 3600 = 8576.67(元/年)

即每批采购2700箱啤酒，全年将多支出费用8576.67元。

由于每批采购2700箱少支出的资金为：

25 × 1% × 36000 = 9000(元/年)

两者相减：

9000 − 8576.67 = 423.33(元/年)

餐厅如果接受供应商的优惠条件，每年可少支付423.33元。当然，餐厅是否愿意接受供应商的条件，还要考虑多方面的因素。尽管餐厅每年可少支出423.33元，但是增加采购量也会给餐厅增加相当多的困难。如：库存量将近是原来的7倍，原来的仓库肯定放不下。同时，损耗也肯定会上升，还有其他各种因素。

总之，使用经济订购数量法，仅凭套用公式是不够的，这需要管理人员在实际工作中领会其基本思想，灵活掌握使用。

第二节　酒水采购价格管理

酒水采购价格的高低对餐饮企业成本的影响非常重大。因此，许多餐饮企业会尽可能采购价格最低的酒水，但是，有时最低的价格采购的却并不是最适宜的酒水。酒水采购价格的合理与否必须综合权衡酒水使用率、容量、酒水可占用资金情况等等。餐饮企业为了更好地做好酒水价格管理的工作，应该采取比较适当的方法。

一、酒水采购价格管理

餐饮企业酒水采购工作目标之一是用理想的价格获得满意的酒水和服务。酒水的价格受各种因素的影响，诸如市场的供求状况、餐饮的需求程度、采购的数量、供应单位的货源渠道和经营成本、供应单位支配市场的程度、其他供应者对其影响等。针对这些影响价格的因素，可以采取以下方法降低价格，保证酒水的质量，以实施对采购价格的控制。

（一）规定采购价格

通过详细的市场价格调查，饭店对所需的某些酒水提出购货限价，规定在一定的幅度范围内，按限价进行市场采购。当然这种限价是饭店派专人负责调查后获得的信息。

（二）规定购货渠道和供应单位

为使价格得以控制，许多饭店规定采购部门只能向那些指定的供货商购货，或者只许购置来自规定渠道的酒水，因为饭店预先已同这些供货商议定了购货价格。

（三）控制大宗和贵重酒水的购货权

贵重和大宗酒水的价格是影响餐饮成本的主体。因此，有些饭店规定由餐饮部提供使用情况的报告，采购部门提供各供应商的价格，具体向谁购买由饭店决策层确定。

（四）提高购货量和改变购货规格

大批量采购可以降低购货单价。另外，当某些酒水的包装规格有大有小时，如有可能大批量地购买大规格包装的酒水，也可降低单位价格。

（五）根据市场行情适时采购

当某些酒水在市场上供过于求、价格十分低廉，又是餐饮企业大量需要的，只要质量符合标准并有条件储存，可利用这个机会购进，以减少价格回升时的开支。而当酒水价格日渐下跌，采购量则尽可能减少，只要能满足短期供应即可，等价格稳定时再行采购。

（六）尽可能减少中间环节

绕开不必要的供货商，直接从批发商、生产商以及市场处直接采购，往往可获得优惠价格。

二、酒水采购价格控制方法

（一）最低报价法

餐饮企业所需要的酒水品种多，采购次数频繁，许多酒水的市场价格波动大，价格很难标准化。为了以最低的优惠价购得酒水，酒水管理员和酒水采购员必须在确定价格前调查市场行情。在确定价格时，采购人员通过电话、通信或直接与供应商商谈，取得所需酒水的报价。

向供应商采购酒水品种较多的大型餐饮企业，有时将需要采购酒水品种的空白报价单及其规格标准送交各酒水供应商，各酒水供应商将报价单密封寄回，以防止各供应商的报价信息扩散，而导致供应商联合抬价。酒水采购员要多询问几家酒水供应商，比较它们的价格。一般每种酒水至少应取得三个供应商的报价，然后选择最低价。我国某中外合作饭店对日常酒水的采购采取下述定价方法。该饭店由采购部每月于8、18、28日前将采购酒水的空白报价单连信封送交各供应商，令其在上述日期的中午12时前将封好的报价单放入报价箱内。开箱时，由成本控制组会同采购部人员在场，双方拆开报价，逐份签名确认。采购部则分门别类将各供应商所报价额填写在报价表上，这样各供应商的索价情况便一目了然。饭店在定价前每天派采购员做市场调查，订价时，采购部将供应商的报价情况、市场的价格信息及其他有关信息加以综合考虑，订出一个通常为供应商所能接受的价格，一般是几个供应商中的最低价格或低于最低价的价格。但另一方面,由于这种方法要求双方签订采购合同，因而又不利于餐饮企业在合同期间另行采购价格可能更低廉、质量更合适的酒水。

（二）多数最低价法

餐饮企业经营所需的酒水品种很多，如果完全按最低价选择酒水供应商，则需要多次采购，从而占用更多的时间去采购、验收和处理财务工作。许多餐饮企业对酒水采取定期向同一酒水供应商采购的方法。向同一酒水供应商购买的酒水多，不仅节省人力，而且能够得到长期优惠。餐饮企业在得到各供应商对各种酒水的报价后，不一定完全取最低价格，而是对照各供应商各种酒水的报价，并考虑与各供应商的长远关系等因素，选择多数酒水价格最低的供应商，与该供应商协商，使所采购酒水的价格多数为最低。

（三）成本加价采购法

当某种酒水的价格涨落变化较大，或很难确定其合适价格时，人们往往会使用成本加价法。这里的成本指批发商、零售商等供应单位的酒水成本。在某些情况下，供货商和采购单位双方都把握不住市场价格的动向，于是便采用这种方法成交，即在供货单位购入酒水时所花的成本上酌加一个百分比，作为供货商的盈利部分。对供货商来说，这种方法减少了或因价格骤然下降可能带来的亏损危险，对采购单位来说，加价的百分比一般比较小，因而也似有利可图。采取成本加价方法的主要困难是，很难确切掌握供货单位酒水的真实成本是多少。

(四)无选择采购法

餐饮企业有时候会遇到这样的情况:餐饮企业需要采购的某种酒水在市场上奇缺，或者仅一家单位有货供应，或者餐饮企业急需得到某种酒水，不论对方索价如何。在这种情况下，餐饮企业往往采用无选择采购方法，即连同订货单开出空白支票，由供货单位填写。使用这种方法，往往使餐饮企业对该酒水的成本失去控制，因此只有在不得已的情况下才使用，而通常在决定订货之前总得进行一番讨价还价。

(五)合作采购法

合作采购指两家以上的餐饮企业组织起来，联合采购某些酒水，其主要优点是通过大批量采购，各餐饮企业有机会享受优惠价格。尽管各餐饮企业各有特色，但完全可以使用合作采购的方法去采购某些相同标准的饮料等。

以上是几种常用的餐饮企业采购方法，各餐饮企业应根据自己的类型、规模、隶属形式、业务特点、市场条件等等因素选择合适的采购酒水的方法。

第三节　酒水生产管理

餐饮酒水生产主要是指酒吧、酒廊的鸡尾酒的配制以及大型鸡尾酒会、冷餐会的酒水配制。酒水的生产管理是餐饮成本控制中最关键的一项工作。对于散卖的酒水而言，由于各个酒水制作人员(调酒师)调酒标准的不统一，就容易造成酒水原料的浪费。因此，管理人员对酒水生产的各方面的工作都应该细心组织、精心加工和认真制作，达到有效控制酒水成本的目的。酒水生产管理的内容主要包括:酒水的生产预测和计划;酒水的损耗率控制;酒水的份额控制及编写标准酒单与执行标准酒单等。

一、酒水生产管理概述

餐饮酒水生产管理是餐饮管理的重要组成部分，餐厅或酒吧作为饭店向客人提供酒水的生产加工部门，其生产对餐饮经营状况的好坏至关重要。餐饮酒水生产的水平高低和产品质量的好坏，又直接关系到饭店的特色和市场形象。

(一)酒水生产的基本特征

与一般的产品生产相比，餐饮酒水生产的基本特征主要表现在四个方面:

1. 酒水生产过程上的完整性

餐饮酒水生产活动与工业生产活动有很大的区别。餐饮酒水的生产过程十分完整，包括餐饮酒水原材料的采购、验收、储存、领发、制作(鸡尾酒)、销售，而且其生产和销售都是面对客人在酒水部门的吧台中完成的。

2. 酒水生产内容上的复杂性

餐饮酒水生产活动还表现在生产内容上的复杂性。从酒水原料的选择看，酒水质量的鉴别难度颇高——观色、闻香、尝味，再加上仪器鉴定等；然后是要在不同的时间选择合适的酒——餐前酒、餐中酒、餐后酒等等；另外还要根据不同客人的需求和爱好生产不同品种的酒水；最后还要根据不同酒水的服务要求为客人提供优质的服务。

3. 酒水生产时间上的间歇性

餐饮酒水生产节奏基本上是由餐厅或酒吧的营业情况决定的。若餐厅内高朋满座、人声鼎沸，酒水生产者(调酒师)则马不停蹄、挥汗如雨；反之，若餐厅门庭冷落，酒水销售则冷冷清清，无事可做。这使得酒水生产节奏时紧时慢，呈现出明显的间歇性。这种用餐的时间性规律，使得酒水工作在一日之中几经“峰顶”和“峰底“阶段。

时间上的间歇性还表现在某一种具体产品的生产上。一种类型的就餐者喜欢某种酒水，另一种类型的就餐者则喜欢另一种酒水，这两类就餐者的轮流更换出现，马上会引起酒水生产产品生产上的时间性变化。这种产品生产的时间性变化往往在做生产计划时难以预料。

4. 酒水生产强度上的超常性

在各行各业现代化的进程中，餐饮服务行业或许是进展最慢的行业之一，酒水生产也是如此。其中的原因是多种多样的，有技术的，有社会的，有观念上的，也有因市场变化而引起的。最主要的原因在于餐饮企业的绝大部分劳动都需要手工加工完成，整个加工工艺过程中，手工劳动的比重占到90%以上。调制好的酒水，没有通过类似工业品销售的物资部门中转，而是直接递交给客人或由服务员送到餐厅的餐桌上，酒水产品预制的可能性很小，现点现做，现做现消费，一气呵成。时间性规律和生产与销售直接见面，更使餐饮酒水生产强度加大。

5. 酒水生产效率上的低下性

如上所述，由于餐饮酒水生产劳动时至今基本上仍以手工劳动为主，这就决定了酒水生产活动效率上的低下性。餐饮经营上的产销直接见面，同样也会造成酒水生产活动效率上的低下。酒水产品一旦生产出来，质量检查和检验的时间就很少，尤其是在营业高峰时期。酒水产品一旦离开生产场地(吧台)，便直接放在消费者面前，质量欠佳、粗制滥造的酒水，虽有酒水服务相佐，可入口之后，终究不能遮掩其品质。消费心理学揭示了这样一个规律:人们对味觉的不满意程度，远超过对视觉、嗅觉、触觉等其他方面引起的不满意程度。被就餐者拒绝的酒水产品没有返工的余地，这与其他种类的产品截然不同。对这一类没有返工整修余地的酒水产品，我们称之为一次性质量产品。但是，遭到拒绝的一次性质量产品，并非都是质量欠佳的产品，在许多场合下，评判质量好坏的标准是由消费者确定的。这些都大大地加大了酒水生产者的劳动难度，降低了餐饮产品的生产效率。

二、酒水生产计划管理

一切产品的生产都需要有计划，餐饮酒水产品的生产计划更为重要。因为餐饮酒水生产的原料储存期短，许多酒水一旦打开，次日就无法再使用。因此，若无计划地进行餐饮酒水产品的生产，会造成酒水原料的很大浪费。餐饮酒水生产需要每日做出品种和数量的计划。

但是由于餐饮酒水产品具有即时性的特点，餐饮企业供应的酒水一般不是预先生产好、制作好、储存起来等待顾客来购买，而是要根据客人当时要求的品种和数量来生产。酒水的生产、销售和消费几乎在同一时间内发生，因此餐饮酒水生产的计划比制造业更为困难。另外，餐饮酒水产品质量脆弱，时间对酒水产品的质量非常重要。又因为餐饮酒水产品的生产直接与销售量和客人的需要量相关，所以餐饮酒水品种和数量的生产计划也要直接以销售预测作为基础。

为此，餐饮企业应尽可能精确地预测各种酒水销售数量。这样，就可对采购数量、生产的品种和数量以及工作人员的安排做出合理的决策。但是，由于餐饮企业的客流量和顾客对酒水的需要量随机性很大，会受各种因素的影响而经常变化，因此一般很难精确地预测未来的销售量。一般餐饮企业都是在掌握过去经营情况的基础上，在经营条件没有很大的变化的条件下，根据过去的酒水销售数量摸索出一定的酒水销售趋势和规律。根据这些规律来预测将来的酒水销售量有一定的精确度。据统计，餐饮业的这种预测比其他行业的预测精确度高一些，说明餐饮业需求模式的规律性较强一些。因此，为搞好销售预测必须切实做好酒水销售记录。

（一）酒水销售记录

酒水销售记录是书面记载酒单上酒水销售的份数。有些餐饮企业对酒单上每种酒水的销售量都做记录。酒水销售记录的复杂程度取决于酒单上酒水品种的多少、信息的详细度以及信息的用处。

1.酒水原始记录

由于酒水销售记录是记载顾客订酒水的数量，因而其基本信息来自于酒水销售人员——餐饮企业服务员、酒吧服务员、调酒师等等。大多数餐饮企业将顾客订的酒水记录在账单（或订酒单）上。账单在营业结束后集中到收银台再转给餐饮成本控制员。为记录酒水销售信息，餐饮企业订酒水员必须将订的酒水书写清楚。

酒水销售信息可采取下列几种方法从客人账单上获得：

（1）收银员统计

最简单也是使用最广泛的方法是在销售时做好各种酒水的数量记载。大多数餐饮企业是由收银员在开账单时顺手将账单上酒水的销售做好记录。这种信息可以记在预先准备好的酒水销售记录卡上，见表7－2。

表 7 – 2　　　　酒水销售记录卡

星期:四				
酒　水　名　称	销售份数	总数	单价(元)	销售额(元)
干马天尼(Dry Martini)	正正正正正正	30	50	1500
黑俄罗斯(Black Russian)	正正正正正正正 正正正正正正	65	50	3250
红粉佳人(Pink Lady)	正正正正正	25	50	1250
血玛丽(Bloody Mary)	正正正正正正正	35	50	1750
特基拉日出(Tequila Sunrise)	正正正正	20	50	1000
总　　计		175		8750
客　人　数	正正正正正正正 正正正正正正正 正正正正正正正	185		

这种方法的优点是:信息及时，不需专设人员在数据累计后再专门做统计，这种统计无需增加人工费用。

(2)成本控制员统计

有些餐饮企业的收银员工作过忙,顾不及做统计工作，可以在每次营业时间结束后将账单交给成本控制员统计，统计方法如上。这种方法较费时间，也有的餐饮企业收银员将账单交财会部人员统计。

(3)计算机统计

一些大型餐饮企业集团用电脑做信息处理，编制酒水销售记录。

2. 信息的汇总及用途

餐饮成本控制员在掌握每种酒水的销售份数后，将销售数量汇总。汇总方法如下：

(1)按经营日期汇总

按经营日期汇总，是将每日酒水的销售数据按日期列出，每周或每月列在一张卡片或纸上加以汇总,见表 7 – 3。

表 7-3　　按经营日期统计的酒水销售记录

星　期	一	二	三	四	五	六	日	一	二	三	四	五	…
日　期	1	2	3	4	5	6	7	8	9	10	11	12	
酒　水　名　称	销　售　份　数												
干马天尼（Dry Martini）	10	5	…	…	…								
黑俄罗斯（Black Russian）	18	20											
血玛丽（Bloody Mary）	9	10											
特基拉日出（Tequila Sunrise）	24	12											
B&B	25	16											
爱尔兰咖啡（Irish Coffee）	36	25											
新加坡司令（Singapore Sling）	32	19											
合　计	154	107											
客　人　数	76	64											

该信息的用处是：

①反映餐饮企业酒水总需求量的趋势以及各种酒水的销售趋势。这种信息可用于下周、下月和次日销售量的预测，便于对各种酒水的生产数量做好计划。

②便于汇总各种酒水的销售量，反映各种酒水顾客的欢迎度。该信息有利于酒单的分析和调整。

（2）按一个星期中的各天分别统计销售数量

将销售数据按星期一、星期二、星期三……分别汇总，见表 7-4。

表 7－4

星期	星期一 星期二……												
日期	1	8	15	22	29	小计	2	9	16	23	30	小计	3
酒水名称	销售份数												
6:00－7:00			50						2250				
7:00－8:00			76						3800				
8:00－9:00			95						4750				
9:00－10:00			96						4800				
10:00－11:00			72						3600				
11:00－12:00			48						2160				
合计			437						21360				

这种信息能够反映一个星期中各天客流量的变化情况及各天的酒水销售模式和规律，了解和掌握各天中各种酒水的销售份量。便于计划一个星期中各天、各种酒水的生产数量和人员配备。

餐饮企业在做酒水销售预测和生产计划时同时需要上述两种统计，第一种统计反映一周或一个月的酒水销售情况和趋势，便于进行下周或下月的计划，进而再参照第二种统计做出各天的酒水生产计划。

(3)各时段销售统计

许多餐饮企业对各时段的酒水销售额和客人数进行统计，这种统计对于咖啡厅和酒吧非常重要。因为这种餐饮企业营业时间长，在清淡和高峰时段客人的需求量波动显著。掌握各时段的酒水销售数据能帮助餐饮管理人员做好生产时间的安排及不同时间生产数量的计划，帮助管理人员确定员工工作的班次和员工人数的安排。同时该信息还能显示出餐饮企业营业的清淡时段，以便计划清淡时段的酒水推销活动和计划餐饮企业最合适的营业时间。

表 7－5 为某咖啡厅在中午 12:00 到晚上 12:00 的经营时间内对酒水销售额和客人数的累积统计数据。

表7－5　　　　　时段销售数据统计

时段	客人数	销售额
12:00～1:00	30	1350
1:00～2:00	90	4050
2:00～3:00	76	3800
3:00～4:00	32	1400
4:00～5:00	5	225
5:00～6:00	3	135
6:00～7:00	50	2250
7:00～8:00	76	3800
8:00～9:00	95	4750
9:00～10:00	96	4800
10:00～11:00	72	3600
11:00～12:00	48	2160
总计	673	32320

(4)各种酒水销售数的百分比

许多餐饮企业除了统计各种酒水的销售份数外，还统计各酒水的销售百分比。进行这种统计往往不能只取一天的数值，因为一天的数值有许多偶然因素，不能反映出规律性，要取累积一段较长时间的数据。表7－6是上述餐饮企业累积的各种酒水销售数的百分比数据。各种酒水销售数百分比的统计，对于各种酒水的销售预测和各种酒水的生产计划具有极大的参考价值。如果销售百分比数据是较长时间的累积值，则能反映出各种酒水的销售和需求规律，在预测未来酒水的销售总额后，可用此比例值预测各种酒水的销售量，并根据销售量做好各种酒水的生产计划。此外，这种信息对分析酒单上各种酒水的受欢迎度，决定是否继续提供某种酒水有很大意义。

表7－6　　　　　各种酒水销售百分比统计

酒水名称	销售份数	占总销售量的百分比(%)
干马天尼(Dry Martini)	360	9.0
黑俄罗斯(Black Russian)	400	10.0
血玛丽(Bloody Mary)	321	8.2
特吉拉日出(Tequila Sunrise)	627	15.6
B&B	455	11.3
爱尔兰咖啡(Irish Coffee)	1208	30.2
新加坡司令(Singapore Sling)	632	15.7
合　计	4003	100.0

在进行销售记录时，应注意记上对餐饮销售有影响的其他信息，例如：

①天气。恶劣的天气一般会使酒水销售额下降。但在有些城市的饭店中坏天气反而使晚餐的销售量增加。

②特殊日子和特殊活动。如重要的节日、假日对餐饮酒水销售量会有不同的影响。有些节日使外出就餐、饮酒人数增加，而有些节假日使某些餐饮企业的酒水销售量减少。另外有的饭店有些重要活动，如举办展览会、会议等，会影响饭店内酒水的销售。又如餐饮企业附近街道修马路也会使酒水销售受到不同程度的影响。

对饭店中的餐厅来说，有必要记载每日的住店客人数，统计这些住店客人在店内餐饮企业就餐、饮用酒水的比例，这一信息也有利于做好餐饮酒水销售的预测。

(二)酒水销售预测

预测是利用可得的相关数据来预计未来。它是对未来的一种有根据的推测。如果能对未来的酒水销售量做出较精确的预测，就能够更好地搞好餐饮酒水的生产和采购计划，使每日能够正确地安排各种酒水的生产份数，避免盲目生产和采购，降低酒水打开变质和丢失的机率，减少浪费。

1.酒水销售的总量预测

对酒水销售总数量的预测需要应用酒水销售记录的数据。餐饮企业若能按每个星期中的各天分别统计各种酒水的销售量，进行酒水销售预测就比较容易。假如餐饮企业要求预测下星期一的销售量，就要先列出上一个月中各星期一全部酒水的销售总数，然后采取一种简单的加权平均法求出预测值。

例如:上例中某饭店在7月份各星期一的全部酒水销售总数以及加权值,见表7-7所示。

表7-7　**酒水销售总数及加权值**

日期	酒水销售总数	各销售数据的权数	加权值	理论预测值
7月1日	158	1	158	
7月8日	134	1	134	
7月15日	160	2	320	
7月22日	145	2	290	
7月29日	166	3	498	
合计		9	1400	
8月5日				1400÷9=156

加权平均预测法是给予以往的酒水销售数据以不同的权数，越晚的数据给予的权数越大，然后将加权值相加除以总权数，求出平均值。其计算公式如下：

$$N=\frac{Q1W1+Q2W2+\cdots+QnWn}{W1+W2+\cdots+Wn}$$

式中:Q——销售数据；

W——权数。

在上例中的理论预测值计算如下：

$$(158\times1+134\times1+160\times2+145\times2+166\times3)\div(1+1+2+2+3)=156$$

加权平均法是给予新近的数据较大的权数，这样较能反映酒水销售趋势，也能消除由于偶然事件而引起数据变化因素的影响。尽管如此，按数学公式计算出来的预测只能是理论预测值，实际工作中还要考虑季节、天气等因素，若是饭店中的酒水生产部门还要考虑客房出租率，是否有会议和团队用餐、宴会预订等等。用按数学方法测得的数据再均衡上述几种情况，再为保证酒水供应加上一定保险值，就得出酒水销售的预测值。

预测值＝理论预测值±特殊情况增减值＋保险值

在上例中，若根据气象预报下星期一会下雨但无其他特殊情况，管理人员根据经验估计下雨大概酒水销售量会减少50份，为保证供应加上理论预测值10%的保险值，这样这一天的预测值应为：

$156\times(1+10\%)-50=122$ 份

这种预测方法十分简单，也比较实用，适合每日需要计划酒水生产量的餐饮企业使用。

2. 各种酒水的销售份数预测

如果某预测日的酒单与以前的可比日的酒单没有什么大变化，并且该日也没有大的特殊餐饮活动，则可使用前述“各种酒水销售百分比”记录数据来预测各种酒水的销售份数。

首先，预计被预测日的全部酒水的销售总数，然后，查出根据一段较长时间统计的各种酒水占总销售数的百分比来进行预测。在上例中，被预测的8月5日的销售总数，各种酒水所占的百分比统计值以及各种酒水的理论预测值，见表7－8。

表　7－8

酒水名称	占总销售量的百分比（%）	预测销售份数
干马天尼（Dry Martini）	9	11
黑俄罗斯（Black Russian）	10	12
血玛丽（Bloody Mary）	8.2	10
特吉拉日出（Tequila Sunrise）	15.6	19
B&B	11.3	14
爱尔兰咖啡（Irish Coffee）	30.2	37
新加坡司令（Singapore Sling）	15.7	19
8月5日预测总数	100	122

显然，各种酒水销售份数的理论预测值，只要将该日酒水销售总数预测值乘以各酒水占总数的百分比。当然，管理人员还应根据该日有否大的

宴会和餐饮活动的计划，对理论预测值进行调节。

上述预测方法有以前的酒水销售统计数据作依据，具有一定的科学性，再加上管理人员对经营情况的判断，因此这种预测方法既十分简单，又具有很大的实用性。但是此法比较粗糙，在很大程度上要依赖于管理人员的经验判断。

酒水销售预测对于餐饮酒水生产品种和数量的计划、对于人员的安排起着指导作用。餐饮部门管理人员利用酒水销售预测数据计划酒单上每项酒水的生产份数，因此是酒水生产管理中的一个重要环节。

(三)酒水生产卡

酒水生产卡是酒水生产部门进行生产的计划书，它规定了各种酒水计划生产的份数。生产卡反映各种酒水的预测销售数量，为酒水部门工作人员规定了生产指标。生产卡是管理人员控制酒水生产、减少浪费的一种重要工具。

酒水生产卡可由餐饮部经理或成本控制员负责编制。酒水生产卡应列出管理人员控制酒水生产的数据，见表7－9。

表7－9　　　　酒水生产卡

星期:一　　日期:2002年7月7日　　部门:城堡酒吧

酒水名称	预测数	调整后预测值	每份分量	生产方法	待生产量	可供销售数	预计结存量
干马天尼(Dry Martini)							
黑俄罗斯(Black Russian)							
血玛丽(Bloody Mary)							
特吉拉日出(Tequila Sunrise)							
B&B							
爱尔兰咖啡(Irish Coffee)							
新加坡司令(Singapore Sling)							
8月5日预测总数							

酒水生产卡应反映的数据有：

1. 酒水预测数

酒水预测数应根据以前酒水销售数据的预测数提前在一周或三天前填

写，这样可以提前做计划。但是，酒水生产卡上要有调整预测值。管理人员在预测日的前一天晚上（或当日早上）要检查预测值，并根据天气情况、预订情况，若是饭店中的餐厅或酒吧还要根据客房的出租情况以及团队和会议的就餐情况等调整预测值。

2. 待生产量

为减少浪费，酒水生产部门主管人员应在不影响质量的前提下，尽可能充分利用已经制作、误做或一次制作过多的酒水和饮料。

3. 预计结存量

预计结存量的存在是由于管理人员在预测销售量时总是打出一定余量以保证供应。预计结存量数据应抄在第二天的酒水生产卡上以便充分利用。

4. 生产方法和份额

为保障酒水的质量，在酒水生产卡上要标明每项酒水的标准份额和注明生产方法。这种做法强调和提醒控制酒水的每份份额。酒水生产卡还强调采用标准酒水生产规程生产，有时同一种酒水有几种不同的生产规程或配方，管理人员要规定用哪一种方法生产。

酒水生产卡的主要用途是确定各日、各餐中各项酒水的生产指标和计划，防止过量生产使成本超额，这是酒水生产控制的目标之一。

三、酒水生产的标准化管理

在消费酒水之前，顾客对某种酒水的味道通常已有所了解。例如，点威士忌酸（Whiskey Sour）的顾客，根据经验，已经知道由熟练的酒水生产人员用威士忌、柠檬汁和糖水调配的威士忌酸（Whiskey Sour）的味道和颜色。如果这种混合酒不符合顾客的期望，顾客就会不满、投诉，甚至不再来消费。因此，酒水生产部门必须承认和接受顾客的某些期望标准和酒水调配标准，并制定程序，保证符合这些标准。酒水部门管理人员必须搞好酒水配制过程中各种成分用量和比率控制，并确定每杯酒水容量标准，使每杯酒水都符合顾客的期望。

制定和执行这些标准，是一种酒水成本控制方法。按配方调配酒水，并按事先确定的每杯容量为顾客供应酒水，酒水生产人员调配的威士忌酸（Whiskey Sour）的成本就应相同，售价不变，每杯该种酒水的成本率也保持不变。如果所有其他酒水也按照各自的标准配制，这些酒水的成本率也应保持不变；这样，如果酒水部门的销售构成没有明显变化，酒水成本率应基本稳定，酒水部门管理人员就能够确定该部门的标准酒水成本率，以便与实际成本率进行比较。

酒水生产的标准化管理包括：

- 用量的标准化（Standard Portion）
- 载杯的标准化（Standard Glassware）
- 配方的标准化（Standard lngredient）

- 酒牌的标准化(Standard Mark)
- 操作程序的标准化(Standard Procedure)
- 每杯酒水成本的标准化(Standard Cost)
- 每杯酒水售价的标准化(Standard Price)

只有采用上述标准的量器、配方和操作规范等等，才能保证酒水质量稳定，并符合顾客的要求。这些标准也是酒水成本控制的一种有效的工具。

(一) 酒水用量的标准化(Standard Poftion)

要搞好酒水生产控制，经营管理人员应首先确定各种饮料中成本最高的成分——酒水的用量标准。为使各种配料用量标准化，需要用标准量器衡量配料的用量，特别是成本高的配料用量必须严格地用标准量器来控制。使用称重的方法衡量配料量显然不合适，用目测衡量酒水容量更不精确。

衡量酒水容量最适宜的方法就是使用标准量酒工具。最简单的量酒器有四种:标准量酒杯;标准酒瓶计量器;标准调酒器;标准电子计量器。

1. 标准量酒杯

在酒水生产部门中，酒水生产人员(调酒师)应使用量酒器来衡量酒水的数量，特别是价值较高的烈性酒。用量杯量取被调制的酒水是最为经济、精确的配制方法。量杯有不同的大小，小的有不到一盎司的，大的有几个盎司的。有些酒水生产人员(调酒师)喜欢凭经验而不喜欢用量杯量取酒水，主要认为用量杯斟酒耽误时间，比较麻烦。但是量杯使用熟练之后，用量杯斟酒，既不费时又使配料容量标准化，从而使酒水的质量和数量能达到一定的标准。

2. 标准酒瓶计量器

有些酒吧，在常用的烈性酒及主要配料酒的瓶上安上计量器，计量器上预先调节好每次应倒出的标准容量，这样每次斟出的酒正好是标准量。

使用这种装置，也可以使酒水配料的用量标准化，从而使酒水质量具有一定的标准，也可使零杯销售的酒水数量具有标准。这种装置的缺点是倒酒速度慢，只能用于常用的主要配料。

3. 标准调酒器

调酒器一般是不锈钢制的量器，带有标准的刻度，有的以毫升标刻度，有的以盎司标刻度。例如带有0.25、0.5、0.75……盎司的刻度。调酒器可用来衡量单一的酒水，但主要用于配制以不同配料混合的鸡尾酒。有些鸡尾酒需要不同量的配料，例如一种配料为0.25盎司、一种为0.75盎司，第三种配料是1.5盎司。为了精确地量出每种配料，有必要使用带刻度的调酒器，然后加以摇匀混合。

4. 标准电子计量器

在现代酒吧里常使用电子计量器，电子计量器由电脑控制。将常用的配料酒放在由电子计量器控制的容器中，计量器预先调节好标准的配料量，服务员只要按下各配料的键钮，便可得到所需的规定容量。这种计量器省时省力，量度精确，控制严密，调酒师喜欢使用。但是由于它价格昂贵，只能用于最常用的配料酒水，因为常用的配料使用频率高，需要标准化控制。

（二）酒杯的标准化(Standard Classware)

除了控制调配每杯酒水所需的烈酒的用量之外，酒水部门管理人员还需控制配置后每杯酒水的总容量。控制酒水总容量的比较简单的方法是使用标准的玻璃酒杯。酒水部门管理人员应首先确定每份酒水的标准总容量，然后确定各种酒水使用何种酒杯。

酒杯的形状和大小多种多样，因此，酒水部门管理人员应具体规定不同的酒水应使用不同的酒杯。例如：在某个酒吧，2.5 盎司的高脚鸡尾酒杯可专门用于盛2.5 盎司鸡尾酒。超过2.5 盎司的酒水就不能使用这种酒杯，这样，酒吧就能有效地控制每杯酒水的容量。有些餐饮企业认为这种酒杯太小，而使用4.5 盎司的酒杯，在杯上有刻度，其刻度表示了盎司容量。

因此，为了有效地搞好容量控制，酒水部门必须采购大小适当的酒杯。管理人员要根据目前的或预期的顾客的爱好，确定需要购买的酒杯类型、形状和大小。酒杯的类型和大小的选择要根据酒水的类别和标准容量而定。采购人员必须根据管理人员规定的容量标准购置酒杯。小型酒吧可能只需要四五种不同类型和不同大小的酒杯，但一个高级餐厅的酒吧可能需要25~30 种不同类型和大小的酒杯，并且每种酒杯在酒吧中要有一定的储存量。

酒水部门管理人员必须使酒水人员了解各种酒杯的用途，知道斟某一种酒应使用哪一种酒杯。酒杯的容量习惯用盎司(oz)或毫升(ml)来计算(loz≈28ml)

1. 槟酒

2. 白兰地杯(Brandy Snifter)

容量规格为224~336 毫升，净饮白兰地酒时使用。

3. 水杯(Water Glass)

容量规格为280 毫升，喝冰水和一般汽水时使用。

4. 啤酒杯(Pilsner)

容量规格为280 毫升，餐厅里喝啤酒用。在酒吧中，女士们常用这种杯喝啤酒。

5. 啤酒杯(Beer Mug)

容量规格为336~504 毫升，在酒吧中一般喝生啤酒用。

6. 鸡尾酒杯(Cocktail Glass)

容量规格为98 毫升，调制鸡尾酒以及喝鸡尾酒时使用。

7. 餐后甜酒杯(1iqueur Glass 或 cordial Glass)

容量规格为35 毫升，用于喝各种餐后甜酒、彩虹鸡尾酒、天使之吻鸡尾酒等。

8. 白葡萄酒杯(White Wine Glass)

容量规格为168毫升，用于喝白葡萄酒。

9. 红葡萄酒杯(Red Wine Glass)

容量规格为224毫升，用于喝红葡萄酒。

10. 雪利酒杯(Sherry Glass)

容量规格为56毫升或112毫升，专门用于喝雪利酒。

11. 波特酒杯(Port Wine Glass)

容量规格为56毫升，专门用于喝波特酒。

12. 酸酒杯(Whisky Sour)

容量规格为112毫升，喝酸威士忌鸡尾酒用。

13. 爱尔兰咖啡杯(1rish Coffee)

容量规格为210毫升，喝爱尔兰咖啡用。

14. 果冻杯(Sherbert)

容量规格为98毫升，吃果冻、冰淇淋用。

15. 苏打杯(Soda Glass)

用容量规格为448毫升，用于吃冰淇淋。

16. 水罐(Water Pitcher)

容量规格为1000毫升，装冰水、果汁用。

17. 滤酒器(Decanter)

有几种规格，如68毫升、500毫升、1000毫升等，用于过滤红葡萄酒或出售散装红、白葡萄酒。

(三) 配方的标准化(Standard lngredint)

为了保证酒水的质量稳定，为了使酒水的份额一致，在配制酒水时需要使用标准配方。

1. 酒水标准配方的内容

在酒水的标准配方上需要列出以下内容：

(1)酒水的标准份额。

(2)配制酒水的各种配料的名称、用量和成本额。

(3)酒水的配制方法。

(4)配制酒水使用的标准量器。

(5)服务用的酒杯。

(6)每份酒水的标准成本。

标准配方实例见表7-10。在标准配方中，不仅需要规定基酒的用量，还要规定其他次要配料的用量，包括装饰物。配方上还要规定酒水的形状和外观及制作方法和制作过程。这样，不仅能使调酒师每次配制的酒水质量保持一致，而且即使调酒师调动工作，酒水的质量也能保持稳定。有些酒吧将酒水的标准配方贴出来，这能使顾客感到满意。从理论上讲，每种酒水都应该有标准配方。

表 7－10　　　　　　　　　　　　酒水标准配方表

品名:螺丝钻(Screw Driver)		酒水配方号:24		
售价:30 元(1987 / 7);45 元(2000 / 7);50 元(2007);				
杯具:老式杯(Old－Fashioned)		标准成本:5.40 元		
制作方法:调和法		成本率:18%		
配料名称	用量	制作过程与方法	日期 1998 / 7 成本	日期 2000 / 7 成本
伏特加	1 盎司	1. 将冰块适量放入杯内;	4.00	
橙汁	4 盎司	2. 加入 1 盎司伏特加;	0.80	
橙角	1 个	3. 再加入 4 盎司橙汁于杯内;	0.30	
樱桃	1 个	4. 用吧匙轻轻搅匀;	0.30	
		5. 用橙角、樱桃装饰于杯口。		
总计	5 盎司		5.40	

2. 标准配方在酒水生产管理中的作用

建立标准配方的目的是使每一种酒水都有统一的质量，顾客们要求酒吧提供的酒水在口味、酒精含量和调制方法上要有一致性。标准配方应是以多次试验并经顾客与专家品尝评价后以文字方法记录下来的配方表，一旦确定，便不能随意更改，调酒员有一定的权利对配方作一些小的变更以满足不同客人的要求，但这种变化不应太大。

具体来说，酒水标准配方的作用是：

(1) 使用标准酒水配方，能使酒水产品的分量、成本和质量始终保持一致。

(2) 所有酒水生产人员只需按标准酒水配方规定的操作方法制作即可，从而减少了管理人员现场监督管理的工作量。

(3) 便于酒水部门管理人员依据标准酒水配方制定安排生产计划。

(4) 按标准酒水配方生产，即使是技术水平不太高的调酒师，也能制作出符合质量要求的酒水产品。

(5) 由于统一使用标准酒水配方规范生产，管理人员对调酒师的调配使用也显得比较容易。

举例来说，制作同一种酒水，例如金汤力(Gin　Tonic)，因为用量比例不同，这种酒水的每杯成本也就不同，当然口味也有很大不同。假设金酒进价为 80 元，容量 26.8 盎司，允许溢出量为 1 盎司，汤尼水(Tonic water)进价 6 元，容量 13.4ml。

A 配方	B 配方
2 盎司金酒〔80 ÷ (26.8 − 1)〕× 2 = 6.20 5 盎司汤尼水(6 ÷ 13.4) × 5 = 2.24	1 盎司金酒〔80 ÷ (26.8 − 1)〕× = 3.10 6 盎司汤尼水(6 ÷ 13.4) × 6 = 2.69
每杯成本 8.44 元	每杯成本 5.79 元

在上例中，每杯酒水都是 7 盎司，但是，由于两种成分的用量不同，

每杯酒水的成本就有明显差别。假定这种混合酒水的每杯售价为 50 元，在 A、B 两种情况下，酒水成本率也就有很大差别：

A 酒水成本率 $=8.44/50\times100\%=16.88\%$

B 酒水成本率 $=5.79/50\times100\%=11.58\%$

显然，要控制酒水成本，还必须使用标准配方，规定各种酒水在配制时各种成分的用量标准。

对于混合酒的配方而言，一种酒可能会有比例不同的多种配方，这就要求酒水部门管理人员确定所有混合酒的标准配方。最常见的做法是挑选一份配方，供酒吧使用。也有许多酒吧，特别是联号公司，则专门编印一本配方指南。无论是哪种做法，但标准配方不仅应包括酒水的用量，而且应包括所有其他成分的用量、冰的形状和大小以及调配鸡尾酒的方法和服务方法说明。从控制的角度说，标准配方是极为有用的。它是成本控制的基础，可以有效地避免浪费。当然，使用标准酒水配方也会引起一些问题：使用新的酒水配方前，会对原来使用的酒水配方进行修改、制定、测试，实行新的标准酒水配方，需花费一定的时间；必须对生产人员进行培训，使他们掌握新的酒水配方，有些未使用过标准酒水配方的调酒师可能会产生反感，甚至感到使用标准酒水配方会扼杀自己的创造性和主动性等。

3. 制定标准酒水配方的程序与注意事项

(1)确定主、配料及数量。这是很关键的一步，它确定了酒水产品的基调，决定了该种酒水的主要成本。

(2)规定各种成分的品种、牌号。因为不同厂家、不同牌号的质量差别较大，价格差距也较大。

(3)根据主、配料用量，计算成本、毛利及售价。随着市场行情的变化，单价、总成本会不断变化，而每项核算都必须认真全面负责进行。

(4)规定制作程序与方法。将必需的、主要的、易产生其他做法的步骤加以统一规定，并可用术语，做到精练易懂。

(5)规定杯具、装饰物及式样。

(6)明确酒水产品的特点及质量标准。标准酒水配方既是培训、生产制作的依据，又是检查、考核的标准，其质量要求更应明确具体、切实可行。

(7)填制标准酒水配方。字迹要端正，使员工都能看懂。

(8)按标准酒水配方培训员工，统一酒水生产、出品标准。

(四) 酒牌的标准化(Standard Brand)

酒水部门使用标准牌号的酒，其道理很简单，因为这是控制存货和向客人提供稳定质量的酒水的最好方法之一。假如客人指定某一牌子的威士忌配制酒水，而酒水部门使用了低质量的酒来代替它，这将使客人感到不满意，虽然也许当时只有这种低质量的酒供应，但顾客是不会对这种替代品满意的。标准配方的制定是用来满足客人的要求和产生利润的重要方法，但若无标准牌号，也就没有标准配方。

目前有许许多多的酒精酒水和饮料生产商和经销商，他们都想进入酒水部门销售渠道，这就要求酒水部门管理层在采购时做出正确的选择。可以肯定，经营者不可能使市场上每一种牌号的酒都出现在自己的酒水部门中，所以要根据顾客的需要安排进货，但进货量不应太大，这样便可以根据市场变化及时调整订购计划。

（五）操作程序的标准化（Standard Procedure）

标准操作程序是一种系统管理餐饮业的手段，实施标准操作程序可以保证餐饮企业中服务与产品质量的一致性。员工招进企业后必须了解企业经营是如何进行的，为什么要这样经营，而后要根据管理部门建立的统一操作程序进行培训，这样才能在服务过程中有一个统一的企业标准，使所有的顾客在所有的时间内都能得到统一的服务。

为了配制符合质量标准的酒水，酒水的配制应符合下列标准操作规范和要求：

1. 酒杯降温

为使烈性酒和鸡尾酒保持清新爽口的冰味，酒杯应储藏在冷藏柜中降温。如果冷藏柜容量不足，则可在调制前先把碎冰放进杯子或把杯子埋入碎冰中使之降温。有些鸡尾酒要求酒杯加霜处理。长时间埋入碎冰的酒杯，在取出时会由于冷凝杯身上出现一层霜雾，给人一种极冷的感觉。某些鸡尾酒需要杯口加霜处理，即将冰冷却酒杯的杯口，用柠檬片擦湿，然后均匀地蘸上糖粉或盐粉。

2. 冰的使用要适当

在使用冰时，不管是冰块、碎冰还是刨冰，都应当新鲜、洁净、无异味。不管以什么方法调制酒水，都应先将冰放入酒杯或调酒器中，然后再加入基酒，并在调酒器和酒杯中用冰块和碎冰调酒。

同时，加入冰块的数量要适当，若加入冰块过多，则酒水被过分稀释，造成酒水味道寡淡；若加入冰块过少，则酒水达不到应有的凉度，缺乏爽口的效果。一般以加入 3 ~4 块冰为宜。

另外，冰块的形状也要考虑。酒水部门使用的制冰机（1ce Cube Machine）可以自行选用不同的型号，冰块形状也分为四方体、圆形、扁圆形、长方条等多种。一般来说，四方体形的冰块使用起来效果最好，不会过快融化。

3. 充分混合

酒水调制应充分混合。如果采用调酒杯调制时，要将作主要配料的烈性基酒与混合配料（如汽水、可口可乐或干姜水等）一起搅拌，搅拌动作应轻巧，搅拌时间应恰当。搅拌时间太短，各种原料混合不匀，酒水不冷。但如果搅拌太久，则冰块溶解过多，会冲淡酒水。如果采用较难混合的果汁、奶油或鸡蛋等作配料，通常要用调酒器配制。摇酒动作宜快捷、连贯，以使原料充分混合并降温，但应避免摇得太久使冰块过度溶解。一般当调酒器外出现霜雾时即可停止摇动。

4. 倒酒

倒酒时要注意用符合规格的酒杯。如果用调酒器一次调制两份以上的酒水，在倒酒前先将酒杯准备好，排成一列，各酒杯先倒入1/4杯，然后1/2杯，直至倒完，而不能先倒满一杯再倒第二杯。这样才能保证每杯酒水具有相同的酒度和味道。

5. 多色酒水配制次序

多色酒水的制作是利用各种不同颜色的酒的不同密度，使一种酒漂浮于另一种酒上面。因而配多色酒时尤其要注意按标准配方将原料按顺序倒入，切不可颠倒次序。在各种酒分别用量杯量好后，要将玻璃搅拌棒或长匙柄插入酒杯，再把各种酒依次沿棒慢慢倒入，这样各种酒就不会混合，成为层次分明、颜色漂亮的多色酒水。

6. 水果和果汁

应尽量使用新鲜的水果配制酒水，常用配制酒水的水果有橙子、柠檬、菠萝、樱桃、橄榄、香蕉。许多水果要切成各种形状，有的水果起装饰作用，所以水果的形状一定要按标准配方的规格切，例如橙片要选用无斑痕的鲜橙，一般按纵长方向（蒂、脐方向）切成0.6厘米左右厚的橙片。柠檬片应先以纵向切成两半，再横向切成小片等。

常用的果汁有番茄汁、菠萝汁、橙汁、柠檬汁、苹果汁、西柚汁等。尽量要用新鲜水果，当场榨取。

（六）每杯酒水成本的标准化（Standard Cost）

在确定了标准配方和每杯标准容量之后，就可以计算任何一杯酒水的标准成本。酒水部门配制的酒水概括来说有两种：一种是单一的烈性酒，加或不加混合剂以零杯销售；另一种是混合饮料或称鸡尾酒，它是以多种配料混合而成的酒水。

1. 零杯销售酒水的成本

烈性酒的配制方法一般是在合适的玻璃杯中放入冰块，然后用标准量器或调酒器量出标准量的烈性酒，倒入玻璃杯中，再加入混合剂。这是标准的配制方法。当顾客订苏格兰威士忌和苏打时，则调酒师先在适当的酒杯中加一定量的冰，然后量出标准量的苏格兰威士忌倒入酒杯，加入苏打至刻度。单一酒的零杯销售成本，其计算方法是将每瓶酒的容量除以每杯酒的标准容量，这样得出每瓶酒可配制零杯酒的杯数。然后将每瓶酒的成本额除以杯数得出每杯酒的成本。但是在任何一个酒吧，酒水生产人员不可能将酒瓶中的每一滴酒倒尽。在营业过程中，酒水总会发生一些蒸发，员工在服务过程中也会造成一些浪费，因此在计算过程中要留出配制过程中溢出、挥发的折损量。零杯酒标准成本的计算可用下式表示：

$$\text{零杯酒标准成本}=\frac{\text{每瓶酒进价}}{(\text{每瓶容量}-\text{允许流失量})/\text{零杯酒每杯标准容量}}$$

例1　某酒吧规定每杯通用牌号苏格兰威士忌酒的标准容量为1.5盎司，每瓶苏格兰威士忌酒的容量为750毫升，购进价假定为90元人民币，求每杯苏格兰威士忌酒的成本（750毫升=26.8盎司，每瓶酒允许流失量为1盎司）。

计算如下：

$$每杯酒的标准成本 = \frac{90}{(26.8-1)/1.5} = 5.23\ 元/杯$$

另一种方法是将零杯销售的酒都算出每盎司（或每毫升）的成本，将它记载下来，然后再列出每杯的容量和成本。这样，当顾客要求大一点的容量时，酒水服务员在销售时就能够很容易地计算出来，见表7－11。

需要注意的是，标准成本要根据酒水市场价格的变化经常进行调整。

表7－11　　零杯酒标准成本表

编号	酒水名称	每瓶容量	每瓶进价	每盎司成本	每杯成本	备注
101	苏格兰威士忌					允许流失量为1盎司
201	人头马X.O.					
301	哥顿金酒					
401	绿牌伏特加					
501	摩根船长兰姆酒					

2. 鸡尾酒的标准成本

确定鸡尾酒的标准配方更为重要，因为这些饮料是用几种不同的配料调制而成，常常是需要两种以上的基酒，因而配置鸡尾酒往往比单一酒的成本要高。在定价时，准确计算每杯酒中各种配料的成本是十分重要的。

在确定每杯鸡尾酒的标准成本时，应主要计算每杯鸡尾酒所需要的烈性酒的价值，由于次要辅料的价值较低，故只要大致估算其价值即可。

下面以马丁尼（Madini）鸡尾酒为例加以说明：

（1）马丁尼（Manini）的标准配方为：2盎司金酒、0.5盎司干味美思，1颗水橄榄。

（2）确定金酒的成本。

①酒瓶容量：26.8盎司

②金酒实际用量：26.8盎司－1盎司（流失量）＝25.8盎司

③一瓶酒的成本（进价）：75元

④每盎司成本：75元÷25.8盎司＝2.91元/盎司

⑤配方上金酒的成本：2.91元/盎司×2盎司＝5.82元

（3）确定味美思成本。

①酒瓶容量：35.7盎司

②实际用量：35.7盎司－1盎司（流失量）＝34.7盎司

③每瓶成本：40元

④每盎司成本：40元÷34.7盎司＝1.15元/盎司

⑤配方上味美思的成本：1.15元/盎司×0.5＝0.58元

（4）确定橄榄成本。

①每罐容量：80个

②每罐成本：20 元

③每个成本：20 元 ÷80 个 =0.25 元/个

(5)马丁尼鸡尾酒总成本：5.82 元 +0.58 元 +0.25 元 =6.65 元

以此类推，酒吧部门管理人员可以计算出该部门所供应鸡尾酒的标准成本，并汇总成鸡尾酒的标准配方细目和成本计算表，以便管理人员随时查阅。

(七) 每杯酒水售价的标准化(Standard Price)

确定并列出每杯标准容量酒水的标准成本之后，酒水部门管理人员需列出各种酒水的每杯售价。酒水会计师应保存一份完整的价目表。

酒水价目表的形式多种多样，最简单、最好的做法是在混合酒的标准配方细目和成本计算表上注明每杯标准售价。零杯销售的烈性酒每杯售价可在酒水标准成本和售价记录表上，再增加"每杯售价"一栏即可。

每个酒水部门都必须制定每杯酒水的标准售价，以便服务员正确报价，并防止顾客与服务员发生争论。确定每杯酒水标准售价的最重要原因是保证酒水部门所售出的每杯酒水的成本率都和计划成本率一致。某种酒水按标准配方调配，假定每杯成本为 6.65 元，售价为 50 元，其成本率为 13.3%，每出售一杯这种酒水，酒水部门营业收入应增加 50 元，酒水成本增加 6.65 元，毛利就增加 43.35 元。这样，酒吧管理人员就能在计划工作中确定每增售一杯酒水对企业毛利额的影响。有时，特别是在饭店客房供膳服务中，顾客会从酒水部门购买整瓶酒，整瓶酒的售价通常低于一瓶酒按杯出售时的售价，因此，管理人员最好单独记录瓶酒的销售额和成本。酒水部门管理者在制定价格的同时，还需考虑价格对销量的影响，因为它是成功地制定价格的难以捉模的秘密。

如果提高现有酒水的价格，成本不变，那么每销售一份酒水，毛利便随之增加。销量对价格的变化是很敏感的。正常情况下，价格上升，每份酒水的毛利上升，但是销量就会减少。对酒水部门而言，需求不仅受价格影响，而且与酒的质量、服务水平、装饰环境等因素关系密切，因此，酒水部门管理人员要考虑顾客选择各种酒水时可以接受的最低价格是多少，怎样高的价格会失掉顾客。很多酒水部门是在需求对价格变化很敏感的竞争环境中经营的，这就需要酒水部门管理者了解竞争形势，做出需求与价格灵敏度的预测，并且观察销售，使之调整到最适宜的程度。

四、酒水生产损耗管理

在酒水的生产过程中，一定的损耗是不可避免的，它通常是由于调酒师不适当的调制酒品，或是服务员操作失误等原因造成的，它在很大程度上减少了酒水部门的利润。如果实行一系列的标准化管理，便可以使损失降到最低。对于酒水部门管理人员而言，掌握测量酒水损耗的方法是必不可少的控制手段，一旦酒水损耗导致酒水利润大幅度下降，酒水部门管理人员便可以利用这些方法加以检查解决。

通常情况下，酒水部门可以采用三种测量的方法来控制酒水损耗。

（一）成本百分比法

成本百分比法是指在某一段特定的时间内，比较实际成本百分比与标准成本百分比的方法。这一方法要求酒水部门应有营业前后的实际库存数据以及营业期内的酒品购入量。

(1)求出特定时期内可供销售的酒水值 X

X = 营业前库存值 + 购进值

(2)求出特定时期内消耗酒水的成本

特定时期内消耗酒水的成本 = X － 营业后库存值

(3)求出特定时期内酒水部门成本百分比

特定时期内酒水部门的成本百分 = 消耗酒水成本 ÷ 总销售额

因为啤酒、葡萄酒和烈酒不同，所以必须分别计算它们的成本百分比(成本百分比 = 成本 ÷ 售价)，将它们与计划的或标准的成本百分比相比较，也可以与前期的同类数字比较，如果高于标准成本百分比的 0.5%，应找出原因。为了及时查找原因，酒水部门管理者应每天或每星期核对库存量，并计算成本百分比。

（二）盎司法

(1)消耗盎司量 = 营业前库存量 － 营业后库存量

(2)销售的盎司总量

根据账单，计算出每一种酒水的销售次数，然后分别与每种酒水的盎司数量相乘，便得到每一种酒水的盎司量，最后将各种酒水盎司量汇总就是销售的盎司总量。

(3)浪费数量 = 消耗的盎司量 － 销售的盎司量

每个酒水部门对浪费数量都有一允许范围，根据这一标准衡量，可以使酒水浪费控制在最低点。

（三）潜在销售值法

所谓潜在销售值就是没有任何浪费的理想销售值。潜在销售值可以利用标准的酒水销售数量、零售价格和每瓶酒的容量来计算。例如，若某一种酒水的标准用量为每份 1 盎司，售价 2 美元，每瓶容量是 26.8 盎司，那么潜在的销售值便是 53.6 美元。但是，实际情况要复杂得多，大部分酒水部门销售不止一种饮品，价格也各不一样，所以潜在的销售值要根据诸多变量来判断，只能采用加权平均法计算近似值。下面我们以金酒类为例来说明：

(1)求出每份金酒的平均量

酒　名	销售份数	销售量(盎司)
Gimlet	(1.5 盎司)	2030
Martini	(2 盎司)	3060
Gin tonic	(1.5 盎司)	2030
总计		7120

每份金酒的平均用量:120 盎司 ÷70 份 =1.75 盎司/份

(2)每瓶金酒所卖份数:26.8 盎司 ÷1.75 盎司/份 =15.31 份

(3)每份金酒的平均售价:

酒　名	售价(美元)	销售份数	销售额(美元)
Gimlet		42080	
Martini		13850	
Gin tonic		42080	
总　计		70310	

金酒平均售价:310 ÷70 份 =4.43 美元/份

(4)每瓶金酒的潜在销售价:4.43 美元/份 ×15.31 份 =67.80 美元

然后，我们与实际销售价相比较，理想情形下，实际销售值应与潜在销售价相等。

用加权平均法计算的潜在销售值，是在瓶装烈酒成本、售价保持不变的前提下进行的，一旦发生变化，还需重新计算。

第四节　酒水的销售管理

酒水的销售控制是很多酒吧管理的薄弱环节。一方面管理人员缺乏应有的专业知识;另一方面，酒水销售成本相对较低，利润较高，少量的流失或管理的疏漏并没有引起管理者足够的重视。因此，加强酒水销售的管理，首先要求管理者更新概念，牢固树立成本控制的意识。其次，不断钻研业务，了解酒水销售过程和特点，有针对性地采取相应的措施，从而达到酒水销售管理和控制的目的。

酒吧经营中常见的酒水销售形式有三种，即零杯销售、整瓶销售和配制销售。这三种销售形式各有特点，管理和控制方式也各不相同。

一、零杯酒水的销售管理

零杯销售是酒吧经营中常见的一种销售形式，销售量较大，它主要用于一些烈性酒，如:白兰地、威士忌等的销售，葡萄酒偶尔也会采用零杯销售的方式销售，销售时机一般在餐前或餐后，尤其是餐后，客人用完餐，喝杯白兰地或餐后甜酒，一方面消磨时间，相聚闲聊，一方面饮酒帮助消化。零杯销售的控制首先必须计算每瓶酒的销售份额，然后统计出来每一段时期内的销售总数，采用还原控制法进行酒水成本的控制。由于各酒吧采用的标准计量不同，各种酒的容量不同，在计算酒水销售份额时首先必须计算酒水销售标准的计量。目前，酒吧常用的计量有每份 30 毫升、45 毫升和 60 毫升 3 种。同一饭店的酒吧在确定标准计量时必须统一，标准计量确定后，才可以计算出每瓶酒的销售份额。以人头马 VSOP 为例，每瓶人头马 VSOP 的容量为 700 毫升，每份计量设定为 1 盎司(30 毫升)，计算方法如下：

$$销售份额 = \frac{每瓶酒容量 - 溢损量}{每份剂量} = \frac{700 - 30}{30} = 22.3(份)$$

计算公式中溢损量是指酒水存放过程中自然蒸发损耗和服务过程中的滴漏损耗。根据国际惯例，这部分损耗控制在 1 盎司左右被认为是正常，根据计算结果得出每瓶人头马 VSOP 可销售 22 份，核算时可以分别算出每份或每瓶理论成本，并将之与实际成本进行比较，从而发现问题并及时纠正销售过程中的差错。

零杯销售关键在于日常控制，日常控制一般通过酒吧酒水盘存表(表 7 – 12)来完成，每个班次的当班调酒员必须按表中的要求对照酒水的实际盘存情况认真填写。

表 7 – 12　　　　酒吧酒水盘存表

酒吧：　　　　　　　　　　日期：

编号	品名	早班						晚班						备注
		基数	领进	调进	调出	售出	实际盘存	基数	领进	调进	调出	售出	实际盘存	

制表：

酒水盘存表的填写方法是，调酒员每天上班时按照表中品名逐项盘存，填写存货基数，营业结束前统计当班销售情况，填写销售数，再检查有无内部调拨，若有则填上相应的数字。最后，用公式计算出实际盘存数填入表中，并将此数与酒吧存货数进行核对，以确保账物相符。酒水领货按惯例一般一天一次，此项可根据饭店实际情况列入相应的班次，管理人员必须经常检查盘点表中的数量是否与实际储存量相符，如有出入应及时检查、纠正，堵塞漏洞，减少损失。

二、整瓶酒水的销售管理

整瓶销售是指酒水以瓶为单位对外销售。这种销售形式在一些大饭店或营业状况比较好的酒吧较为常见，而在普通档次的饭店和酒吧则较少见。一些饭店和酒吧为了鼓励客人消费，通常采用低于零杯销售 10% ~ 20% 的价格对外销售整瓶的酒水，从而达到提高经济效益的目的。但是，由于差价的关系，往往也会诱使素质不高的调酒员和服务员相互勾结，把零杯销售的酒水收入以整瓶酒的售价入账，从而中饱私囊。为了防止此类作弊行为的发生，减少酒水销售行为的损失，整瓶销售可以通过整瓶酒水销售日报表（表7－13）来进行严格的控制，即将每天按整瓶销售的酒水品种和数量填入日报表中，由主管签字后附上订单，一联交财会部，一联交酒吧保存。

表7－13　　整瓶酒水销售日报表

酒吧：　　班次：　　日期：

编号	品种	规格	数量	售价		成本		备注

调酒员：　　主管：

另外，在饭店各餐厅的酒水销售过程中，国产名酒和葡萄酒的销售量较大，而且以整瓶销售居多。对这种酒水的控制也可以使用整瓶酒水销售日报表来进行，或者直接使用酒水盘存表进行控制。

三、混合酒水的销售管理

混合销售又称配制销售或调制销售。主要指混合饮料和鸡尾酒的销售。鸡尾酒和混合饮料在酒水销售中占的比例较大，涉及到的酒水品种较多，因此，销售控制的难度也较大。

混合酒水销售的控制比较复杂，有效的手段是建立标准配方。标准配方的内容一般包括酒名、各种调酒配料及用量、成本、载杯和装饰物等。建立标准配方的目的是使每一种混合饮料都有统一的质量，同时确定各调配材料的标准用量，以加强成本核算。标准配方是成本控制的基础，不但可以有效地避免浪费，而且还可以有效地指导调酒员进行酒水的调制操作。酒吧的管理人员则可以依据鸡尾酒的配方采用还原控制法实施酒水的控制。其方法是根据鸡尾酒的配方计算出每一种酒品在某段时期的使用数量，然后再按标准计量还原成整瓶数。计算方法是：

酒水的消耗量＝配方中该酒水用量×实际销售量

以干马提尼酒为例，其配方是金酒2盎司，干味美思0.5盎司。假设某一时期共销售干马提尼150份，那么，根据配方可算出金酒的实际用量为：

2盎司×150份＝300盎司

每瓶金酒的标准份额为25盎司，则实际耗用整瓶金酒数为：

300盎司÷25盎司/瓶＝12瓶

因此，混合销售完全可以将调制的酒水分解还原成各种酒水的整瓶用量来核算成本。在日常管理中，为了准确计算每种酒水的销售数量，混合销售可以采用鸡尾酒销售日报表(表7－14)进行控制。每天将销售的鸡尾酒或混合饮料登记在报表中，并将使用的各类酒品数量按照还原法记录在酒吧酒水盘点表上，管理人员将两表中酒品的用量相核对，并与实际储存数进行比较，核查是否有差错。鸡尾酒销售日报表也应一式两份，当班调酒员和主管签字后，一份送财会部，一份酒吧留存。

表7－14　　　　鸡尾酒销售日报表

酒吧：　　　　班次：　　　　日期：

品种	数量	单价	金额	备注

调酒员：　　　　主管：

总之，只要管理者认真对待，做好员工的思想工作，建立完善的操作规程和标准，酒水的销售控制是可以做好的。

四、员工不良行为的管理

任何控制都有不够完善的地方。酒吧工作人员要有诚实正直的品质，能够抵制各种诱惑。如果酒吧工作人员的品质较差，酒吧控制又不严格，工作人员的一些不良行为就会使酒吧利润流失。

(一)酒吧调酒师的不良行为

酒吧调酒师的贪污行为可分为两种类型：一是“配错”饮料，二是“误用”收银机。

1. 酒吧调酒师随手斟酒或使用不正确的量酒工具，故意少斟酒。如果每杯酒1盎司，只要少斟1/4盎司，酒吧调酒师便能在不影响实际饮料成本率的条件下，贪污第5杯饮料的收入。要防止这种贪污方法，管理人员必须要求调酒师在每次斟酒时，使用正确量酒杯或量酒器，或者使用自动化设备。

2. 调酒师自带瓶酒出售。每瓶酒上必须做好标记，管理人员应加强检查监督。

3. 调酒师出售饮料后向顾客收款，却向管理者谎报说，饮料倒翻了，顾客退回了或免费供应顾客了。酒吧必须规定，顾客退回的饮料必须在管理人员核查之后才可处理。

4. 调酒师可稀释烈酒，使每瓶酒多斟几杯，而不影响饮料成本率。在烈酒中掺水或苏打水，酒色会变淡、变浑浊，管理人员可通过检查或顾客提意见来发现问题。

5. 调酒师在顾客点指定牌子的酒水时，却供应质量较差的酒水，向顾客要高价，贪污差额。为防止这类问题，管理人员应要求调酒师在顾客账单上记录顾客点的饮料名称，并将款项打入收银键盘。管理人员可通过抽查顾客账单、点酒记录及收银机等方法来发现问题。

6. 调酒师与服务员合伙贪污。管理人员应轮换职工上班时间，仔细比较标准与实际饮料成本率是有效的措施。

7. 调酒师将饮料赠送亲友。管理人员必须严格执行免费供应饮料的规章制度。

(二)酒吧服务员的不良行为

1. 员工心算账单或饮料收费总额，只在收银机上打入总金额，忘记或故意“忘记”一笔或几笔账。

2. 酒吧服务员打开收银箱给顾客找零钱，未将销售额记录在收银机销售日记账上或打印记录纸带上，下班时从收银箱中取走未记录的收入。管理人员应经常到酒吧检查工作，以便发现异常情况。

3. 在既出售整瓶酒又出售杯酒的酒吧里，酒吧调酒员不打入每杯酒售价，而在一瓶酒斟完之后，按整瓶酒的售价记录销售额，贪污差额，这必然会引起饮料成本率上升。

4. 在使用账单的酒吧，服务员在顾客账单上少记金额，再按少记的金额打入收银机，贪污差额。因此，管理员应抽查存储在收银机中的款项或打印在顾客账单上的金额。

5. 偷盗账单或自购同样的账单使用。

6. 在许多控制不严的酒吧里，服务员直接从收银机中贪污现金。

7. 收银机操作人员偷盗支票或压印顾客信用卡的计账凭单，用于替换收银箱中的现金。

8. 在使用顾客账单的酒吧，调酒员在顾客点饮料时，再次使用点过同样饮料的顾客账单。

本章小结

酒水成本控制是酒吧经营者的主要职责之一。酒吧应制定酒水采购、生产和销售控制标准及程序，以期获取高额利润。酒水采购控制的主要目的是保证酒水产品生产所需的各种配料的适当存货，保证各种配料的质量符合使用要求，保证按合理的价格进货。酒水采购控制的关键是确定标准和标准程序，确定采购时间、品种、数量、价格和地点等内容。严格控制好酒水进入第一关。

酒水的生产管理是餐饮成本控制中最关键的一项工作。只有按照统一的调酒标准，在酒水生产的各个环节，严格执行标准要求、合理组织、精心加工、认真制作，不造成酒水原料的浪费和损耗。保证酒水质量，达到有效控制酒水成本的目的。

酒水销售管理的目的是要保证酒水部门生产的酒水和餐饮部门向客人提供的酒水都能产生收入。成本控制固然重要，但餐饮企业销售的酒水若不能得到预期的收入，则成本控制的效率就不能实现。由此可见，对销售过程要严格管理。酒水销售管理的重点在于客人酒水账单的管理、员工（酒水收银员、调酒师、酒水、服务员等）岗位管理、酒水销售程序管理等，同时，酒水部门管理人员还要对酒水销售的各项指标加以衡量，加强酒水销售工作中的监督与检查，以防止各种舞弊行为的发生。

复习思考题

1. 酒吧计划包括哪些内容？如何进行酒吧的计划管理？
2. 什么是酒水流程控制？如何进行酒水流程控制？
3. 酒吧的标准化管理包括哪些内容？
4. 如何进行酒水的零杯销售、整瓶销售及混合饮料销售的控制？
5. 如何防止员工在服务过程中的不良行为？

附　录

调酒师考核大纲

一、调酒师等级标准(试行)

编码:04－001

工种名称:调酒师

工种定义:按传统和现代的配方及宾客要求，调制鸡尾酒，并为其提供酒水服务。

适用范围:饭店、宾馆、高级游船及其他娱乐场所的酒吧或吧台。

等级线:本工种分初级、中级、高级。

学徒期:学徒期二年(培训期一年，见习期一年)。

(一)初级调酒师

知识要求:

1. 熟知本企业及酒吧的一切规章制度，了解本岗位的职责、工作程序和工作标准。

2. 了解常用酒品名、产地、主要制作原料、口味、浓度等知识和各类软饮料知识。

3. 了解鸡尾酒的起源，掌握流行鸡尾酒调制方法和技术操作知识。

4. 了解本企业各类酒水的储存期以及酒水售价，了解结账程序。

5. 了解酒吧常用设备、用具及各类器皿的性能和使用保养知识。

6. 具有一定的旅游知识，了解主要客源国的风俗、礼节及不同民族的生活饮食习惯和宗教信仰，熟知服务接待礼仪。

7. 了解食品卫生的基本知识和《中华人民共和国食品卫生法》。

8. 了解服务心理基础知识和相关的服务知识以及酒水与食物的搭配知识。

9. 熟知酒吧常用术语和各类酒品、饮料的外文名称。

技能要求:

1. 能基本判断宾客心理，主动介绍推销酒吧内供应的各类酒品、饮品及小食品并掌握其服务方法。

2. 掌握基本的调酒技术，能正确调制常用鸡尾酒。

3. 掌握常用装饰物和辅助材料的制作技术，制作方法正确。

4. 掌握常用咖啡、茶水的制作技术。

5. 正确掌握葡萄酒、香槟酒的开瓶方法和技术。

6. 能正确使用酒吧内所有设备、用具和各类器皿，并能进行一般保养。

7. 能对用具、器皿进行清洁消毒。

8. 掌握酒吧的工作程序和服务标准。

9. 具有独立完成本岗位工作的能力。

10. 能用一种外语向外宾进行礼节招呼和问候，并进行简单会话。

(二) 中级调酒师

知识要求：

1. 了解世界主要名酒的酿制原理和生产工艺。了解世界名酒的储存和保管知识；熟悉酒品的鉴别知识。

2. 熟知鸡尾酒的主要制作技术。

3. 懂得各类酒吧环境设计和布置方法。

4. 掌握一定的酒吧经营管理知识和销售知识，懂得酒水的成本控制与核算。

5. 具有较丰富的食品卫生知识和营养知识，熟悉酒品、饮料的质量标准。

6. 熟知酒吧各岗位的职责、工作程序和标准。掌握各类酒会的服务知识及各项操作技能标准。

7. 具有比较丰富的旅游知识，熟知主要客源国的饮食习惯以及对酒品的嗜好。了解与餐饮服务相关的商品知识和餐饮服务有关的法规、政策。

8. 具有一定的外语基础，掌握酒水业务的专业用语知识。

技能要求：

1. 能比较熟练正确地调制各类鸡尾酒并能根据宾客要求制作饮品。

2. 能够掌握鉴别酒品质量的方法。

3. 能合理制作各类鸡尾酒装饰物并能制作水果拼盘。

4. 具有酒吧管理能力，能设计、组织一般鸡尾酒酒会，并能进行成本核算。

5. 能比较准确地判断宾客心理，具有较强的酒水推销能力。

6. 具有一定的应变能力，能及时妥善处理酒吧内的突发事件。

7. 有传授业务技术及培训初级调酒师的能力。

8. 能在业务范围内同外宾进行外语会话。

(三) 高级调酒师

知识要求：

1. 具有丰富的酒水知识，基本掌握香槟酒、葡萄酒等高级酒水知识，比较系统地掌握调酒理论知识。

2. 具有比较丰富的公共和市场营销知识。

3. 掌握鸡尾酒调制的技术和原理。

4. 基本掌握世界各类名酒的酿制原理和生产工艺及质量标准。

5. 具有酒吧经营管理知识，熟悉各类酒吧的设计和环境布置。

6. 了解较多的与本工种相关的科学知识，重点了解餐厅服务知识，熟悉与餐饮服务相关商品知识和餐饮服务有关的法规、政策等。

7. 基本掌握一门外语，并具有第二外语的初步知识。

技能要求：

1. 掌握调酒技术，能熟练地调制各类世界流行的鸡尾酒，并能创造具有特色的鸡尾酒新品种。

2. 能正确鉴别各种酒品的质量。

3. 能全面和创造性地制作鸡尾酒装饰物。

4. 具有经营管理酒吧的能力，能熟练地设计、指导各类酒会。

5. 能准确地进行酒会核算经营统计。

6. 能准确判断宾客心理，有效地推销酒品，及时满足宾客要求，能灵活应变和正确处理酒吧内各种突发事件。

7. 具有传授业务技术和培训中级调酒师的能力，能制定各类酒吧的酒单，能编写技术培训资料。

8. 具有一门外语的良好表达能力，能流利地进行外语会话，并能够用第二外语与外宾简单会话。

二、初级调酒师考核大纲

（一）考核对象

1. 范围：凡从事餐饮调酒工作的在岗调酒员均可参加考核。

2. 学历和资历：具有高中毕业学历或同等学历，从事专业工作两年（含见习期）以上的经历。

（二）考核内容

1. 知识方面

（1）说出酒、酒吧、酒精、酒度、鸡尾酒等的定义。

（2）说出调酒的定义、知晓调酒的由来和发展概况。

（3）掌握酒的分类方法及酒的分类。

（4）熟悉红、白、玫瑰红葡萄酒的生产方法，说出生产中的主要区别。

（5）说出啤酒的酿造过程和酒吧常用国内外啤酒的名称和产地。

（6）说出白兰地、威士忌、金酒、兰姆酒和伏特加酒的生产原料，常用酒品名称及产地。

（7）掌握常用软饮料的品种，知晓其饮用方法。

（8）熟悉酒吧服务标准和服务要求。

（9）说出酒吧常用器具的中英文名称以及各种用具的用途和使用方法。

（10）熟悉调酒师的素质要求，说出调酒师的主要职责。

（11）熟悉酒吧营业前后的主要工作要点。

(12)能说出酒吧常用酒品和常见鸡尾酒的中英文名称，并掌握简单的服务用语。

(13)了解主要客源国的风俗、礼节、宗教信仰和饮食习惯等。

(14)说出调制鸡尾酒常用的基酒、辅料、装饰物的中英文名称、度量换算，掌握调酒方法。

2. 技能方面

(1)掌握摇晃、搅拌等调酒方法，并能在调酒过程中正确使用。

(2)能制作以樱桃、柠檬等为主的鸡尾酒装饰物，并能正确装饰鸡尾酒。

(3)能正确调制以金酒、威士忌、白兰地、兰姆、伏特加等为基酒的鸡尾酒。

(4)能调制5至10种混合饮料。

(5)根据饮食卫生要求，能正确对酒具、器具进行消毒。

(三)考核方法

1. 理论知识

(1)考试课程：

①《调酒》(初级部分)；

②《酒水与酒吧》；

③旅游服务基础知识；

④专业英语

(2)考试方法：

①采用书面答卷考试的形式，平时考核成绩占40%，期终考试成绩占60%；

②《调酒》和《酒水与酒吧》合一份试卷，英语及旅游服务基础知识合一份试卷；

③书面考试每份试卷考试时间不得少于90分钟，题型不得少于3种类型；

④理论考试采用百分制，考试及格者方具备技能考核资格。

2. 技能考核方法

(1)技能考核以调制鸡尾酒和混合饮料的形式进行。

(2)考核内容包括摇晃类、搅拌类鸡尾酒和混合饮料各5款，各抽签调制1种。

(3)技能考核统一准备基酒、辅料、装饰物和器具，考生不得自带用料和器具。

(4)考核时间:3款酒同时制作，共计6分钟(不含准备时间)。

3. 评分方法

(1)理论考试必须由获得调酒专业中级以上职称或讲师以上的餐饮服务专业教师出卷评分才有效，阅卷采用数名教师分项流水阅卷的方法，同时要有签字。

(2)技能考核必须由获得中级技术职称以上资格的评委评分才有效，且评委须在3名以上。

(3)技能考核以统一的评分表评分，并按百分制计算每款酒的得分，最后技能得分按摇晃类50%，搅拌类30%，混合酒20%的比例计算。每份评分表均须由评委签字方能生效，评委均应取得有关部门发给的评委证书。，

三、中级调酒师考核大纲

(一)考核对象

1. 范围：从事餐饮服务调酒工作的在岗调酒员。

2. 学历和资历：具有高中毕业学历或同等学历。从事专业调酒工作4年以上，且获得初级调酒师职称2年以上。

3. 实绩：参加省级专业调酒大赛并获得前3名者，可不受上述学历和资历限制，直接参加理论考试，考试及格即可申报中级职称。

(二)考核内容

1. 知识方面

(1)了解酒的起源及酒的发展概况。

(2)掌握酒、酒精和酒度等的定义，熟悉酒品的风格特点及形成原因。

(3)了解酿造工艺原理，能说出啤酒、葡萄酒的生产方法，了解蒸馏酒的生产工艺，说出白兰地、威士忌、金酒、兰姆酒、伏特加等的生产方法。

(4)熟悉葡萄酒的生产历史，说出酿酒葡萄的主要品种，了解葡萄酒的品尝、服务和储藏方法及要求。

(5)说出法国、德国、意大利、美国、澳大利亚、中国等主要葡萄酒的产地和主要的葡萄酒品种、特点等。

(6)说出白兰地的主要产地及酒品，熟悉白兰地的等级标志及意义。

(7)说出威士忌的主要产地及各地的著名酒品，熟悉威士忌的服务方法。

(8)说出金酒、兰姆酒、伏特加等的主要品种及服务方式。

(9)掌握开胃酒、甜食酒、利口酒的主要种类及酒品特性，熟悉常用利口酒的酒度、比重等。

(10)能说出鸡尾酒调制的原理和步骤，掌握鸡尾酒创作的注意事项。

(11)说出常见的酒会形式以及各种酒会的设吧要求，掌握酒会服务程序及服务要求。

(12)了解酒水推销的含义，掌握常见的酒水推销技巧。

(13)了解酒吧设计的基本要求，掌握酒吧服务技巧。

(14)熟悉酒水采购、验收、储藏、发放、销售服务等环节的控制方法。

(15)熟悉酒水成本核算和控制的方法，能正确核算酒水成本。

(16)掌握酒吧常用酒品的中外文名称。

(17)掌握鸡尾酒调制方法，酒水度量换算方法。

2. 技能方面

(1)熟练掌握摇晃、搅拌、混合等调酒技法。

(2)熟练制作以樱桃、柠檬、香蕉、菠萝等水果为原料的鸡尾酒装饰物。

(3)能正确调制50种以上的鸡尾酒。

(三)考核方法

1. 理论知识

(1)考试课程：

①《调酒》(中级部分)；

②《酒水与酒吧》；

③专业英语。

(2)考试方法：

①采用书面答卷考试的形式，平时考核成绩占30%，期终考试成绩占70%；

②书面考试每份试卷考试时间不得少于90分钟，题型不得少于3种类型，论述题为其中必考题型；

④理论考试采用百分制，考试及格者方具备技能考核资格。

2. 技能考核方法

(1)技能考核以调制鸡尾酒的方式进行。

(2)考核内容包括摇晃、搅拌等类鸡尾酒25种，抽签调制两种。

(3)技能考核统一准备基酒、辅料、装饰原料和器具，考生不得自带用料和器具。

(4)考核时间：两款酒同时制作，共计5分钟(不含准备时间)。

3. 评分方法

(1)理论考试必须由获得调酒专业中级以上技术职称或讲师以上的教师出卷评分才有效。

(2)理论考试的阅卷必须采用数名老师分项流水阅卷的方法，同时要有签字。

(3)技能考核必须由获得高级技术职称以上资格的评委评分才有效，评委必须在3名以上。

(4)技能考核必须印制统一的评分表评分，并按百分制计算出每款酒的得分，最后取两款酒的平均分为技能考核得分，每份评分表均需由评委签字方能有效。评委均应取得有关部门发给的评委资格证书。

四、高级调酒师考核大纲

(一)考核对象

1. 范围：从事餐饮服务调酒工作的在岗调酒员。

2. 学历和资历：具有高中以上学历或同等学历，从事酒吧调酒、酒吧管理工作6年以上，且获得中级调酒师职称2年以上。

3. 实绩：

(1)凡参加全国专业调酒大赛，并取得前6名者，可不受上述学历和资历限制，直接参加理论考试，考试及格即可申报高级职称；

(2)在实际工作中成绩突出，或参加过省级以上专业调酒大赛的裁判工作，经理论考试合格者可破格申报高级职称。

(二)考核内容

1. 知识方面

(1)全面熟悉和掌握酿造酒、蒸馏酒、混配酒以及鸡尾酒的理论知识，能说出各种常用酒品的名称、特性和饮用方法。

(2)能举例说明鸡尾酒不同的分类方法。

(3)掌握酒水采购、验收、储存、发放及销售服务各环节的控制方法。

(4)掌握酒吧标准化管理的主要内容，正确管理酒水和酒吧。

(5)熟悉酒吧员工培训方法，能制定员工培训计划，正确实施员工培训。

(6)掌握一门外语。并能用第二外语对客人服务。

2. 技能方面

(1)能根据不同时间和场合调制不同的鸡尾酒。

(2)熟悉鸡尾酒创新要求，创作具有特色的鸡尾酒品或酒店特别推销鸡尾酒品。

(3)能制定酒吧经营管理计划，设计和制作酒吧运转表格。

(4)熟悉和掌握酒水推销技巧，能制定酒水推销计划。

(5)能正确核算酒水成本，制定酒水销售价格。

(6)懂得酒会的筹划和核算方法，能设计和布置各种酒吧。

(7)能培训和指导中级调酒师。

(三)考核方法

1. 理论知识

(1)考试课程：

①《调酒》(高级部分)；

②《酒水与酒吧》；

③专业英语及相关知识。

(2)考试方法：

①采用书面答卷考试的形式，平时考核成绩占30%，期终考试成绩占70%；

②书面考试每份试卷考试时间不得少于120分钟，题型不得少于3种类型，酒吧运转管理内容为必考内容；

③理论考试采用百分制，考试及格者方具备技能考核资格。

2. 技能考核方法

(1)技能考核以鸡尾酒调制为主，酒会设计为辅两种形式进行。

(2)鸡尾酒调制内容包括一款指定的较复杂的鸡尾酒和一款自创鸡尾酒。自创鸡尾酒在考试前需填写标准酒谱，供评委评分时参考。

（3）指定鸡尾酒调制时统一准备基酒、辅料、装饰原料和器具，自创鸡尾酒用料自备，装饰物现场制作。

（4）考核时间：每款酒 3 分钟（不含准备时间）。

（5）酒会设计采用现场操作形式进行，考核成绩供职称评定时作参考。

3. 评分方法

（1）理论考试由已获得高级职称的调酒师或技师出卷评分，采用数名教师分项流水阅卷方式批阅并签字。

（2）调酒操作考试必须由 3 名以上高级调酒师或技师主考。

（3）技能考核必须印制统一的评分表评分，采用百分制计算出每款酒的得分，最后取两款酒的平均分为技能考试得分，每份评分表均需要评委签字方能有效。评委均应取得有关部门发给的评委资格证书。

（4）酒会设计考核不及格者不能取得高级职称，3 个月后补考合格方可申报。

调酒师技能考核评分表

酒名： 考生编号或姓名：

考评项目	应得分	评判内容	扣分	扣分标准
颜色	10	颜色基本正确，略有偏差		扣 2 分～3 分
		颜色基本不正确，偏差较大		扣 6 分～8 分
口味	10	口味基本正确，略有偏差		扣 2 分～3 分
		口味不合标准，偏差较大		扣 6 分～8 分
操作技巧	60	未按规定配方		扣 10 分
		原料比例不正确		扣 10 分
		调制方法不正确		扣 10 分
		不使用量酒器		每次扣 4 分
		调酒动作不规范，无节奏		
		加料顺序颠倒		
		调酒用具掉地		
		倒酒时滴漏（3 滴算 1 滩）		
		调出酒量不适合		
		操作不符合卫生要求		
		操作台面不整洁、酒瓶不复位		
装饰	10	装饰物厚薄不均匀		每次扣 3 分
		操作不符合规范		
		装饰物不美观		
杯具	10	选择载杯不正确		每次扣 5 分
		不使用杯垫		
超时扣分：		实际得分：		

考评员：

说明：

1. 操作技巧中倒酒时滴漏 1 滴扣 4 分，超过 3 滴为 1 滩，滴漏 1 滩扣

10 分。

2. 调酒时间按标准执行，每超过 30 秒扣 2 分。扣分在总得分中扣除，最多扣 10 分。

3. 少调一款酒，按摇晃类每款 50 分，搅拌类每款 30 分，混合饮料每款 20 分在总分中扣除。

4. 考核结果计分方法为：

总分（ ）= 摇晃酒得分（ ）×50% + 搅拌酒得分（ ）×30% + 混合饮料得分（ ）×20% − 超时分（ ）− 少调酒分（ ）

标准酒谱

编号：

<table>
<tr><td colspan="6">酒名：________ 成本 ________
类别 ________ 售价 ________
载杯 ________ 毛利率 ________</td></tr>
<tr><td colspan="6">调制：
方法：</td></tr>
<tr><td>用料名称</td><td>单位</td><td>数量</td><td>单价</td><td>金额</td><td>备注</td></tr>
<tr><td></td><td></td><td></td><td></td><td></td><td></td></tr>
<tr><td></td><td></td><td></td><td></td><td></td><td></td></tr>
<tr><td></td><td></td><td></td><td></td><td></td><td></td></tr>
<tr><td>合计</td><td></td><td></td><td></td><td></td><td></td></tr>
<tr><td colspan="6">调
制
步
骤</td></tr>
</table>

参 考 文 献

1. 王文君:《新潮调酒技术》,天津科技出版社,1994
2. 吴克祥:《吧台酒水操作实务》,辽宁科技出版社,1997
3. 陈非编译:《国际酒水指南》,中国旅游出版社,1991
4. 陈忠良:《调制鸡尾酒窍门》,唐代文化事业有限公司,1989
5. 陈忠良:《咖啡与红茶》,瑞升文化图书事业有限公司,1982
6. 吴克祥:《酒吧经营管理》,辽宁科技出版社,1997
7. 匡家庆:《鸡尾酒调制与创作》,辽宁科技出版社,1999
8. 国家旅游局人教司:《调酒》,高等教育出版社,1991
9. 匡家庆等:《调酒师培训考核指南》,辽宁科技出版社,1996
10. 卡罗尔 A:《金.餐厅与酒吧服务》,浙江摄影出版社,1991
11. 贾丽娟:《酒品调制与酒吧服务》,东北财经大学出版社,2000
12. 刘雨沧:《外国酒水知识及鸡尾酒调制技术》,高等教育出版社,1999
13. 冯颖茹:《酒水销售与管理》,辽宁科技出版社,2002

读者反馈意见

亲爱的读者：

感谢您对《调酒与酒吧服务》的学习和热爱！为了今后能给您提供更优质的服务，请您抽出宝贵时间填写下面意见反馈表，以便我们更好地对本教材做进一步的改进。同时如果您在使用本教材的过程中遇到了什么问题，或者有什么好的建议，也请您来信、来电告诉我们。

地址：北京市丰台区科学城南极星大厦108室

电话：010－83794403／83794590

电子邮箱：caikai6223@263.net　QQ：649319527　QQ：1694299827

网址：WWW.KFHWH.CN

教材名称：《调酒与酒吧服务》

个人资料：

姓名：＿＿＿＿＿＿ 年龄：＿＿＿＿＿＿ 所在院校/专业＿＿＿＿＿＿

文化程度：＿＿＿＿＿＿ 通讯地址：＿＿＿＿＿＿

联系电话：＿＿＿＿＿＿ 电子信箱：＿＿＿＿＿＿

您使用本书是作为：□指定教材、□选用教材、□辅导教材

您对封面设计的满意度：

□很满意、□满意、□一般、□不满意　改进建议＿＿＿＿＿＿

您对本书印刷质量的满意度：

□很满意、□满意、□一般、□不满意　改进建议＿＿＿＿＿＿

您对本书的总体满意度：

从语言质量角度看：□很满意、□满意、□一般、□不满意

从科技含量角度看：□很满意、□满意、□一般、□不满意

本书最令您满意的是：

□指导明确、□内容充实、□讲解详尽、□实例丰富

您认为本书在哪些地方应进行修改？（可附页）

＿＿＿＿＿＿＿＿＿＿＿＿＿＿＿＿＿＿＿＿

＿＿＿＿＿＿＿＿＿＿＿＿＿＿＿＿＿＿＿＿

您希望本书在哪些方面需进行改进？（可附页）

＿＿＿＿＿＿＿＿＿＿＿＿＿＿＿＿＿＿＿＿

＿＿＿＿＿＿＿＿＿＿＿＿＿＿＿＿＿＿＿＿